Steuerrecht

Die 8 wichtigsten Musterklausuren

für's Examen

Hemmer/Wüst/Hölzle

Hemmer/Wüst Verlagsgesellschaft

Hemmer/Wüst/Hölzle, Steuerrecht/Die 8 wichtigsten Musterklausuren für's Examen

ISBN 978-3-86193-591-9

9. Auflage 2017

gedruckt auf chlorfrei gebleichtem Papier
von Schleunungdruck GmbH, Marktheidenfeld

Inhaltsverzeichnis: Die Zahlen beziehen sich auf die Seiten des Skripts.

Einführung in die Technik der steuerlichen Fallbearbeitung (Fall 1): 1

Persönliche Steuerpflicht; Veranlagungsform; Berücksichtigung Kinder; Einkünftequalifikation; gewerblich / freiberufliche Tätigkeit; Gewinnermittlung; AfA; Ultimo-Überschreitung; Sonderausgaben; außergewöhnliche Belastungen

Einführung in die Technik der steuerlichen Fallbearbeitung (Fall 2):................. 22

Veranlassungsprinzip bei Betriebsausgaben; Ermittlung der Anschaffungskosten i.R.d. AfA; Geringwertige Wirtschaftsgüter; Gewerbliche Tätigkeit und Liebhaberei; Altgoldfälle

Einführung in die Technik der steuerlichen Fallbearbeitung (Fall 3):................. 32

Bilanzsteuerrecht

Fall 1: Rechtsanwalt Clemens Clein... 40

Einkünfte aus freiberuflicher Tätigkeit; Gewinnermittlung nach § 4 III EStG; Ehegattenarbeitsverträge; Anschaffungskosten i.R.d. AfA / Behandlung des USt-Anteils; Geringwertige Wirtschaftsgüter bei Gewinneinkünften; Sonderposten nach § 6 IIa EStG; Geldentnahmen; Einlagen unter Berücksichtigung des Teilwertes; Einkünfte aus VuV; AfA bei teilentgeltlichem Erwerb im Wege vorweggenommener Erbfolge; Einkünfte aus nichtselbständiger Tätigkeit; Änderung von Steuerbescheiden i.R.d. Drei-Objekte-Rechtsprechung; „Objekte" i.S.d. dieser Rechtsprechung

Fall 2: Die Ärzte Robert und Stefanie Rabbit... 66

Ehegattenveranlagung; Einkünfte aus freiberuflicher Tätigkeit; Betriebsunterbrechung; Anschaffungskosten und Behandlung der USt i.R.d. AfA bei Umsatzsteuerbefreiung; Rückzahlung von zu viel bezahlten Vorschüssen; Dritt-AfA; Betriebsausgabenabzug bei alkoholbedingten Unfällen; Einkünfte aus Kapitalvermögen bei Dividendenzahlungen; Abgeltungssteuer; verdeckte Einlagen; Gewinne / Verluste aus § 17 EStG; Verlustausgleich gem § 2 III EStG

Fall 3: Ulrich und Richard.. 89

Einkünfte bei freiberuflicher Mitunternehmerschaft; Gewinnermittlung nach § 4 III EStG; Betriebsausgaben/- einnahmenermittlung; Sonderbetriebsvermögen; Einkünfte aus Vermietung und Verpachtung; Änderung von Steuerbescheiden nach §§ 175, 173 AO

Fall 4: Fall Althügler 107

Einkünfte aus nichtselbständiger Tätigkeit; Werbungskostenabzug (ua Pauschale); Sonstige Einkünfte; Einnahmen i.S.d. § 8 EStG; Behandlung Umzugskosten; Zuwendung im eigenbetrieblichen Interesse; Werbungskosten bei alkoholbedingtem Unfall; „Schmiergelder"; Festsetzungsverjährung nach Erhebung des Einspruchs

Fall 5: Bonny und Clyde 125

Einkünfte aus VuV; Übertragung von Vermögenswerten im Wege vorweggenommener Erbfolge; Abgrenzung Renten und dauernde Lasten; Abgrenzung Einkünfte aus Gewerbebetrieb /Einkünfte aus Kapitalvermögen bei möglicher Mitunternehmerschaft; Behandlung von Vermögensübertragungen bei Erbauseinandersetzung

Fall 6: Dr. Dipl-Ing. Karl Krumm 142

Probleme der Festsetzungsverjährung / Änderung von Steuerbescheiden; Vorläufige Steuerbescheide / Bescheide unter Vorbehalt der Nachprüfung; Abgrenzung Einkünfte aus Gewerbebetrieb / aus selbständiger Tätigkeit; Abfärbetheorie; Gewinnfeststellungsbescheide; Behandlung vergeblicher Aufwendungen

Fall 7: Carsten Karlo und Michi Maus 155

§ 26 I EStG analog auf nehel. Lebensgemeinschaften und eingetragene Lebensgemeinschaften; Einkünfte aus Gewerbebetrieb; Wertneutralität des Steuerrechts (§ 40 AO); Buchführungspflichten und Gewinnermittlung nach § 4 III EStG; Erstattung Sonderausgaben und diesbezgl. Änderung von Einkommensteuerbescheiden; Einkünfte aus gewerblicher Mitunternehmerschaft; Erfolgsaussichten Einspruch; Voraussetzungen für die Wiedereinsetzung

Fall 8: Fall Arnold 177

Umsatzsteuerpflicht nach § 1 I Nr.1 UStG; Befreiungen nach § 4 UStG; Option nach § 9 UStG; Besteuerung nach vereinnahmten und vereinbarten Entgelten; Vorsteuerberechtigung nach § 15 UStG; Einkünfte aus VuV; AfA und Ermittlung der Bemessungsgrundlage; Verträge zwischen nahen Angehörigen; Einkünfte aus Kapitalvermögen; Änderungsnormen §§ 172 I S. 1 Nr. 2 a), § 173 I AO; Vorsteuerauszahlungsanträge

Einführung I:

Sachverhalt:

Mike Macher hat sein Informatikstudium wenige Semester vor seiner Diplomprüfung abgebrochen. Er hatte schon während seines Studiums für kleinere Gewerbetreibende System- und anspruchsvolle Anwendersoftware entwickelt. Als das Geschäft immer besser florierte, sah er keine Notwendigkeit mehr, seine Zeit ständig in der Uni zu vertrödeln. Inzwischen entwickelt und vertreibt er hauptberuflich System- und Netzwerksoftware.

Auch privat geht es bei Mike seit einigen Monaten wieder bergauf. Nachdem er sich im Januar 2016 von seiner damaligen Ehefrau Elvira hat scheiden lassen, heiratete er im Juni 2016 seine nicht berufstätige Freundin Fiona. Im November 2016 wurde der gemeinsame Sohn Sascha geboren. An Elvira zahlt Mike seit Januar 2016 monatlich Unterhalt in Höhe von 500 €. Dies schmerzt Mike deshalb besonders, weil ihn schon das Scheidungsverfahren 3.600 € gekostet hatte.

Für das Jahr 2016 hat Mike Gewinne aus seinem Unternehmen in Höhe von 75.000 € erklärt. Dabei hat er die genannten Vorgänge wie folgt berücksichtigt:

***1.** Im Dezember 2016 hatte er aus seiner Ladenkasse 1.000 € zum Einkauf von Weihnachtsgeschenken entnommen. Er hat von seinem Freund L. Idl, der einen großen Supermarkt betreibt, gehört, dass solche Barentnahmen für private Zwecke dem Gewinn hinzuzurechnen seien. Dementsprechend hatte er seinen Gewinn um 1.000 € erhöht.*

***2.** Im Juli hatte Mike für L. Idl ein speziell auf dessen Bedürfnisse abgestimmtes Betriebssystem und entsprechende Anwendersoftware entwickelt. Nachdem die Programme fertig gestellt waren und in dem Supermarkt auch problemlos liefen, hat Mike dann aber darauf verzichtet, seinem Freund das Honorar (5.500 €) in Rechnung zu stellen. Dies deshalb, weil L. Idl ihm von dem steigenden Konkurrenzdruck und von der Absicht erzählt hatte, sein hochwertiges Feinkostsortiment in Zukunft wohl auf günstigere Produkte umstellen zu müssen, da sich sein Laden anderenfalls nicht halten könne. Einnahmen hat Mike dementsprechend nicht veranschlagt.*

***3.** Ebenfalls im Juli wurden durch direkte Sonnenbestrahlung bei hochsommerlichen Temperaturen 400 DVDs des Mike, die er zu Präsentationszwecken an potentielle Kunden verschicken wollte, zerstört. Den Wert der DVDs, die er im Juni 2016 auf Rechnung seines Betriebes angeschafft hat, hat Mike in Höhe von 250 € als Betriebsausgaben angesetzt. Schließlich musste er die verlorenen DVDs ja ersetzen.*

***4.** Im Januar 2016 hatte sich Mike für den Betrieb einen Mercedes C-Klasse Kombi zu einem Kaufpreis von 30.000 € (Listenpreis: 30.000 €) angeschafft, den er etwa sechs Jahre nutzen will. Privat nutzt Mike das Auto nur gelegentlich (ca. 20%). Da er sich über die Behandlung eines „betrieblichen Pkw“ unsicher war, hat er diesen Vorgang bisher vorsichtshalber gar nicht berücksichtigt.*

5. Von seiner Freundin und jetzigen Frau darauf aufmerksam gemacht, dass die von Mike gewöhnlich getragene „Rocker-Kluft“ bei den Kunden wenig vertrauenerweckend wirken könnte, ist Mike über seinen Schatten gesprungen und hat sich einen Designer-Anzug gekauft, den er ausschließlich dann trägt, wenn Kundenbesuche anstehen. Innerlich „widert es ihn nämlich an“, herumzulaufen wie die „Bürohengste“. Die Anschaffungskosten in Höhe von 500 € hat Mike daher als Betriebsausgaben geltend gemacht.

6. Im März hatte Mike zur Modernisierung seiner Computeranlagen bei der Cornetto-Bank ein Darlehen in Höhe von 5.000 € aufgenommen. Den Zufluss der Darlehensvaluta hatte er als Betriebseinnahmen erfasst.

7. Für sein Geschäft schaffte sich Mike auch ein Mobiltelefon an, das er wegen der ständigen Bewegung in der technischen Entwicklung wohl nur drei Jahre wird nutzen können.

Die Anschaffungskosten von 390 € hatte er im Wege der AfA auf die zu erwartende Nutzungsdauer verteilt, für 2016 also 130 € angesetzt.

8. Bei dem Besuch eines Kunden stolperte Mike selbstverschuldet über dessen Dackel und erlitt hierbei einen Bänderriss. Für die Behandlung hatte Mike 100 € selbst zu tragenden Aufwand, den er nicht abgesetzt hat.

9. Schon 2014 hatte Mike ein Grundstück gekauft, auf dem er ein Betriebsgebäude errichten wollte. Da sich seine betrieblichen Expansionspläne jedoch zerschlagen haben, hat er das Grundstück 2016 wieder verkauft. Hierbei entstand ein Gewinn von 15.000 €. Mike ist sich über die Behandlung dieses Vorganges im Unklaren. AfA hat er bisher nicht geltend gemacht.

10. Die Miete für die Büroräume des Mike ist jeweils zum Monatsende in Höhe von 1.000 € fällig. Die Miete für Dezember 2016 ist wegen eines deutschlandweiten Computerausfalls über den Jahreswechsel indessen erst am 09.01.2017 gezahlt worden. Dementsprechend hat Mike auch für Dezember 2016 keine Betriebsausgaben mehr angesetzt.

11. Im Oktober 2016 nahm Mike an einer Fachtagung teil. Auf dem Weg nach Hause wurde er wegen einer Geschwindigkeitsüberschreitung „geblitzt“. Gegen den Bußgeldbescheid in Höhe von 75 € legte er erfolglos Einspruch ein. Die 75 € Bußgeld zuzüglich 75 € Verfahrenskosten zahlte er noch im Dezember 2016.

Bearbeitervermerk:

In einem umfassenden Gutachten, das auf alle aufgeworfenen Rechtsfragen eingeht, ist das zu versteuernde Einkommen der Eheleute Mike und Fiona Macher für das Jahr 2016 zu ermitteln. Es ist davon auszugehen, dass erforderliche Anträge gestellt und nötige Zustimmungen erteilt sind. Mike möchte im Zweifel die höchsten Beträge absetzen.

Lösung

hemmer-Methode: Der vorliegende Fall basiert nicht auf einem originalen Examensfall. Er soll dazu dienen, Ihnen den Einstieg in die steuerrechtliche Fallbearbeitung zu erleichtern. Wenn Sie Hemmer/Wüst/Hölzle, Basics Steuerrecht, oder auch schon Hemmer/Wüst, Einkommensteuerrecht gelesen haben, sind Sie zwar schon mit der Strukturierung von steuerrechtlichen Klausuren vertraut. Jedoch stellt das Training am komplexen großen Fall eine nicht zu ersetzende Übung dar.

Der Aufbau des hier gestellten Falles entspricht dem einer typisierten Examensklausur. Es soll einmal das gesamte Schema der Einkommensteuerermittlung klausurmäßig durchgeprüft werden. Als materiellrechtliche Gegenstände des Falles wurden Probleme ausgewählt, die zwar durchaus zum Standardrepertoire gehören und in irgendeiner Form immer wieder Gegenstand von Examensklausuren sein werden, jedoch nicht zu unterschätzen sind.

Für den Fall, dass Sie bei der Durcharbeit der Klausur bemerken, dass Sie vereinzelt „Lücken" haben und Bedarf besteht, über die Falllösung hinaus in das Problem einzusteigen, weisen wir am Ende eines jeden Komplexes auf die entsprechenden Fundstellen in Hemmer/Wüst/Hölzle, Basics Steuerrecht, und Hemmer/Wüst, Einkommensteuerrecht hin. Die Basics dienen dem schnellen Überblick und der Hinführung zum steuerrechtlichen Systemverständnis und Problembewusstsein, das Hauptskript der vertiefenden Erarbeitung der Materie.

Viele der in diesem Einstiegsfall behandelten Probleme werden Ihnen aber auch in den nachfolgenden Fällen wieder begegnen, die eine Auswahl der unseres Erachtens typischen Examensprobleme darstellen und auf originalen Examensklausuren beruhen.

Ziel dieser Fallsammlung ist es nicht, den Examensfall zu treffen und das notwendige Fachwissen zu vermitteln.

Vielmehr soll mit diesem Skript auf das in unseren Skripten Hemmer/Wüst/Hölzle, Basics Steuerrecht, Hemmer/Wüst, Einkommensteuerrecht und Hemmer/Wüst, Abgabenordnung vermittelte Wissen aufgebaut und die Technik der Falllösung vermittelt werden. Wie auch in anderen Rechtsgebieten gilt, dass nur das Training am großen Fall die richtige Vernetzung von Problemfeldern und das übergreifende Systemverständnis schaffen kann.

A. Persönliche Verhältnisse

I. Persönliche Steuerpflicht

Mike und Fiona Macher müssten zunächst persönlich einkommensteuerpflichtig sein.

Die Einkommensteuerpflicht richtet sich nach §§ 1, 1a EStG. Nach § 1 I EStG sind natürliche Personen unbeschränkt einkommensteuerpflichtig, die im Inland einen Wohnsitz oder ihren gewöhnlichen Aufenthalt haben.

hemmer-Methode: Unbeschränkte Einkommensteuerpflicht bedeutet, dass der Steuerpflichtige mit seinem gesamten Vermögen der deutschen Einkommensteuer unterliegt. Es gilt das Welteinkommensprinzip. Auch die Gewinne aus der Schafszucht in Australien werden unter den Voraussetzungen des § 1 I EStG in Deutschland der Besteuerung unterworfen, wenn nicht ein Doppelbesteuerungsabkommen mit Australien besteht, das dies verhindert.

Vertiefend hierzu Hemmer/Wüst/Hölzle, Basics Steuerrecht, Rn. 40-46 und Hemmer/Wüst, Einkommensteuerrecht, Rn. 21 ff. mit instruktiven Beispielsfällen.
Juristische Personen unterliegen mit ihrem Einkommen der Körperschaftsteuer. Das EStG findet nur dort wieder Anwendung, wo z.B. Dividenden an Anteilseigner als natürliche Personen ausgeschüttet werden, vgl. §§ 2 I S. 1 Nr. 5, 20 I Nr. 1 EStG.

Die Begriffe des Wohnsitzes und des gewöhnlichen Aufenthaltes sind in §§ 8, 9 AO legal definiert.

Aufgrund fehlender Sachverhaltsangaben ist davon auszugehen, dass Mike und Fiona Macher in Deutschland wohnen.

hemmer-Methode: Verwenden Sie weder zu viel Platz noch zu viel Zeit für Unproblematisches. Insbesondere im Steuerrecht ist die Klausur auch ein Kampf gegen die Zeit. In den seltensten Fällen umfasst der Sachverhalt weniger als 1 ½ Seiten. Zudem langweilen Sie den Korrektor, wenn Sie Unproblematisches zu ausführlich prüfen.

Mike und Fiona Macher sind mithin unbeschränkt einkommensteuerpflichtig.

II. Veranlagungsform

Mike und Fiona Macher sind verheiratet. Es ist daher zu prüfen, wie die Ehegatten zu veranlagen sind.

In Betracht kommt eine Zusammenveranlagung nach §§ 26, 26b EStG. Nach § 26 II S. 3 EStG ist für eine Zusammenveranlagung erforderlich, dass die Ehegatten ihr Wahlrecht durch Erklärung gegenüber dem Finanzamt ausüben.

Ob eine solche Erklärung abgegeben wurde, geht aus dem Sachverhalt nicht hervor.

Für diesen Fall normiert § 26 III EStG, dass von einer Zusammenveranlagung auszugehen ist (gesetzliche Vermutung).

Es fragt sich jedoch, ob die hierfür erforderlichen Voraussetzungen vorliegen. Grundsätzlich ist eine Zusammenveranlagung dann möglich, wenn beide Ehegatten unbeschränkt einkommensteuerpflichtig, bürgerlich-rechtlich wirksam verheiratet sind und nicht dauernd getrennt leben, § 26 I EStG. Es reicht aus, wenn diese Voraussetzungen an nur einem Tag im Jahr vorgelegen haben.

hemmer-Methode: Auch Ehegatten, die erst am 31.12. eines Jahres heiraten, können für dieses Jahr also noch die Zusammenveranlagung wählen.

Diese Voraussetzungen sind bezüglich Mike und Fiona Macher gegeben.

Zu prüfen bleibt aber, wie es sich auswirkt, dass Mike im Jahr 2016 auch mit Elvira verheiratet war. Hierzu trifft § 26 I S. 2 EStG eine Regelung.

Danach bleibt eine im Veranlagungszeitraum geschiedene Ehe, auch wenn sie die Voraussetzungen des § 26 I S. 1 EStG erfüllt, unberücksichtigt, wenn einer der Ehegatten erneut heiratet und auch diese neue Ehe die Voraussetzungen einer Zusammenveranlagung erfüllt.

Für den vorliegenden Fall bedeutet dies, dass die Ehe zwischen Mike und Fiona steuerrechtlich im Sinne der §§ 26, 26b EStG berücksichtigt wird, während die Ehe zwischen Mike und Elvira nicht unter § 26 I S. 1 EStG zu fassen ist.

hemmer-Methode: Auch bei der Veranlagung der Elvira wird aber die Splitting-Tabelle angewandt, da es sich bei ihr um einen sog. „nicht berücksichtigungsfähigen Ehegatten" handelt, § 32a VI S. 1 Nr. 2 EStG.
Zu der Veranlagung von Ehegatten vergleichen Sie Hemmer/Wüst/Hölzle, Basics Steuerrecht, Rn. 54 ff. und Hemmer/Wüst, Einkommensteuerrecht, Rn. 551 ff.

Bei einer Zusammenveranlagung von Ehegatten nach §§ 26, 26b EStG werden die Einkünfte, die die Ehegatten erzielt haben, zusammengerechnet. Die Einkünfteermittlung ist daher zunächst für beide Ehegatten getrennt vorzunehmen.

hemmer-Methode: Für Sie in der Klausur bedeutet dies im Regelfall, dass Sie im Vorspann auf die gemeinsame Veranlagung hinweisen und dann genauso weiter prüfen können, wie Sie es auch bei nur einer Person tun würden. Weitere Probleme ergeben sich nicht, weil Sie nur in absoluten Ausnahmefällen die festzusetzende Steuer zu ermitteln haben werden. Schon die Berechnung des zu versteuernden Einkommens, wie hier verlangt, stellt einen Ausnahmefall dar.

III. Berücksichtigung von Kindern

Mike und Fiona Macher haben einen gemeinsamen Sohn.

Für diesen erhalten sie unabhängig von der Höhe des Einkommens monatlich Kindergeld ausbezahlt, § 31 S. 3 EStG. Erst wenn das zu versteuernde Einkommen feststeht, kann ermittelt werden, ob sich der Freibetrag nach § 32 VI EStG für die Eheleute günstiger auswirkt, § 31 S. 4 EStG.

Diese Feststellung trifft das Finanzamt von sich aus und gewährt automatisch die den Steuerpflichtigen günstigere Regelung.

hemmer-Methode: An dieser Stelle konnten die Ausführungen knapp gehalten werden, da im konkreten Fall das zu versteuernde Einkommen zu berechnen und deshalb noch einmal hierauf zurückzukommen sein wird.

B. Sachliche Steuerpflicht des Mike Macher

I. Einkünfte des Mike Macher

hemmer-Methode: Die Bemessungsgrundlage für die tarifliche Einkommensteuer ist nach § 2 V S. 1 EStG das zu versteuernde Einkommen. Zu versteuerndes Einkommen ist das Einkommen, vermindert um den Freibetrag nach § 32 VI EStG und die sonstigen vom Einkommen abzuziehenden Beträge. Das Einkommen seinerseits errechnet sich aus dem Gesamtbetrag der Einkünfte, vermindert um Sonderausgaben und außergewöhnliche Belastungen, § 2 IV EStG. Der Gesamtbetrag der Einkünfte ist gemäß § 2 III EStG die Summe der Einkünfte vermindert um den Altersentlastungsbetrag, den Entlastungsbetrag für Alleinerziehende und den Abzug nach § 13 III EStG. Was Einkünfte sind, bestimmt § 2 II EStG. Dieser stellt hierbei auf die verschiedenen Einkunftsarten des § 2 I S. 1 Nrn.1 bis 7 EStG ab.

Wegen des Grundsatzes des numerus clausus der Einkunftsarten ist zunächst festzustellen, unter welche Einkunftsart des § 2 I S. 1 Nrn.1 bis 7 EStG die Einkünfte aus dem Betrieb des M subsumiert werden können.

1. Gewerbliche Einkünfte

Es könnte sich hierbei um gewerbliche Einkünfte im Sinne der §§ 2 I S. 1 Nr. 2, 15 EStG handeln.

Wann eine gewerbliche Tätigkeit vorliegt, bestimmt § 15 II EStG. Hiernach sind Einkünfte aus §§ 2 I S. 1 Nr. 2, 15 EStG dann anzunehmen, wenn die Betätigung nachhaltig und selbständig mit der Absicht, Gewinn zu erzielen, unter Beteiligung am allgemeinen Wirtschaftsverkehr durchgeführt wird und sich weder als Ausübung von Land- und Forstwirtschaft (§ 13 EStG) noch als Ausübung eines freien Berufs oder einer anderen selbständigen Tätigkeit (§ 18 EStG) sowie nicht als reine Vermögensverwaltung (§ 14 S. 3 AO) darstellt.

a) Selbständige Tätigkeit

Der M betreibt sein Unternehmen auf eigene Rechnung und auf eigenes wirtschaftliches Risiko. Hierbei unterliegt er niemandes Weisung und ist sowohl in der Wahl seines Arbeitsplatzes als auch in der Einteilung seiner Arbeitszeit frei. Er übt damit eine selbständige Tätigkeit aus.

b) Nachhaltigkeit

Diese wird auch nachhaltig betrieben, da M den Betrieb bereits über längere Zeit führt. Im Übrigen würde eine einmalige, aber mit Wiederholungsabsicht unternommene Betätigung ausreichen.

c) Gewinnerzielungsabsicht

Auch die Absicht des M, mit dem Unternehmen Gewinn zu erzielen, kann hier nicht in Frage gestellt werden. Die Betätigung dient der Sicherung der Existenzgrundlage des M.

d) Teilnahme am allgemeinen Wirtschaftsverkehr

Hierbei nimmt M auch am allgemeinen Wirtschaftsverkehr dadurch teil, dass er seine Dienstleistung für Dritte erkennbar am Markt gegen Entgelt anbietet.

Die vier Positivmerkmale, die für alle Gewinneinkunftsarten des § 2 I S. 1 Nrn.1 bis 3 EStG gleichermaßen gelten, da anderenfalls §§ 13 und 18 EStG nicht explizit hätten ausgeschlossen werden müssen, sind daher erfüllt.

2. Gewerbliche Tätigkeit nur, wenn keine freiberufliche Tätigkeit vorliegt, § 15 II EStG

Fraglich ist indes, ob sich die Betätigung des M nicht als selbständige Tätigkeit i.S.d. § 18 I Nr.1 S. 2 EStG und damit als freiberufliche darstellt. In diesem Fall lägen gemäß des in § 15 II EStG normierten Negativkatalogs keine gewerblichen Einkünfte vor.

a) Katalogberuf

Zu prüfen ist zunächst, ob die Tätigkeit des M nicht unter einen der in § 18 I Nr. 1 S. 2 EStG genannten Katalogberufe fällt.

In Betracht kommt hier der Beruf des Ingenieurs. Dieser setzt jedoch den Erwerb von Fachkenntnissen durch ein abgeschlossenes Hochschulstudium voraus. Deshalb ist Ingenieur i.S.d. § 18 I Nr. 1 S. 2 EStG, wer nach den landesrechtlichen Ingenieursgesetzen auf Grund seiner Ausbildung berechtigt ist, diese Berufsbezeichnung zu führen.[1] Mike Macher hat sein Hochschulstudium indes abgebrochen und ist mithin nicht berechtigt, den Titel des Dipl.-Ing. zu führen.

---

[1] SCHMIDT/WACKER, § 18 Rn. 108.

Eine Subsumtion unter den steuerrechtlichen Ingenieursbegriff ist daher nicht möglich.

b) Ähnlicher Beruf

Bei der Tätigkeit des Mike könnte es sich jedoch um einen ähnlichen Beruf i.S.d. § 18 I Nr. 1 S. 2 EStG handeln.

Hierzu ist zunächst zu fragen, wie die Ähnlichkeit zu den Katalogberufen zu bestimmen ist. In Betracht käme es, die gesamte Gruppe der Katalogberufe zum Vergleich heranzuziehen.

Dies führte aber wegen der Heterogenität der aufgezählten Berufe zu keinen gesicherten Ergebnissen.

Diese sind in ihren Anforderungen an die Berufsausbildung wie an die Berufsausübung so verschieden, dass es bei einem Vergleich mit der ganzen Gruppe kaum möglich wäre, aussagekräftige Kriterien zu schaffen.

Demgemäß ist für die Bestimmung eines ähnlichen Berufs im Sinne der Norm nur ein Vergleichsberuf heranzuziehen, der schon die größte Ähnlichkeit aufweist. Dann ist ein Vergleich anhand der Berufsausbildung, dem Tätigkeitsprofil und der Bandbreite der angebotenen Tätigkeit vorzunehmen.

Als Vergleichsberuf kommt vorliegend der des Ingenieurs in Betracht. M kann seine Kenntnisse nicht durch einen Hochschulabschluss nachweisen. Ist dieser aber für den Vergleichsberuf Voraussetzung, so kann ein ähnlicher Beruf nur angenommen werden, wenn der Steuerpflichtige seine Tätigkeit auf dem gleichen Niveau auszuüben in der Lage ist und tatsächlich ausübt, wie der Katalogberuf dies erfordert. Insbesondere muss die gleiche Bandbreite an Fähigkeiten erworben worden sein.

M entwickelt System- und Netzwerksoftware.

Dies entspricht vom Tätigkeitsprofil her durchaus der Tätigkeit eines Dipl.-Informatikers. Das Anforderungs- und Tätigkeitsprofil stellt sich völlig entsprechend dar. Auch ein Dipl.-Informatiker wäre an entsprechender Stelle nicht in der Lage, weitergehende Leistungen anzubieten.

Die Tätigkeit des M kann daher als ähnlicher Beruf i.S.d. § 18 I Nr. 1 S. 2 EStG anerkannt werden. M erzielt daher Einkünfte aus freiberuflicher Tätigkeit.

hemmer-Methode: Anders könnte dies zu beurteilen sein, wenn M nur Anwendersoftware entwickeln würde. Dabei könnte es sich nämlich auch um „Trivialsoftware" handeln. Dies würde zur Annahme einer gewerblichen Tätigkeit führen. Nach der Rechtsprechung des BFH setzt die Vergleichbarkeit eines Entwicklers von Anwendungssoftware mit der Tätigkeit eines Ingenieurs eine klassische ingenieursmäßige Vorgehensweise (Planung, Konstruktion, Überwachung) voraus[2]. Diese ist bei Trivialsoftware nicht gegeben.
Wichtig ist außerdem, dass es sehr umstritten ist, ob ein ähnlicher Beruf dann angenommen werden kann, wenn für die Ausübung des Vergleichsberuf eine berufsrechtliche Erlaubnis nötig ist. Kann zum Beispiel der Referendar, der rechtsberatend tätig ist, einen dem Rechtsanwalt ähnlichen Beruf ausüben?
Hier können Sie in der Klausur mit entsprechender Argumentation alles vertreten - der BFH[3] bejaht die Frage jedoch.
Eine interessante Entscheidung des BFH zu diesem Thema finden Sie unter www.bundesfinanzhof.de.

---

2 BFH, Urteil vom 04.05.2004, Az.: XI R 9/03.
3 BFH, Urteil vom 20.04.1972, Az.: IV R 7/72.

Zu der Einkünftequalifizierung einer Umweltauditorin: BFH, Urteil vom 17.01.2001, Az. XI R 5/06.
Lesen Sie vertiefend zu der Abgrenzung zwischen § 15 und § 18 EStG und zur Annahme eines ähnlichen Berufs Hemmer/Wüst/Hölzle, Basics Steuerrecht, Rn. 225 ff., 268 ff. und Hemmer/Wüst, Einkommensteuerrecht, Rn. 139, 212.

II. Gewinnermittlung

Gemäß § 2 II S. 1 Nr. 1 EStG sind die Einkünfte aus selbständiger Arbeit im Sinne der §§ 2 I S. 1 Nr. 3, 18 EStG der erzielte Gewinn.

Für die Gewinnermittlung verweist § 2 II S. 1 Nr. 1 EStG auf die §§ 4-7k EStG und § 13a EStG.

Es gibt grundsätzlich zwei Möglichkeiten, den Gewinn zu errechnen:

Den Betriebsvermögensvergleich nach § 4 I EStG und die Einnahme-Überschuss-Rechnung gemäß § 4 III EStG. Da im Sachverhalt nichts dafür ersichtlich ist, dass Mike Bücher führt, kommt nur die Gewinnermittlung nach § 4 III EStG in Betracht.

Es fragt sich, ob M berechtigt ist, seinen Gewinn auf diese Weise zu errechnen.

Gemäß § 4 III EStG darf seinen Gewinn durch Gegenüberstellung der Betriebseinnahmen und der Betriebsausgaben ermitteln, wer nicht durch gesetzliche Vorschriften zur Führung von Büchern verpflichtet ist und auch tatsächlich keine Bücher führt.

Wer in diesem Sinne buchführungspflichtig ist, regeln die §§ 140, 141 AO. Hierbei normiert § 140 AO eine derivative Buchführungspflicht. Hiernach obliegen einem Steuerpflichtigen auch steuerrechtlich Buchführungspflichten, wenn dies in anderen Gesetzen angeordnet ist. In Betracht kommt insoweit § 238 HGB, der für M aufgrund der freiberuflichen Tätigkeit indes nicht einschlägig ist.

Auch die originäre Buchführungspflicht nach § 141 AO greift hier nicht, da diese nur für Gewerbetreibende und Land- und Forstwirte gilt.

M ist daher nicht zur Führung von Büchern verpflichtet und mithin berechtigt, seinen Gewinn durch die vereinfachte Methode des § 4 III EStG zu ermitteln, also durch Überschuss der Betriebseinnahmen über die Betriebsausgaben.

III. Einnahmen

M hat für das Jahr 2016 einen Gewinn in Höhe von 75.000 € erklärt. Es ist zu prüfen, wie sich die genannten Vorfälle auf diesen Gewinn auswirken.

1. Die Geldentnahme

Gemäß § 4 I S. 1 EStG sind für private Zwecke getätigte Entnahmen dem Gewinn hinzuzurechnen. In § 4 III EStG findet sich keine Verweisungsvorschrift auf die Entnahmeregelungen des § 4 I EStG. Aus dem System der Gewinnermittlung und dem Grundsatz der Totalgewinngleichheit ergibt sich jedoch, dass nur betrieblich veranlasste Vorgänge Gewinnauswirkung haben dürfen. Der § 4 III-Rechner darf insoweit nicht anders behandelt werden als derjenige, der seinen Gewinn nach § 4 I EStG ermittelt.

hemmer-Methode: Der Grundsatz der Totalgewinngleichheit sollte ein Ihnen geläufiges Stichwort sein. Die Berechnungsmethoden nach § 4 I EStG und § 4 III EStG können zwar in einzelnen Veranlagungszeiträumen zu verschiedenen Ergebnissen führen. Bei der Betrachtung der Gesamtlebensdauer des Betriebes jedoch muss ein identisches Betriebsergebnis ermittelt werden.

Bei § 4 I EStG und § 4 III EStG handelt es sich lediglich um verschiedene Berechnungsmethoden. Die beiden Methoden sollen auch im Hinblick auf Art. 3 I GG nicht zu verschiedenen Ergebnissen führen.
Lesen Sie hierzu Hemmer/Wüst/Hölzle, Basics Steuerrecht, Rn. 471 und Hemmer/Wüst, Einkommensteuerrecht, Rn. 439 ff., 452.

Die Entnahmevorschriften müssen daher auch für den § 4 III-Rechner Anwendung finden. Eine Besonderheit gilt insoweit jedoch für Geldentnahmen. Der Zufluss des Geldes ist bereits als Betriebseinnahme gebucht worden.

Bei der § 4 III-Rechnung handelt es sich, anders als bei der Gewinnermittlung nach § 4 I EStG, nicht um eine Gegenüberstellung von Vermögenswerten (Vermögensrechnung), sondern um eine reine Geldrechnung.

Geld, das aber schon bei der Vereinnahmung als Betriebseinnahme gebucht worden ist, wurde bereits gewinnerhöhend steuerlich erfasst. Wird das Geld nun aus privaten Gründen entnommen, darf dies nicht erneut den Gewinn erhöhen. Denn sonst würde der Betrag doppelt besteuert. Betriebsausgaben können daher ebenfalls nicht angenommen werden.

hemmer-Methode: Bei der § 4 I-Rechnung sind Geldentnahmen zu erfassen, weil es sich hierbei um eine Vermögensrechnung handelt. Auch Forderungen und Außenstände sind schon in die Bilanz aufzunehmen. Entsprechend müssen auch Geldentnahmen steuerlich berücksichtigt werden. Andere Wirtschaftsgüter als Geld können hingegen auch beim § 4 III-Rechner eingelegt und entnommen werden.

Zur § 4 I-Rechnung lesen Sie Hemmer/Wüst, Einkommensteuerrecht, Rn. 415 ff.

Mike hat die 1.000 € folglich zu Unrecht seinem Gewinn hinzugerechnet. Es ergibt sich eine steuerliche Auswirkung von - 1.000 €.

2. Der Honorarverzicht

Es ist zu prüfen, wie es sich auswirkt, dass Mike dem L. Idl gegenüber auf sein Honorar verzichtet hat.

Grundsätzlich gilt bei der Gewinnermittlung nach § 4 III EStG das Zu- und Abflussprinzip des § 11 EStG. Einnahmen sind in dem Zeitpunkt zu erfassen, in dem sie dem Steuerpflichtigen zufließen, Ausgaben dann, wenn sie abfließen. Ein Zufluss erfolgte vorliegend nicht, sodass die Nichtberücksichtigung zu Recht erfolgt sein könnte.

Indes ist zu bedenken, dass die Entstehung einer betrieblichen Forderung bei dem § 4-III-Rechner zwar noch keine Gewinnauswirkung zeitigt, die Forderung aber sehr wohl als nicht abnutzbares Wirtschaftsgut Gegenstand des (Anlage-) Betriebsvermögens wird.[4]

Stellt sich der Verzicht auf die Honorarforderung nun aber als privat veranlasster Vorgang dar, so wird die betrieblich entstandene Forderung aus privaten Gründen, also nicht als Betriebsausgabe i.S.d. § 4 IV EStG, dem Betriebsvermögen entzogen. Bei privat veranlasstem Verzicht ist der Wert der Forderung daher dem Gewinn hinzuzurechnen, da dieser anderenfalls der Besteuerung entzogen werden würde.[5]

---

4 Schmidt/Heinicke, § 4 Rn. 400.

5 BFH, BStBl 1975, II, 526; Schmidt/Heinicke, § 4 Rn. 350.

Dieses Ergebnis rechtfertigt sich auch aus einem Vergleich mit dem § 4 I - Rechner. Dieser hat die Forderung mit Entstehung zu bilanzieren. Die privat veranlasste Entnahme führt dann nach § 4 I S. 1 EStG zu einer Gewinnerhöhung um den Wert der Forderung, § 6 I Nr. 4 EStG. Nach dem Prinzip der Totalgewinngleichheit muss der § 4 III - Rechner diesen Betrag daher auch versteuern.

hemmer-Methode: Daraus folgt aber auch, dass der Verzicht aus betrieblichen Gründen zu einer fiktiven Betriebsausgabe führt, sich im Ergebnis also keine Gewinnauswirkung ergibt. Denken Sie immer auch an die mögliche Abwandlung des Falles, in der der Steuerpflichtige von vornherein klarstellt, dass er kein Honorar verlangen werde. Dann entsteht die Forderung gar nicht erst als nicht abnutzbares Wirtschaftsgut des Anlagevermögens und kann entsprechend auch nicht als Gewinn gebucht werden.
Lesen Sie hierzu Hemmer/Wüst/Hölzle, Basics Steuerrecht, Rn. 473 ff. und Hemmer/Wüst, Einkommensteuerrecht, Rn. 459.

Mike verzichtete vorliegend aus rein privaten, nämlich freundschaftlichen Gründen auf die Geltendmachung der bereits entstandenen Forderung.

Der Wert der Forderung ist daher dem Gewinn hinzuzurechnen. Es ergibt sich eine Gewinnauswirkung in Höhe von + 5.500 €.

3. Der Untergang der Waren

Mike hat für die Ersatzbeschaffung der zerstörten DVDs 250 € als Betriebsausgaben angesetzt. Es fragt sich, ob dies zu Recht erfolgte.

Bereits die Anschaffung der zerstörten DVDs als Umlaufvermögen führte zur Realisierung und steuerlichen Berücksichtigung von Betriebsausgaben i.S.d. § 4 IV EStG. Wären die DVDs - wie geplant - zu Werbezwecken verschenkt worden, so hätte dies keinerlei Gewinnauswirkung gehabt.

Sind die Anschaffungskosten einmal als Betriebsausgaben geltend gemacht worden, entstehen weitere Gewinnauswirkungen nur im Falle der Veräußerung oder der Entnahme zu betriebsfremden Zwecken in Form von Betriebseinnahmen. Dann kann aber nichts anderes gelten, wenn die Ware untergeht. Würde der Wert der DVDs hier als Betriebsausgabe angesetzt, so würde dies zu einer doppelten Berücksichtigung, nämlich einmal bei Anschaffung und einmal bei Untergang, führen.

Nimmt Mike für die untergegangenen DVDs eine Ersatzbeschaffung vor, so führt diese, da betrieblich veranlasst, erneut zu Betriebsausgaben. Die Nichtberücksichtigung des Untergangs hat daher keinerlei negative Auswirkung für Mike.

Mike hat die 250 € daher zu Unrecht als Betriebsausgaben erfasst. Es ergibt sich eine Gewinnauswirkung von + 250 €.

hemmer-Methode: Beachten Sie, dass dies nur für Wirtschaftsgüter des Umlaufvermögens gilt. Der § 4 III-Rechner bilanziert die angeschafften Wirtschaftsgüter des Umlaufvermögens nicht. Es werden allein die Anschaffungskosten als Betriebsausgaben berücksichtigt. Anders verhält es sich bei Wirtschaftsgütern des Anlagevermögens. Hier ist grundsätzlich AfA geltend zu machen. Wird das Gut nun vorzeitig zerstört, so hat dies in Höhe des restlichen AfA-Volumens (Restbuchwert) Gewinnauswirkung (Betriebsausgabe bei betrieblicher Veranlassung).

Lesen Sie zu dem Untergang von Waren des Umlaufvermögens Hemmer/Wüst/Hölzle, Basics Steuerrecht, Rn. 477 und Hemmer/Wüst, Einkommensteuerrecht, Rn. 460.

4. Steuerliche Berücksichtigung d. Autos

Mike hat den Mercedes bisher für 2016 steuerrechtlich überhaupt nicht erfasst. Es fragt sich, wie sich dessen Anschaffung auf den Gewinn auswirkt.

Bei dem Pkw handelt es sich um notwendiges Betriebsvermögen des Anlagevermögens, da die betriebliche Nutzung über 50% beträgt.

hemmer-Methode: Halten Sie notwendiges Betriebsvermögen, gewillkürtes Betriebsvermögen und notwendiges Privatvermögen streng auseinander. Liegt die betriebliche Nutzung über 50%, so handelt es sich um notwendiges Betriebsvermögen. Liegt sie unter 10%, so stellt das Wirtschaftsgut notwendiges Privatvermögen dar. Zwischen 10 und 50% betrieblicher Nutzung besteht ein Wahlrecht, ob der Steuerpflichtige das in betrieblichem Förderungszusammenhang stehende Wirtschaftsgut als Betriebs- oder Privatvermögen behandeln möchte, daher wird es gewillkürtes Betriebsvermögen genannt. Seit dem BFH-Urteil vom 02.10.2003, Az.: IV R 13/03, gibt es auch beim § 4 III-Rechner gewillkürtes Betriebsvermögen.
Lesen Sie zum Begriff des Betriebsvermögens Hemmer/Wüst, Einkommensteuerrecht, Rn. 418 ff.

Die Anschaffungskosten für ein Wirtschaftsgut des notwendigen Betriebs(anlage-)vermögens sind betrieblich veranlasst und stellen daher Anschaffungskosten i.S.d. § 4 IV EStG dar.

Da der Pkw indes länger als ein Jahr nutzungsfähig ist, können diese nicht sofort in voller Höhe angesetzt werden, sondern sind im Rahmen der AfA (§ 7 EStG) geltend zu machen.

Die AfA-Vorschriften sind kraft der Anordnung in § 4 III S. 3 EStG zu befolgen.

§ 7 EStG stellt grundsätzlich zwei Methoden der Ermittlung der AfA-Raten zur Verfügung. Für bewegliche Wirtschaftsgüter normiert § 7 I EStG die lineare, § 7 II EStG die degressive AfA.

Der Sachverhalt gibt keinerlei Hinweis darauf, welche AfA-Methode von Mike gewünscht wird, sodass davon auszugehen ist, dass die im Jahr 2016 günstigste Form zu berücksichtigen ist.

Zu beachten ist jedoch, dass die degressive AfA nur für bewegliche Wirtschaftsgüter des Anlagevermögens möglich ist, die vor dem 01.01.2011 angeschafft wurden. Folglich kann Mike hier lediglich linear abschreiben; der Mercedes wurde ja erst 2016 angeschafft.

a) Lineare AfA, § 7 Abs. 1 EStG

Die Anschaffungskosten für den Pkw betragen 25.000 €.

Bei der linearen AfA ist jeweils für ein Jahr der Teil der Anschaffungskosten abzusetzen, der bei gleichmäßiger Verteilung dieser Kosten auf die Gesamtdauer der Verwendung oder Nutzung auf ein Jahr entfällt.

Der Pkw ist sechs Jahre nutzungsfähig. Es ergibt sich daher bei Verteilung der Anschaffungskosten auf diese Gesamtnutzungsdauer eine jährliche AfA-Rate von (30.000 € : 6 =) 5.000 €.

Nach § 7 I S. 4 EStG kann die volle Jahres-AfA - unabhängig vom Tag der Anschaffung im Januar - zum Abzug gebracht werden.

b) Anteil der Eigennutzung

Der Pkw wird sowohl privat als auch betrieblich genutzt und ist damit ein sog. gemischt genutztes Wirtschaftsgut. Aufwendungen der privaten Lebensführung unterliegen gemäß § 12 Nr.1 EStG einem Abzugsverbot.

Der BFH lässt den Abzug sämtlicher Kosten eines gemischt genutzten Wirtschaftsguts dann nicht zu, wenn die privaten und betrieblichen Nutzungsanteile nicht anhand objektiver Kriterien getrennt werden können und die private Nutzung auch nicht vernachlässigenswert ist (< 10%).

Bei einem Pkw kann anhand der gefahrenen Kilometer eine objektive Trennung vorgenommen werden, die nach § 6 I Nr. 4 S. 3 EStG mittels eines Fahrtenbuches nachgewiesen werden kann. Da Mike kein Fahrtenbuch führt und seine betriebliche Nutzung größer als 50% ist, kann er die Trennung auch anhand der Pauschalregelung des § 6 I Nr. 4 S.2 EStG (sog. 1%-Regelung) vornehmen.

Dies ergibt für die Monate Januar bis Dezember 2016 je 1% des Listenpreises des Fahrzeuges, demnach (1% x 30.000 € x 12 =) 3.600 €, die als Nutzungsentnahme gewinnerhöhend zu berücksichtigen sind.

hemmer-Methode: Der Listenpreis der Erstzulassung ist auch dann maßgebend, wenn das Fahrzeug gebraucht gekauft wird. Auch ein zehn Jahre alter Mercedes wäre daher mit 1% des damaligen Neuwagenpreises zu versteuern. Hieraus können zum Teil abenteuerliche Ergebnisse entstehen. Andererseits besteht ein Anreiz für alle Oldtimerliebhaber, da auch ein Mercedes 300 SL mit dem damaligen Neuwagenpreis von 12.500 DM zu veranschlagen wäre!

c) Zwischenergebnis

Aus der Anschaffung des Autos ergeben sich daher im Ergebnis folgende Gewinnauswirkungen:

Mike kann für 2016 im Wege der linearen AfA nach § 7 I EStG Betriebsausgaben in Höhe von 5.000 € ansetzen.

Für den Anteil der privaten Nutzung hat Mike monatlich 1% des Bruttolistenpreises als Entnahme dem Gewinn hinzuzuaddieren. Dieser erhöht sich daher für die 12 Monate der Pkw-Nutzung um 3.600 €.

5. Der Anzug

Mike hat einen Anzug gekauft, den er ausschließlich zu betrieblichen Zwecken trägt. Die hierfür aufgewendeten 500 € könnten sich daher als Betriebsausgaben i.S.d. § 4 IV EStG darstellen, da sie durch den Betrieb veranlasst sind.

Dem könnte indes § 12 Nr. 1 EStG entgegenstehen. Entgegen dem Wortlaut und gegen den überwiegenden Widerstand aus dem Schrifttum entnahm der BFH der Vorschrift des § 12 Nr. 1 EStG ein konstitutives Aufteilungs- und Abzugsverbot für Aufwendungen, die Wirtschaftsgüter betreffen, die auch der privaten Nutzung fähig sind. Ob das Wirtschaftsgut auch tatsächlich privat genutzt wird, ist hierbei unerheblich. Es komme auf die rein objektive private Nutzungsmöglichkeit an.

Diese Auffassung hat der Große Senat des BFH in einem Urteil zur Absetzbarkeit einer Reise indes mittlerweile aufgegeben[6]. Bei der siebentägigen Reise konnte lediglich für vier Tage eine berufliche Veranlassung nachgewiesen werden. Der BFH ließ einen Abzug von 4/7 der Kosten zu.

[6] Urteil des BFH vom 21.09.2009, Az.: GrS 1/06, zitiert etwa in NJW 2010, 891 ff.

Zugleich hat der Große Senat des BFH aber bekräftigt, dass er am Abzugsverbot für bürgerliche Kleidung, Brillen und dergleichen festhält. Zwar sei hier eine Aufteilung in berufliche und private Nutzung denkbar.

Allerdings seien den Belastungen des Steuerpflichtigen für diese Aufwendungen durch die Steuerfreiheit des Existenzminimums und die Abzugsfähigkeit von Sonderausgaben und außergewöhnlichen Belastungen hinreichend Rechnung getragen.

hemmer-Methode: Eine wichtige Entscheidung des BFH! Zwar ändert sie nichts daran, dass insbesondere bürgerliche Kleidung nicht abzugsfähig ist. Allerdings findet der BFH hierfür nun eine dogmatisch vertretbare Begründung. Zuvor war sehr deutliche Kritik insbesondere der Literatur an dem Aufteilungs- und Abzugsverbot geübt worden.

Mike kann die Kosten für den Anzug somit nicht abziehen. Der Gewinn erhöht sich daher um 500 €.

6. Das Darlehen

Mike hat den Zufluss der Darlehensvaluta in Höhe von 5.000 € als Betriebseinnahmen gewinnerhöhend erfasst.

Es fragt sich, ob dies zu Recht erfolgte.

Der Begriff der Betriebseinnahmen ist für die Gewinneinkunftsarten nicht definiert. Betriebseinnahmen sind jedoch analog § 8 EStG und e contrario § 4 IV EStG solche Zuflüsse in Geld oder Geldeswert, die durch den Betrieb veranlasst sind.[7]

Dies wäre bei der Darlehensvaluta grundsätzlich der Fall.

Das Darlehen ist aus betrieblichen Gründen aufgenommen worden, das Geld wurde für betriebliche Zwecke verwendet.

Jedoch können Betriebseinnahmen nur solche Zuflüsse sein, die dem Betrieb bzw. dem Steuerpflichtigen auf Dauer zufließen. Die Darlehensvaluta ist nicht dazu bestimmt, auf Dauer in dem Betrieb zu verbleiben. Vielmehr ist diese zurückzuzahlen. Bei der Darlehensaufnahme handelt es sich um reine Geldbewegungen im Vermögensbereich[8]. Betriebseinnahmen können daher nicht angenommen werden. Dies folgt auch aus dem Gleichbehandlungsgrundsatz mit der Gewinnermittlung nach § 4 I EStG.

Im Rahmen der ordnungsgemäßen Buchführung führt die Aufnahme eines Darlehens nur zu einer so genannten Bilanzverlängerung, die ohne Gewinnauswirkung bleibt. Es erhöht sich der Aktivposten „Bank“ unter gleichzeitiger Erhöhung des Passivpostens „Verbindlichkeiten langfristig“. Soweit ein Vorgang aber bei § 4 I EStG grundsätzlich unberücksichtigt bleibt, muss dies auch für § 4 III EStG gelten.

Aus diesem Vorgang ergibt sich daher eine Gewinnauswirkung in Höhe von - 5.000 €.

hemmer-Methode: Zu dem Problemfeld der Darlehensaufnahme durch einen § 4-III-Rechner lesen Sie Hemmer/Wüst/Hölzle, Basics Steuerrecht, Rn. 470 und Hemmer/Wüst, Einkommensteuerrecht, Rn. 456.

---

[7] Umstr., so aber die Rspr., vgl. SCHMIDT/HEINICKE, § 4 Rn. 420 m.w.N.

[8] SCHMIDT/HEINICKE, § 4 Rn. 383, 426.

7. Das Mobiltelefon

Bei dem angeschafften Mobiltelefon handelt es sich um ein bewegliches Wirtschaftsgut des Anlagevermögens, das länger als ein Jahr nutzungsfähig ist.

Gemäß § 4 III S. 3 EStG sind dementsprechend die Vorschriften über die AfA zu befolgen. Es scheint daher, dass Mike zu Recht die Anschaffungskosten im Wege der linearen AfA gemäß § 7 I EStG auf die betriebsgewöhnliche Nutzungsdauer verteilt hat.

Zu beachten ist jedoch die AfA-Vorschrift des § 6 II EStG. Danach können geringwertige Wirtschaftsgüter bis zu einem Wert von 410 € im Jahr der Anschaffung in voller Höhe abgesetzt werden. Eine Verteilung der Anschaffungskosten auf die Nutzungsdauer ist demnach nicht vorgesehen.

hemmer-Methode: Wichtig ist, dass § 6 II EStG eine Netto-Grenze auch für solche Steuerpflichtige ist, die zum Vorsteuerabzug (§ 9b EStG, § 15 UStG) nicht berechtigt sind. Die Verweisung auf § 9b EStG ist irreführend. Ärzte z.B., deren Leistungen nach § 4 Nr.14 UStG umsatzsteuerfrei sind und die daher nach § 15 II S. 1 Nr.1 UStG nicht zum Vorsteuerabzug berechtigt sind, können die Regelung des § 6 II EStG also bis zu einem Anschaffungspreis von 487,90 € brutto (bei 19% USt) geltend machen.

Der Anschaffungspreis für das Telefon lag im vorliegenden Fall unterhalb dieser Grenze. Mike kann die Anschaffungskosten für das Telefon mithin sofort abziehen. Er könnte zwar auch linear abschreiben. Allerdings wünscht er (laut Bearbeitervermerk) möglichst hohe Abschreibungen.

Aus diesem Vorgang ergeben sich daher die folgenden Gewinnauswirkungen:

Die bereits abgesetzte AfA in Höhe von 130 € ist dem Gewinn hinzuzuaddieren.

Gleichzeitig können jedoch die gesamten Anschaffungskosten gemäß § 6 II EStG abgesetzt werden. Es sind daher 390 € Betriebsausgaben abzuziehen. Die steuerliche Auswirkung beträgt im Ergebnis daher - 260 €.

hemmer-Methode: Ausführungen zu der Behandlung geringwertiger Wirtschaftsgüter finden Sie in Hemmer/Wüst/Hölzle, Basics Steuerrecht, Rn. 173 ff. und Hemmer/Wüst, Einkommensteuerrecht, Rn. 114 ff.

8. Die Krankheitskosten

Kosten der privaten Lebensführung sind gem. § 12 Nr.1 EStG grds. nicht abzugsfähig.

Es fragt sich aber, ob es sich bei den von Mike getragenen Krankheitskosten tatsächlich um solche privat veranlassten Aufwendungen handelt. Der Unfall ereignete sich bei einem Kundenbesuch. Insoweit steht die Verletzung in einem betrieblichen Zusammenhang. Krankheitskosten werden dann als Betriebsausgaben i.S.d. § 4 IV EStG anerkannt, wenn der betriebliche Zusammenhang feststeht. Eine private Mitveranlassung muss typischerweise nahezu ausgeschlossen sein.

So liegt der Fall hier. Die Kosten sind daher als Betriebsausgaben anzuerkennen. Dass der Unfall durch Mike selbst verschuldet war, ist aufgrund der Wertneutralität des Steuerrechts, § 40 AO, unerheblich. Es ergibt sich eine Gewinnauswirkung von - 100 €.

9. Der Grundstücksverkauf

Mike hat den aus dem Verkauf des Grundstücks resultierenden Gewinn bisher steuerlich nicht berücksichtigt.

Bei dem Grundstück handelte es sich um ein Wirtschaftsgut des betrieblichen Anlagevermögens, da es zu betrieblichen Zwecken erworben wurde.

Es fragt sich zunächst, ob Mike nicht die Anschaffungskosten für das Grundstück nach §§ 4 III S. 3, 7 EStG im Wege der AfA hätte geltend machen müssen.

Die AfA-Vorschriften gelten ausweislich ihres eindeutigen Wortlautes indes nur für abnutzbare Wirtschaftsgüter. Nicht abnutzbare Wirtschaftsgüter, wie z.B. Grundstücke, unterliegen hingegen nicht den Vorschriften über die AfA.

Es fragt sich dann aber, wie diese zu behandeln sind, insbesondere ob die Anschaffungskosten sofort in voller Höhe geltend gemacht werden können.

Diese Frage beantwortet für den § 4-III-Rechner § 4 III S. 4 EStG. Hiernach sind die Anschaffungskosten für nicht abnutzbare Wirtschaftsgüter erst im Zeitpunkt der Veräußerung oder Entnahme anzusetzen. Zum Zeitpunkt der Anschaffung erfolgt lediglich eine Aufnahme in das gemäß § 4 III S. 5 EStG zu führende laufende Vermögensverzeichnis.

Mike hat daher im Zeitpunkt der Veräußerung den erzielten Veräußerungserlös - da betrieblich veranlasst - als Betriebseinnahmen nach § 4 IV EStG anzusetzen, kann zugleich aber den gezahlten Kaufpreis als Betriebsausgaben geltend machen.

Der Veräußerungsgewinn ist daher als Betriebseinnahme gewinnwirksam zu berücksichtigen. Es ergibt sich eine Korrektur des Gewinns in Höhe von + 15.000 €.

10. Die Mietzahlung für Dezember

Es ist zu prüfen, ob Mike die für Dezember gezahlte Miete zu Recht in 2016 nicht mehr als Betriebsausgaben angesetzt hat.

Bei der Miete für Büroräume handelt es sich um betrieblich veranlasste Aufwendungen, mithin um Betriebsausgaben i.S.d. § 4 IV EStG.

Für den § 4-III-Rechner gilt das Zu- und Abflussprinzip des § 11 EStG. Nach § 11 II S. 1 EStG sind Ausgaben in dem Jahr abzusetzen, in dem sie geleistet worden sind.

Das wäre vorliegend das Jahr 2017. Mike hätte die Miete für Dezember 2016 daher zu Recht nicht mehr in 2016 geltend gemacht.

Etwas anderes könnte sich aber aus § 11 II S. 2 EStG ergeben, der für regelmäßig wiederkehrende Ausgaben auf § 11 I S. 2 EStG verweist. Hiernach gelten regelmäßig wiederkehrende Ausgaben, die kurze Zeit vor Beginn oder kurze Zeit nach Beendigung des Kalenderjahrs, zu dem sie wirtschaftlich gehören, abgeflossen sind, als in diesem Kalenderjahr verausgabt (sog. Ultimo-Überschreitung). Bei Mietzinszahlungen handelt es sich um solche regelmäßigen Bezüge, da sie in fest bestimmter Höhe in vorgegebenen Zeitabständen fließen.

Unter einem kurzen Zeitraum ist nach h.M. ein Zeitraum von jeweils 10 Tagen vor und nach dem Jahreswechsel zu verstehen.

Die Zahlung für Dezember 2016 müsste daher bis zum 10.01.2017 abgeflossen sein. Dies ist vorliegend der Fall.

Zudem verlangt die Finanzverwaltung, dass auch die Fälligkeit der Forderung in diesen 10-Tages-Zeitraum fällt. Die Dezembermiete hätte daher zwischen dem 21. und dem 31. Dezember fällig werden müssen.

Die Miete für Dezember 2016 wurde zum Monatsende fällig, also innerhalb des von der Finanzverwaltung verlangten 10-Tages-Zeitraumes.

Die Miete für Dezember 2016 ist nach alledem gemäß § 11 II S. 2 in Verbindung mit § 11 I S. 2 EStG noch in 2016 abzusetzen. Es ergibt sich für 2016 eine Gewinnauswirkung von - 1.000 €.

11. Der Verkehrsverstoß

Die in Folge des Verkehrsverstoßes gezahlten 150 € könnten sich als Betriebsausgaben i.S.d. § 4 IV EStG darstellen.

Dies wäre dann der Fall, wenn es sich um betrieblich veranlasste Aufwendungen handelt. Für eine betriebliche Veranlassung in diesem Sinne reicht eine rein kausale Beziehung aus. Mike befand sich auf dem Rückweg von einer Fachtagung. Die Fahrt war daher betrieblich veranlasst, was auch für die in ihrem Zusammenhang entstandenen Kosten gilt.

Dass es sich bei einer Geschwindigkeitsübertretung um eine schuldhaft begangene Ordnungswidrigkeit handelt, ist vor dem Hintergrund der in § 40 AO zugrunde gelegten Wertneutralität des Steuerrechts unerheblich.

Einem Abzug der Kosten könnte jedoch das Abzugsverbot des § 4 V Nr. 8 S. 1 EStG entgegenstehen, wonach Geldbußen, Ordnungs- und Verwarnungsgelder den Gewinn nicht mindern dürfen.

Um eine Geldbuße handelt es sich indes nur in Höhe der festgesetzten 75 €. Die entstandenen Verfahrenskosten in Höhe von weiteren 75 € fallen nicht unter den in § 4 V EStG genannten Katalog. Da aber die Fahrt und mithin auch das Verfahren betrieblich veranlasst waren, können die 75 € Verfahrenskosten als Betriebsausgaben nach § 4 IV EStG abgesetzt werden. Nach dem BFH muss diese Ausnahmevorschrift restriktiv ausgelegt werden, was entsprechend auch für § 12 Nr. 4 EStG gilt.

Es ergibt sich eine Gewinnauswirkung von - 75 €.

12. Ergebnis

Aus den genannten Vorfällen ergeben sich daher im Ergebnis Gewinnauswirkungen wie folgt:

Erklärter Gewinn	***75.000 €***
Tz.1 - Die Entnahme	***- 1.000 €***
Tz.2 - Der Forderungsverzicht	***+ 5.500 €***
Tz.3 - Die DVDs	***+ 250 €***
Tz.4 - Der betriebliche Pkw : AfA	***- 5.000 €***
privater Nutzungsanteil	***+ 3.600 €***

Tz.5 - Der Anzug	***+ 500 €***
Tz.6 - Das Darlehen	***- 5.000 €***
Tz.7 - Das Mobiltelefon	***- 260 €***
Tz.8 - Der Unfall	***- 100 €***
Tz.9 - Das Betriebsgrundstück	***+ 15.000 €***
Tz.10 - Die Dezembermiete	***- 1.000 €***
Tz.11 - Der Strafzettel	***- 75 €***
Korrigierter Gewinn	***87.415 €***

Der von Mike erklärte Gewinn in Höhe von 75.000 € ist unter Beachtung der genannten Vorfälle daher zu korrigieren. Es ergibt sich ein Gewinn aus Einkünften nach §§ 2 I S. 1 Nr. 3, 18 I Nr.1 EStG in Höhe von 87.415 €.

hemmer-Methode: Versuchen Sie, soweit die Zeit reicht, Ihre Ergebnisse am Ende der Arbeit immer in einer Tabelle zusammenzufassen. Hierdurch ermöglichen Sie dem Korrektor den schnellen Überblick darüber, ob Sie zu den richtigen Ergebnissen gekommen sind. Zusätzliche Punkte gibt es dafür allerdings nicht, deshalb sollten Sie den Schwerpunkt immer auf eine saubere Begründung legen.

C. Sachliche Steuerpflicht der Fiona Macher

Laut Sachverhalt ist die Fiona Macher nicht berufstätig. Hinweise für die Verwirklichung einer Einkunftsart sind nicht ersichtlich. Fiona unterliegt daher keiner Steuerpflicht.

D. Summe und Gesamtbetrag der Einkünfte, § 2 III EStG

hemmer-Methode: Bevor Sie den Gesamtbetrag der Einkünfte bilden, sind nach zutreffender Ansicht eigentlich zunächst die Einkünfte der Ehegatten in den jeweiligen Einkunftsarten zusammenzurechnen (vgl. Schmidt/ Seeger, § 26b Rn. 2). Darauf konnte hier verzichtet werden, da die Fiona keinerlei Einkünfte erzielt.

Vorliegend sind allein positive Einkünfte aus §§ 2 I S. 1 Nr. 3, 18 EStG zu berücksichtigen. Da Mike das 64. Lebensjahr nicht vollendet hat, kommt auch die Gewährung eines Altersentlastungsbetrages nach § 24a EStG nicht in Betracht.

Der Gesamtbetrag der Einkünfte der Ehegatten Macher beträgt daher 87.415 €.

E. Einkommen, § 2 IV EStG

Aus dem Gesamtbetrag der Einkünfte errechnet sich gemäß § 2 IV EStG durch Abzug von Sonderausgaben und außergewöhnlichen Belastungen das Einkommen.

hemmer-Methode: Die Abzugsfähigkeit von Sonderausgaben und außergewöhnlichen Belastungen nach § 2 IV EStG ist ein Ausfluss aus dem subjektiven Nettoprinzip. Das Existenzminimum des Steuerpflichtigen soll von der Besteuerung nicht erfasst werden. Der Einkommensteuer unterliegt daher grundsätzlich nur das disponible Einkommen. Lesen Sie hierzu Hemmer/Wüst/Hölzle, Basics Steuerrecht, Rn. 6 und Hemmer/Wüst, Einkommensteuerrecht, Rn. 7, 8.

I. Sonderausgaben

Was Sonderausgaben sind und ob diese beschränkt oder unbeschränkt abzugsfähig sind, ergibt sich aus der abschließenden Aufzählung in §§ 10 bis 10 c[9] EStG.

In Betracht kommt vorliegend ein Abzug der Unterhaltsleistungen an die geschiedene Ehefrau Elvira. Solche Zahlungen sind gemäß § 10 Ia Nr. 1 EStG bis zu einer Höhe von 13.805 € abzugsfähig, sofern der geschiedene Ehegatte zustimmt. In diesem Fall hat der Empfänger der Unterhaltsleistungen diese als dauernde Lasten gemäß § 22 Nr.1a EStG zu versteuern. Auf die Zustimmung hat der Unterhaltsverpflichtete Ehegatte gegen Ausgleich des Besteuerungsnachteils einen Anspruch aus §§ 1353, 242 BGB.

[9] Die in §§ 10 d bis 10i EStG behandelten Ausgaben stellen keine eigentlichen Sonderausgaben dar; sie werden diesen vorangestellt (§ 10d EStG) oder wie diese behandelt.

hemmer-Methode: Die Behandlung des begrenzten Realsplittings kann in Examensklausuren immer wieder auftauchen. Beachten Sie aber, dass nicht nur der durch die Steuerlast beim Empfänger entstehende Nachteil auszugleichen ist, sondern alle mit dem höheren Einkommen zusammenhängenden Nachteile.
So kann z.B. ein Anspruch auf Wohngeld oder andere Sozialleistungen wegfallen, die dann auszugleichen sind.
Bevor ein Anwalt daher die Zustimmung zum begrenzten Realsplitting verlangt, muss er genau abwägen, welche Umstände in den finanziellen Ausgleich einzustellen sind, und ob sich dies dann noch lohnt. Lesen Sie hierzu Hemmer/Wüst/Hölzle, Basics Steuerrecht, Rn. 504 und Hemmer/Wüst, Einkommensteuerrecht, Rn. 376.

Da die Elvira die Zustimmung erteilt hat, kann Mike die in 2016 gezahlten Unterhaltsleistungen als Sonderausgaben abziehen, soweit diese den Betrag von 13.805 € nicht übersteigen, § 10 Ia Nr. 1 S. 1 EStG.

Mike hat im gesamten Jahr 2016 Unterhaltsleistungen in Höhe von 500 € monatlich erbracht. Da die Grenze des § 10 I Nr. 1 S. 1 EStG damit nicht erreicht ist, können die Unterhaltsaufwendungen in Höhe von 6.000 € abgezogen werden.

Für sonstige zu berücksichtigende Sonderausgaben ist im Sachverhalt nichts ersichtlich.

hemmer-Methode: Wichtig ist, dass §§ 10 bis 10 c EStG die abzugsfähigen Sonderausgaben abschließend aufzählen. Bei der Norm handelt es sich systematisch um eine Ausnahme zu § 12 EStG, da die genannten Positionen überwiegend Kosten der privaten Lebensführung darstellen.

Es handelt sich hierbei aber um typische Aufwendungen, die die steuerliche Leistungsfähigkeit mindern, und daher nach dem Grundsatz der personenbezogenen Besteuerung um zu berücksichtigende Zahlungen.

II. Außergewöhnliche Belastungen

Von dem Gesamtbetrag der Einkünfte sind darüber hinaus die außergewöhnlichen Belastungen abzuziehen.

Was außergewöhnliche Belastungen sind, regeln die §§ 33 ff. EStG, wobei § 33 EStG einen allgemeinen und die §§ 33a und 33b EStG Sondertatbestände zur Verfügung stellen.

Außergewöhnliche Belastungen sind hiernach Aufwendungen, die zwangsläufig entstehen und der Mehrzahl der Steuerpflichtigen gleicher Einkommens- und Vermögensverhältnisse und gleichen Familienstandes nicht erwachsen, § 33 I EStG.

Diese Voraussetzungen sind durch die angefallenen Scheidungskosten erfüllt. Diese sind dem Mike zwangsläufig i.S.d. § 33 II EStG entstanden, da sie auf einer rechtlichen Verpflichtung beruhen. Die überwiegende Mehrzahl der Steuerpflichtigen gleicher Vermögens- und Einkommensverhältnisse ist nicht durch den Anfall von Scheidungskosten belastet.

Außergewöhnliche Belastungen können jedoch nur insoweit abgezogen werden, als sie die zumutbare Eigenbelastung übersteigen. Diese errechnet sich anhand der in § 33 III EStG abgedruckten Tabelle nach einem Hundertsatz vom Gesamtbetrag der Einkünfte.

Mike hat Aufwendungen in Höhe von 3.490 € getätigt. Die zumutbare Eigenbelastung beträgt gemäß § 33 III Nr. 2a dritte Spalte 4 % vom Gesamtbetrag der Einkünfte, mithin (87.415 € x 4 % =) 3.496,60 €. Die Scheidungskosten übersteigen die zumutbare Eigenbelastung im Ergebnis daher um (3.600,00 € - 3.496,60 € =) 103,40 €. In Höhe von 17,40 € kann Mike außergewöhnliche Belastungen geltend machen.

III. Zwischenergebnis

Das Einkommen der Eheleute Macher beträgt:	
Gesamtbetrag der Einkünfte	***87.415,00 €***
./. Sonderausgaben	***6.000,00 €***
./. außergewöhnliche Belastungen	***103,40 €***
Einkommen	***81.311,60 €***

F. Zu versteuerndes Einkommen, § 2 V EStG

Nach § 2 V EStG errechnet sich das zu versteuernde Einkommen durch Abzug des Freibetrages nach § 32 VI EStG und sonstiger abzuziehender Beträge vom Einkommen.

Zu überprüfen ist, ob sich der Freibetrag nach § 32 VI EStG günstiger auswirkt als das Kindergeld, da den Eheleuten Macher dieser dann zu gewähren wäre. Die Voraussetzungen des § 32 I Nr. 1, VI EStG liegen vor. Der Sohn Sascha ist mit den Eheleuten Macher im ersten Grade verwandt, § 32 I Nr.1 EStG, und hat das 18. Lebensjahr noch nicht vollendet, § 32 III EStG. Da Sascha zu beiden Ehegatten in einem Kindschaftsverhältnis steht und die Ehegatten nach §§ 26, 26b EStG gemeinsam zur Einkommensteuer veranlagt werden, ist diesen ein Freibetrag nach § 32 VI S. 1 und 3 in Höhe von 4.716 € jährlich zuzüglich eines Betreuungsfreibetrages in Höhe von 2.640 € jährlich zu gewähren. Da es sich aber bei den genannten Beträgen um Jahresbeträge handelt, ist die Gesamtförderung für jeden Monat, in dem die Voraussetzungen des § 32 I EStG nicht vorlagen, um 1/12 zu kürzen, § 32 VI S.5 EStG.

Sascha wurde im November 2016 geboren. Der Freibetrag nach § 32 VI S. 1 EStG, ist mithin um 10/12 für die Monate Januar bis Oktober zu kürzen. Dies ergibt einen Freibetrag in Höhe von ({4.716 € + 2.640 €} x 2/12 =) 1.226 €.

Das zu versteuernde Einkommen der Ehegatten würde unter Berücksichtigung des Freibetrages nach § 32 VI EStG daher (81.311,60 € - 1226,00 € =) 79.905,60 € betragen.

Hierauf entfiele nach der Splittingtabelle[10] eine Einkommensteuer in Höhe von ca. 17.618 €. Würde der Freibetrag nicht, sondern nur das Kindergeld gewährt, so entfiele auf das zu versteuernde Einkommen in Höhe von 81.311,60 € eine tarifliche Einkommensteuer nach der Splittingtabelle in Höhe von ca. 18.124,00 €.

Die steuerliche Entlastung durch die Gewährung des Freibetrages nach § 32 VI EStG für die Monate November und Dezember beträgt daher (18.168 € - 17.746 € =) 506 €. Das Kindergeld wird in Höhe von 184 € monatlich, vgl. § 66 I S. 1 EStG, ausbezahlt.

Hieraus ergibt sich eine Gesamtförderung für November und Dezember 2016 in Höhe von 368 €. Diese ist geringer als die Berücksichtigung des Freibetrags. Bei der Veranlagung wird daher von Amts wegen der Freibetrag angenommen.

hemmer-Methode: Zum Kindergeld und Freibetrag nach § 32 VI vgl. Sie Hemmer/Wüst/Hölzle, Basics Steuerrecht, Rn. 60 ff. und Hemmer/Wüst, Einkommensteuerrecht, Rn. 540 ff. Es wird in der Klausur allerdings selten von Ihnen verlangt werden, dass Sie konkret ausrechnen, ob sich das Kindergeld oder der Freibetrag nach § 32 VI EStG für die Steuerpflichtigen günstiger auswirken. Dennoch sollten Sie sich mit der nicht allzu schweren Problematik einmal vertraut gemacht haben, da natürlich nicht auszuschließen ist, dass ein Prüfer die Klausur einmal um diesen Punkt erweitert.

[10] Zu finden in der Beck'schen Textsammlung als Tabelle T 1b; im dtv-Text nicht enthalten.

G. Endergebnis

Das zu versteuernde Einkommen der Ehegatten beträgt somit 79.905,60 €. Es wird der Freibetrag nach § 32 VI EStG herangezogen.

hemmer-Methode: Sie sehen, dass sich das Steuerrecht mit der richtigen Systematik und entsprechender Lektüre des Gesetzestextes durchaus erfassen lässt.

Nehmen Sie zur Vertiefung die angegebenen Fundstellen in Hemmer/Wüst/Hölzle, Basics Steuerrecht, und Hemmer/Wüst, Einkommensteuerrecht zur Hand, und arbeiten Sie die folgenden Fälle unter Zuhilfenahme dieser Skripten durch. Dann kann Ihnen im Examen nichts mehr passieren.

Einführung II:

Sachverhalt:

Der Zahnarzt Gerd Holzli betreibt in Düsseldorf eine Zahnarztpraxis. Er ist verheiratet mit Katja Holzli. Sie haben drei Kinder. Durch die Erziehung ist Katja gehindert, einer Berufstätigkeit nachzugehen. Bevor Gerd sich zum Zahnmedizinstudium durchgerungen hatte, studierte er ein paar Semester Jura. Aus dieser Zeit kennt er seinen Rechtsanwalt Dr. Udo Frank. Dieser ist Fachanwalt für Steuerrecht und wird eines Tages - nach einer gemeinsamen Zechtour - mit folgendem Sachverhalt konfrontiert:

Im Jahr 2016 haben sich bei Gerd folgende Geschäftsvorfälle ereignet:

***I.** Bei einer Überprüfung der Praxiskasse, in der Gelder sofort zahlender Patienten verwahrt werden, stellte Gerd im Juni 2016 fest, dass diese einen Fehlbetrag in Höhe von 225 € aufwies. Nach intensiver Recherche stellte sich heraus, dass seine Ehefrau Katja im Mai hiervon 50 € für den Kauf von Babynahrung entnommen hatte. Die restlichen 175 € wurden von einem Patienten während einer Unachtsamkeit der Zahnarzthelferin entwendet, da diese vergessen hatte die Kasse zu verschließen. Allerdings ist dieser Patient insolvent, sodass das Geld nicht zurückerlangt werden kann. Gerd fragt nun Udo, ob er diese 225 € eventuell gewinnmindernd geltend machen könnte. Problematisch sei wohl, dass ein Diebstahl nichts mit seiner Zahnarzttätigkeit zu tun habe.*

***II.** 2015 war für Gerd ein gutes Jahr. Daher entschloss er sich, seine Praxis 2016 wieder etwas zu modernisieren. Er kaufte daher einen neuen Behandlungsstuhl mit entsprechend integrierten Instrumenten auf Ziel zum Preis von 50.000 € incl. 19% USt. Die gewöhnliche Nutzungsdauer beträgt acht Jahre. Der Stuhl wurde im Juli 2016 geliefert. Zahlung soll im Februar 2017 erfolgen. Allerdings weiß Gerd nicht, wie er den Stuhl steuerlich behandeln soll.*

***III.** Ferner hat Gerd im August sein Wartezimmer mit acht neuen Stühlen ausgestattet. Hierfür zahlte er pro Stuhl einen Kaufpreis von 170 € incl. 19% USt. Den Kaufpreis in Höhe von insgesamt 1.360 € zahlte Gerd sofort. Er ist sich auch diesbezüglich nicht ganz sicher, wie sich dies steuerlich auswirkt.*

***IV.** Zu den Patienten des Gerd gehört auch der fünfjährige Claudio Cornio. Als dieser auf dem soeben neu installierten Patientenstuhl für einige Minuten unbeobachtet mit dem Bohrer spielt, beschädigt er den Lederbezug, sodass der Stuhl neu bezogen werden muss. Hierfür muss Gerd 500 € aufwenden.*

***V.** Gerd hat aber neben seiner Tätigkeit als Zahnarzt auch noch Hobbys. Unter anderem hält er, nicht zuletzt zur Freude seiner Gattin, drei Pferde. Da ihm diese aber zuviel Arbeit machten, verkaufte er zwei davon zum Preis von 115.000 €. Gleichzeitig ließ er das Gatter reparieren und wendet für das verbliebene Tier Futterkosten in Höhe von 12.500 € auf. Er will nun wissen, ob diese Vorgänge nicht auch irgendwie - sei es negativ oder positiv - steuerlich zu berücksichtigen seien. Schließlich brachte der Verkauf einen Gewinn in Höhe von 20.000 €, aber auch „Betriebsausgaben" in Höhe von 15.500 €. Dies würde das Finanzamt wohl auch interessieren.*

VI. *Ferner ist Gerd begeisterter Kampfsportler und opfert jede freie Minute dem Training. Insbesondere möchte er, sobald es die Zeit zulässt, an einer Idee arbeiten: der Entwicklung eines neuen und einzigartigen Trainingsgerätes. Er ist sich sicher, dass er mit dieser Neuentwicklung auch „anständig“ Geld verdienen wird. Zu diesem Zwecke kauft er im Oktober 2016 einige Stahlbauteile im Werte von 250 € für die geplante Entwicklung.*

VII. *Viele Patienten zeigten sich aufgrund der exzellenten Behandlung durch ihren Zahnarzt so dankbar, dass sie diesem alte Zahnprothesen und Inlays, welche von ihm ausgewechselt wurden, kostenlos überließen. Hierdurch entstand ein erheblicher Vorrat an Altgold.*

Dieses Altgold tauschte Gerd gegen Zahngold, welches er in der Praxis verwendet. 2016 ließ er sich jedoch auch zahnmedizinisch nicht verwendbares Feingold geben.

Aus diesem ließ er seiner Frau Katja zum Hochzeitstag eine Halskette fertigen. Das verwendete Feingold hatte einen Wert von 500 €. Er ist der Ansicht aufgrund der Schenkungen könne sich auch das eingetauschte Gold keineswegs auf seine Steuer auswirken.

VIII. *Auch Udo Frank ist Patient des Gerd. Im November 2016 ließ sich Udo die vorhandenen Amalgamfüllungen durch Goldinlays austauschen. Durch die bisherigen guten Erfahrungen vereinbarten die beiden Freunde dabei, dass 2.000 € vom Honorar des Gerd nicht ausbezahlt werden sollen. Anstelle der Zahlung solle Udo wieder die ausstehenden persönlichen Steuersachen des Gerd erledigen. Dies geschah noch im Dezember 2016. Gerd fragt sich, ob dieses Geld auch „irgendwie“ für das Finanzamt interessant sei und auf die Steuerschuld Auswirkung hätte.*

Gerd fragt nun Udo wie sich die einzelnen Vorgänge auf seine Steuerschuld 2016 auswirken könnten.

Bearbeitervermerk:

Die Antwort des Udo ist in einem Gutachten, welches auf alle relevanten einkommensteuerrechtlichen Fragen eingeht, vorzubereiten. Hierbei ist die umsatzsteuerrechtliche Behandlung der Vorgänge - soweit sie nicht auf die Einkommensteuer Einfluss haben - nicht zu berücksichtigen. Zudem ist davon auszugehen das die angegebenen Beträge marktüblich und zutreffend sind.

Lösung

I. Subjektive Steuerpflicht

Gem. § 1 I EStG ist Gerd als natürliche Person mit Wohnsitz im Inland (vgl. § 8 AO) unbeschränkt einkommensteuerpflichtig.

II. Veranlagung

Da Gerd mit Katja verheiratet ist, kommt eine Zusammenveranlagung der Ehegatten gem. §§ 26, 26b EStG in Betracht. Da vorliegend die steuerlich günstigste Variante gewählt werden soll, ist davon auszugehen, dass sie von ihrem Wahlrecht gem. § 26 I S. 1 EStG Gebrauch machen.

III. Tarif

Aufgrund der gemeinsamen Veranlagung der Holzlis ergibt sich der Tarif aus der Splittingtabelle gem. § 32a V S. 2 EStG.

IV. Objektive Steuerpflicht

Gerd verwirklicht als Zahnarzt den Tatbestand eines Katalogberufes des § 18 I Nr. 1 S. 2 EStG. Folglich hat er Einkünfte aus selbständiger Arbeit gem. §§ 2 I S. 1 Nr. 3, 18 I Nr.1 EStG. Besteuert wird folglich der Gewinn gem. § 2 II S. 1 Nr. 1 EStG.

Als Freiberufler ist Gerd nach §§ 140 (i.V.m. jeweiligen Sondergesetzen), 141 AO nicht zur Führung von Büchern verpflichtet. Da er dies auch nicht freiwillig tut, kann er seinen Gewinn zurecht mittels Gegenüberstellung von Einnahmen und Ausgaben ermitteln, vgl. § 4 III EStG.

Die einzelnen aufgeführten Vorgänge beeinflussen die Steuerpflicht des Gerd wie folgt:

1. Zu I.: Die 225 € aus der Kasse

Dieser Fehlbetrag könnte eine Betriebsausgabe (§ 4 IV EStG) darstellen. Betriebsausgaben sind solche Aufwendungen, die kausal durch die Gewinneinkunftsart verursacht sind.

Dies setzt neben der objektiven Verursachung grundsätzlich, entsprechend der zivilrechtlichen Definition der Aufwendungen als willentliche Vermögensopfer, auch eine Freiwilligkeit bzgl. der Betriebsförderung voraus. Allerdings ist zu beachten, dass sich der vorliegende Fehlbetrag durch zwei voneinander unabhängige Vorgänge ergeben hat. Diese sind bzgl. ihrer steuerlichen Behandlung zu trennen.

a) Die 50 € für Babynahrung

Voraussetzung für die Behandlung des Geldes als Betriebsausgaben ist, dass die Aufwendungen betrieblich veranlasst sind. Hieran fehlt es jedoch, wenn die Ausgabe auf privaten Gründen beruht.

Der Kauf von Nahrungsmitteln für den privaten Haushalt des Steuerpflichtigen ist eine typische Aufwendung aus dem Bereich der privaten Lebensführung im Sinne des § 12 Nr. 1 EStG. Die causa hierfür ist damit nicht betrieblicher Natur. Folglich ist zwar in Höhe der gezahlten 50 € eine Betriebseinnahme anzusetzen, soweit dies noch nicht geschehen ist. Allerdings bleibt dies bzgl. des entnommenen Scheines aus der Barkasse unberücksichtigt, da es sich um eine private Entnahme handelt, die sich nicht mindernd auf den Gewinn auswirken darf. Dies ergibt sich aus der Tatsache, dass die § 4 III - Rechnung eine reine Geldrechnung darstellt, in der Einnahmen und Ausgaben gegenüber zustellen sind - jedoch stets nur insoweit ein kausal betrieblicher Zusammenhang vorhanden ist. Dies ist bzgl. der Einnahme der 50 € sicherlich zu bejahen, jedoch nicht bzgl. des Abflusses.

b) Die 175 € aus dem Diebstahl

Auch diese Summe könnte eine Betriebsausgabe darstellen. Dazu müsste der Abfluss betrieblich veranlasst sein. Dies verlangt wie gesehen eine objektive und auch eine subjektive Veranlassung durch den Betrieb. Der objektive Zusammenhang ist zu bejahen, da die Barkasse der Praxis und auch der Patientenstamm eindeutig betrieblichen Ursprungs sind. Ferner müsste der Wille vorgelegen haben, den Betrieb zu fördern.

Hieran fehlt es offenkundig, da dieser Abfluss für Gerd eine sog. Zwangsaufwendung darstellt.

Fraglich ist daher, ob dennoch eine Betriebsausgabe angenommen werden kann.

Die Rechtsprechung ist in diesem Falle jedoch großzügig und verzichtet auf das Kriterium der Freiwilligkeit. Sie lässt insoweit die eindeutig objektive Verursachung ausreichen.

Aufgrund der Wertneutralität des Steuerrechts (vgl. § 40 AO) spielt es auch keine Rolle, ob Gerd den Diebstahl schuldhaft ermöglicht hat. Es ist eine Bedingungskette gegeben, die auf die objektive betriebliche Veranlassung abstellt.

hemmer-Methode: Allerdings ist zu beachten, dass die Rspr. eine Ausnahme macht, soweit sie sich im Bereich der Überschusseinkünfte befindet (vgl. betriebliche Fahrt zum Arbeitsplatz mit Unfall unter dominantem Alkoholeinfluss). Dort soll die überwirkende Beeinflussung von privater Verursachung gegen eine Anerkennung sprechen. Dies beruht auf der Annahme, dass der Genuss von Alkohol immer privat und niemals betrieblich veranlasst ist. Der BFH folgt insoweit der Kausaltheorie von der wesentlichen Bedingung und führt so durch die Hintertür das Verschuldensprinzip entgegen § 40 AO wieder ein. Dies erfährt wiederum erhebliche Kritik und wird von der Literatur abgelehnt. Vgl. hierzu Hemmer/Wüst, Einkommensteuerrecht, Rn. 67 ff.

Demnach ist der Fehlbetrag von 175 € betrieblich veranlasst und stellt eine Betriebsausgabe dar.

c) Zusammenfassung: zu 1.

Folglich bleibt bzgl. der 225 € festzuhalten, dass die 50 € aufgrund der privaten Verursachung keine Berücksichtigung mehr finden und daher keine Auswirkung auf den Gewinn haben.

Dagegen können 175 € als Betriebsausgaben abgezogen werden und mindern den Gewinn entsprechend.

2. Zu II.: Der neue Praxisstuhl

Der Stuhl stellt für Gerd ein bewegliches Wirtschaftsgut des Anlagevermögens (§§ 247 II, 266 II HGB) dar.

Die betriebliche Veranlassung ist eindeutig. Gem. § 4 III S. 3 EStG sind die Vorschriften über die Absetzung für Abnutzung zu befolgen. Daher kann Gerd gem. § 7 EStG die AfA geltend machen. Diese berechnet sich unter Zugrundelegung der Anschaffungskosten (§ 255 HGB).

a) Höhe der anzusetzenden Anschaffungskosten

Fraglich ist die exakte Höhe der Anschaffungskosten, d.h. ob die enthaltene Umsatzsteuer hinzuzuzählen ist, oder nicht einbezogen werden darf, § 9 b I EStG. Es hängt also von der Frage ab, ob Gerd gem. § 15 I UStG zum Vorsteuerabzug berechtigt ist. Die Umsätze eines Zahnarztes sind nach § 1 I Nr. 1 UStG zwar umsatzsteuerbar, aber gemäß § 4 Nr. 14 Buchst. a UStG nicht umsatzsteuerpflichtig. Demnach ist ein Zahnarzt, der auch nicht zur Umsatzsteuer optieren kann, nach § 15 II S. 1 Nr. 1 UStG nicht zum Vorsteuerabzug berechtigt. Damit gehört die Umsatzsteuer zu den Anschaffungskosten und ist bei der Berechnung der AfA-Höhe zu berücksichtigen.

b) lineare AfA gem. § 7 I EStG

Laut Sachverhalt und den obigen Ausführungen beträgt der Preis des Stuhles 50.000 €. Die betriebsgewöhnliche Nutzungsdauer beträgt acht Jahre. Damit ergibt sich eine jährliche (lineare) AfA-Rate von 6.250 €.

Zwar hat Gerd den Kaufpreis nicht mehr im Jahr 2016 bezahlt, d.h. es könnte sich aufgrund des Zufluss- und Abflussprinzips § 11 II EStG etwas anderes ergeben. Allerdings ist zu beachten, dass es hier nicht auf den Zeitpunkt der Zahlung ankommt. Die AfA-Regeln durchbrechen das o. g. Prinzip.

Entscheidend ist daher der Zeitpunkt der Lieferung (vgl. § 9a EStDV) d.h. grundsätzlich der Nutzung, dem Erhalt des wirtschaftlichen Eigentums (§§ 9a EStDV, 39 II Nr. 1 AO). Diese erfolgte im Juli 2016.

Grundsätzlich ist die AfA bei Wirtschaftsgütern pro rata temporis, das heißt zeitanteilig von dem Zeitpunkt der Anschaffung an zu berechnen, vgl. § 7 I S. 4 EStG.

Für die Monate Juli bis Dezember 2016 kann Gerd also 6/12, also die Hälfte des AfA-Betrages zum Abzug bringen (3.125 €).

c) degressive AfA nicht mehr möglich

Gerd kann die degressive AfA gem. § 7 II EStG nicht geltend machen, da es sich bei dem Stuhl zwar um bewegliches Anlagevermögen handelt; er allerdings nach dem 01.01.2011 angeschafft worden ist (vgl. § 7 II EStG).

3. Zu III.: Die Wartezimmerstühle

Bei dem Kaufpreis für die Wartezimmerstühle könnte es sich um eine Betriebsausgabe i.S.d. § 4 IV EStG handeln.

Die betriebliche Veranlassung liegt vor.

Auch stellen diese bewegliche Wirtschaftsgüter des Anlagevermögens dar. Insofern könnte eine Abschreibung für Abnutzung in Betracht zu ziehen sein. Dies hätte zur Folge, dass Gerd den Anschaffungspreis inklusive der Umsatzsteuer, die aufgrund der fehlenden Vorsteuerabzugsberechtigung (vgl. oben) zu den Anschaffungskosten gehört, für 2016 die entsprechende anteilige AfA-Rate in Abzug bringen kann.

Jedoch ist zu beachten, dass es sich bei den acht Stühlen um jeweils einzeln nutzbare und bewertbare Wirtschaftsgüter handelt.

Damit können die Stühle auch einzeln betrachtet werden. Damit gelangt man in § 6 II EStG, zu den geringwertigen Wirtschaftsgütern, da der einzelne Stuhl im (Netto-) Kaufpreis unter 410 € bleibt.

Gerd kann den Anschaffungspreis der Stühle in Höhe von gesamt 1.360 € somit 2016 voll als Betriebsausgaben ansetzen. Natürlich könnte er auch AfA geltend machen; dies entspräche aber nicht seinem Wunsch, die für den VZ günstigste Variante zu wählen.

hemmer-Methode: Beachten Sie, dass § 6 II EStG eine Netto-Grenze ist. Auf die Vorsteuerabzugsberechtigung kommt es nicht an.

4. Zu IV.: Der Neubezug des Behandlungsstuhles

Fraglich ist, wie sich der Neubezug des soeben erst in Betrieb genommenen Stuhles steuerlich auswirkt.

Es könnte sich hierbei zum einen um Erhaltungsaufwand handeln, welcher sofort als Betriebsausgabe abziehbar wäre, § 4 IV EStG.

Zum anderen könnten aber auch nachträgliche Anschaffungs- oder Herstellungskosten i.S.d. § 255 I HGB entstanden sein. Dies hätte zur Folge, dass sich die AfA-Bemessungsgrundlage ändern würde, da die Ausgaben den Anschaffungskosten zugerechnet werden müssten. Entscheidend ist daher die Qualifikation der Ausgaben.

Bei Erhaltungsaufwand handelt es sich um Ausgaben, die das Wirtschaftsgut in seinem ursprünglichen Zustand erhalten und dessen Gleichwertigkeit bezwecken.

Dagegen muss bei nachträglichen Herstellungskosten eine wesentliche Verbesserung über den Ursprung hinaus eintreten, beispielsweise wesentliche Veränderungen oder Mehrungen im Bestand (Generalüberholung mit Modernisierung).

Vorliegend bezwecken und bewirken die Ausgaben jedoch lediglich den Erhalt des Wirtschaftsgutes nach der Beschädigung durch den Patienten, womit eine betriebliche Verursachung ebenfalls gegeben ist. Es handelt sich demnach um Erhaltungsaufwand, welcher sofort zur Gänze als Betriebsausgabe angesetzt werden kann.

Gerd kann also im VZ 2016 gem. § 4 IV EStG weitere 500 € als Betriebsausgabe erklären.

5. Zu V.: Die Pferdezucht

Die Pferdezucht hat erkennbar nichts mit der Tätigkei als Zahnarzt zu tun.

Bei den Einnahmen aufgrund der Veräußerung der Tiere könnte es sich aber um Einkünfte aus Gewerbebetrieb gem. § 2 I S. 1 Nr. 2; 15 I Nr. 1 EStG handeln.

hemmer-Methode: Aus Vereinfachungsgründen wurden die Vorgänge hier der Reihe nach abgearbeitet. Alternativ wäre es auch möglich, erst alle die Praxis betreffenden Vorgänge zu behandeln und danach die Frage nach der Verwirklichung anderer Einkunftsarten zu stellen.

Dazu müsste Gerd gem. § 15 II EStG selbständig, nachhaltig und mit der Absicht, Gewinne zu erzielen, am wirtschaftlichen Verkehr teilnehmen, ohne dass private Vermögensverwaltung, ein freier Beruf oder Land- und Forstwirtschaft vorlägen.

Aufgrund des negativen Tatbestandsmerkmales der Land- und Forstwirtschaft, welches § 15 II EStG enthält, ist insoweit die erste Abgrenzung zu tätigen. Allerdings kann dies vorliegend ohne größere Probleme geschehen, da die Voraussetzungen des § 13 EStG bei der Haltung von drei Pferden noch nicht erfüllt sind.

Auch die Ausübung einer selbständigen Tätigkeit (§ 18 EStG) kann ohne weiteres verneint werden.

Insoweit bleibt die Möglichkeit von Einkünften aus Gewerbebetrieb gem. § 15 II EStG.

Die Haltung unternahm Gerd entsprechend fehlender Sachverhaltsangaben selbständig, also aufgrund eigener Initiative und Verantwortung.

Jedoch erscheinen die weiteren Voraussetzungen der Norm fraglich.

Problematisch ist hierbei insbesondere, ob Gerd mit Gewinnerzielungsabsicht tätig wurde. Die Tierzucht betrieb Gerd grundsätzlich im privaten Interesse. Veräußerungsgewinne sind jedoch bei Privatvermögen grundsätzlich (mit Ausnahmen in §§ 17, 23 EStG), einkommensteuerlich unbeachtlich.

Die Veräußerung der Pferde geschah offenkundig auch als einmaliger Vorgang, da sich nicht aus dem Sachverhalt ergibt, dass Gerd eine Wiederholung plant. Insofern fehlt es an der Nachhaltigkeit der Tätigkeit. Vielmehr ist insbesondere aufgrund der privaten Veranlassung zur Haltung der Tiere ein Fall der **Liebhaberei** anzunehmen, da keine Anhaltpunkte ersichtlich sind, wonach Gerd eine Gewinnerzielungsabsicht gehabt haben könnte. Dies ändert sich auch nicht dadurch, dass Gerd womöglich zum Zeitpunkt des Verkaufes Gewinn erzielen wollte und dies auch tat.

Hierdurch werden die Tiere nicht zu einem Betriebsvermögen.

Es handelt sich also auch bei dem Verkauf, der auch eine Aufgabe der Zucht darstellen kann, nach wie vor um private Vermögensverwaltung ohne die Absicht, Gewinne in einer Totalperiode zu erzielen.

Demnach sind die vereinnahmten 20.000 € aufgrund der Erzielung im nicht steuerbaren Nexus einkommensteuerrechtlich nicht zu beachten.

Im Gegenzug zu den nicht steuerbaren Einnahmen kann Gerd natürlich auch die verausgabten 15.500 € nicht gewinnmindernd geltend machen. Sie sind ebenso einkommensteuerlich unbeachtlich. Im Übrigen wäre bei Annahme einer gewerblichen Tierzucht gegebenenfalls auch § 15 IV EStG zu beachten.

6. Zu VI.: Das Trainingsgerät

Eine kausale Verursachung durch seine Tätigkeit als Zahnarzt scheidet augenscheinlich aus. Damit sind insoweit keine Betriebsausgaben anzunehmen. Auch hat die Erfindertätigkeit keinen Zusammenhang zu dem Arztberuf.

In Betracht käme jedoch ein Zusammenhang mit einer Erfindertätigkeit, also Einkünften aus selbständiger Arbeit i.S.d. §§ 2 I S. 1 Nr. 3, 18 Nr. 1 EStG. Allerdings ist dies nur anzunehmen, wenn die Erfindertätigkeit selbst Bezugspunkt ist. Hiervon kann jedoch vorliegend nicht ausgegangen werden. Vielmehr plant Gerd mit dem Verkauf seiner Entwicklung Einnahmen zu erzielen.

Möglich wäre aber vorliegend eine Einkünfteerzielung gem. §§ 2 I S. 1 Nr. 2, 15 EStG, da er sich auf den Handel und Vertrieb konzentriert. Fraglich ist daher auch hier, ob Gerd die notwendige Gewinnerzielungsabsicht aufweist, oder ob es sich um steuerlich belanglose Liebhaberei handelt.

Hierzu werden objektive und subjektive Kriterien herangezogen.

Objektiv ist Anhaltspunkt für Liebhaberei, dass langjährige Verluste vorliegen, bei Überschusseinkunftsarten bspw. innerhalb von acht bis zehn Jahren. Subjektiv kann es sich lediglich um Liebhaberei handeln, wenn die Tätigkeit aus persönlichen Neigungen heraus ausgeübt wird.

Vorliegend enthält der Sachverhalt keine Anhaltpunkte für das Vorliegen erheblicher Anfangsverluste. Auch kann über einen Gewinn nach Abschluss der Totalperiode noch keinerlei Aussage getroffen werden. Allerdings scheint die persönliche Neigung des Gerd aufgrund der engen Verbundenheit zu seinem Hobby im Vordergrund zu stehen.

Daher liegt es nahe, lediglich Liebhaberei anzunehmen. Jedoch geht Gerd selbst davon aus, mit seiner Entwicklung Gewinne erzielen zu können. Und speziell auf dieses Ziel hin gerichtet tätigt er auch seine Ausgaben.

Eine Entwicklung speziell zur Verwirklichung seines Hobbys oder ausschließlich zu Zwecken der Liebhaberei kann somit nicht eindeutig festgestellt werden. Insofern kann eine Gewinnerzielungsabsicht angenommen werden.

Daher kann i.R.d. konkret geplanten Einkünfte aus Gewerbebetrieb von Betriebsausgaben ausgegangen werden. Insoweit wird aber verfahrensrechtlich eine vorläufige Steuerfestsetzung in Betracht zu ziehen sein, § 165 I AO.

Nach der hier vertretenen Argumentation sind die ausgegebenen 250 € als Betriebsausgaben des Gerd zum Abzug zu bringen.

7. Zu VII.: Das Altgold

Hierbei könnte es sich um Betriebseinnahmen gem. § 8 EStG analog handeln.

Eine betriebliche Veranlassung i.S.v. § 4 IV EStG ist anzunehmen.

Gerd hat auch die Verfügungsmacht erlangt, das Gold ist ihm also i.S.d. § 11 I EStG zugeflossen.

Zu beachten ist allerdings, dass es einen Meinungsstreit über die Behandlung von Sachzuwendungen im Rahmen des § 4 III EStG gibt.

Nach einer Ansicht soll die Sachzuwendung grundsätzlich unbeachtlich sein. Aufgrund der reinen Geldrechnung des „§ 4 III-Rechners“ soll allein darauf abzustellen sein, ob Geld zufließt. D.h. erst wenn später die zugewendete Sache veräußert oder entnommen wird und hierfür Einnahmen entstehen, sollen diese Betriebseinnahmen darstellen. Hiernach ist die Sachzuwendung also steuerlich unbeachtlich.

Die h.M. nimmt dagegen auch bei Sachzuwendungen eine Betriebseinnahme an, da § 8 I EStG auch von geldwerten Gütern spricht.

Die Höhe ist dann nach dem Wert der Sache zum üblichen Marktpreis, § 8 II EStG, zu bestimmen.

Jedoch kann es hierbei nicht bleiben, da die Sachlage nicht anders bewertet werden kann, als wenn der Zahnarzt von den Patienten Geld erhalten hätte und hiervon das Gold für die Praxis angeschafft hätte. In beiden Fällen hat er kein verfügbares Geld, welches aufgrund des objektiven Nettoprinzips ja gerade Voraussetzung für die Besteuerung ist. Folglich muss diese Ansicht gleichzeitig eine Betriebsausgabe in gleicher Höhe ansetzen, um so die gleiche Rechtsfolge entstehen zu lassen wie bei dem soeben geschilderten Alternativvorgang. Auch bei der h.M. ergibt sich dann erst im Zeitpunkt der Veräußerung gegen Geld ein Zufluss, der als Betriebseinnahme anzusetzen ist, der jetzt keine Ausgabe „gegengebucht“ wird.

Die Besonderheit in dem vorliegenden Fall ist jedoch die, dass das erhaltene Altgold von Gerd gegen neues Zahngold eingetauscht wurde. Soweit ein Wirtschaftsgut eingetauscht wird, kommt es für dessen Behandlung auf die Art des Gutes an. Soweit lediglich Umlaufvermögen gegen Umlaufvermögen getauscht wird, berührt dieser Vorgang nicht den Gewinn. Einer fiktiven Betriebseinnahme stünde eine fiktive Betriebsausgabe gegenüber.

Soweit der Abfluss jedoch auf privater Veranlassung beruht, wird er als Entnahme behandelt. D.h. insoweit ist der Gewinn um eine Einnahme zu erhöhen, der keine fiktive Ausgabe gegengerechnet wird. Der Wert ist dann mit dem Teilwert anzusetzen.

Das gegen das Altgold von Gerd eingetauschte Feingold ist für eine Verwendung in der Praxis des Gerd ungeeignet.

Es dient vorliegend ausschließlich den privaten Interessen des Gerd und dessen Erlangung ist daher nicht kausal auf den Betrieb zurückzuführen.

Soweit also für das Feingold Altgold aus dem Umlaufvermögen des Betriebes entnommen wurde, ist insoweit in Höhe des Teilwertes des Altgoldes eine Betriebseinnahme anzusetzen, da es sich hier um eine Entnahme handelt.

Damit wirken sich die 500 €, die das Altgold an Wert besaß, für Gerd gewinnerhöhend aus.

8. Zu VIII.: Die Steuerberatungskosten

Gerd hat Udo 2.000 € von der ihm zustehenden Honorarforderung erlassen. Fraglich ist, wie sich dies nun steuerlich bemerkbar macht.

Im Hinblick auf das Erlassen der 2.000 € Honorarforderung ist zunächst von einer Betriebseinnahme des Gerd in besagter Höhe auszugehen. Diese erlangte er fiktiv durch die Aufrechnung mit der gegen ihn gerichteten Forderung über die Steuerberatungskosten. Dies beruht auf einer wirtschaftlichen Betrachtung des Vorganges. Zufluss ist hierbei die Verknüpfung der beiden Vorgänge im Zeitpunkt der Aufrechnung, d.h. der Zugang der Aufrechnungserklärung nach bürgerlichem Recht, wenn Forderung und Gegenforderung erlöschen.

Fraglich ist allerdings weiter, ob die Forderung in Höhe von 2.000 € wegen der Steuerberatung, auf die Udo im Gegenzug verzichtet, nicht Betriebsausgaben darstellen.

Fallen die Steuerberatungskosten nämlich für die betriebliche Steuererklärung an, so handelt es sich um Betriebsausgaben. Hier sind die Kosten aber für die private Erklärung des Gerd angefallen. Sie sind damit nicht betrieblich veranlasst.

Auch können sie auch nicht anderweitig geltend gemacht werden: Früher war ein Abzug als Sonderausgaben nach § 10 I Nr. 6 EStG möglich. Die Norm ist jedoch weggefallen.

Deshalb liegt in Höhe der aufgerechneten Forderung eine gewinnerhöhende Entnahme von 2.000 € vor. Dies auch im Jahr 2016, da Entstehung der Forderung des Udo und der Zugang der Aufrechnungserklärung zeitlich sozusagen zusammenfallen.

hemmer-Methode: Steuerberater weisen neuerdings genau aus, welcher Teil der Steuererklärung auf die Ermittlung der jeweiligen Überschüsse bzw. Gewinne in der jeweiligen Einkunftsart anfällt.
Dieser Teil der Steuerberatungskosten kann auch weiterhin als Betriebsausgaben oder Werbungskosten abgezogen werden.

9. Zusammenfassung

Die dem Udo angetragenen Vorgänge haben demnach auf die Einkommensteuerschuld des Gerd folgende Auswirkungen:

a) Von den 225 € Fehlbetrag kann Gerd 175 € als Betriebsausgabe ansetzen. 50 € bleiben unberücksichtigt.

b) Den neuen Behandlungsstuhl kann Gerd im Wege der AfA mit 3.125 € zum Abzug bringen.

c) Die acht Stühle können aufgrund ihrer Eigenschaft als geringwertige Wirtschaftsgüter sofort voll in Abzug gebracht werden. Dies bedeutet für Gerd Betriebsausgaben i.H.v. 1.360 €.

d) Die 500 € für den Neubezug stellen sofort abziehbaren Erhaltungsaufwand dar.

e) Die Pferdezucht bleibt einkommensteuerlich unbeachtet.

f) Die 250 € können als Betriebsausgaben im Rahmen geplanter Einkünfte aus Gewerbebetrieb angesetzt werden, wobei voraussichtlich die Festsetzung unter einen Vorläufigkeitsvermerk gem. § 165 I AO gestellt werden wird.

g) Das eingetauschte Feingold im Wert von 500 € bewirkt für Gerd als Entnahme eine Gewinnerhöhung in selbiger Höhe.

h) Die Aufrechnung führt zu einer gewinnerhöhenden Entnahme i.H.v. 2.000 €.

Einführung III:

Sachverhalt:

Petra Mäding aus München betreibt ein Kosmetikstudio. Dabei bietet sie ausschließlich eine von ihr selbst entwickelte Beautysession an. Sie beschäftigt keine Angestellten und ist selbstständig tätig. Ihren Gewinn ermittelt sie nach § 4 I EStG.

Die Abschlussbilanz vom 31.12.2015 lautet wie folgt:

Aktiva			***Passiva***	
Geschäftsausstattung	*10.000*	/	*Eigenkapital*	*10.000*
Warenbestand	*10.000*	/	*Bankverbindlichkeiten*	*12.000*
Kasse	*1.000*	/	*Lieferverbindlichkeiten*	*6.000*
Bank	*7.000*	/		
Bilanzsumme	*28.000*		*Bilanzsumme*	*28.000*

Im Veranlagungszeitraum 2016 ereigneten sich folgende Vorgänge, die bisher nicht berücksichtigt wurden.

1. Am 10.10.2016 verkaufte Petra an die treue Kundin Frau Antje eine spezielle und gut verträgliche Gesichtscreme der Marke Uli Glas. Frau Antje hatte den Kaufpreis von 100 € (Einkaufspreis der Petra 50 €) aber nicht bei sich. Daher sollte die Bezahlung bei der nächsten Beautysession im Januar 2017 erfolgen.

2. Da das besagte Produkt einen reißenden Absatz fand, bestellte Petra weitere zehn Packungen dieser Gesichtscreme. Der Vertreter lieferte die Bestellung am 22.12.2016 persönlich an. Petra erhielt die Rechnung über 500 €, welche sie am 03.01.2017 per Überweisung beglich.

3. Petra „verwöhnte" im Jahr 2016 insgesamt 100 Kunden mit ihrer speziellen Beautysession. Die Behandlung kostete jeweils 200 €. Da Petra betuchte Damen als Kunden hat, erfolgten ausschließlich Barzahlungen. Zur Bestreitung ihrer privaten Lebenskosten nahm sie monatlich 1.000 € aus der Kasse.

4. Die AfA beträgt rechtlich zutreffend für die Geschäftsausstattung 1.000 €.

5. Zum 02.01.2016 hatte sich Petra einen zweiten Behandlungshocker anliefern lassen. Den Kaufpreis von 150 € zzgl. 28,50 € Umsatzsteuer bezahlte sie bar an den Lieferanten.

6. Im März 2016 erwarb sie im Internet - ihre heimliche Leidenschaft - einen Skarabäus für 10 €, welchen sie von ihrem Privatkonto bezahlte. Da der Skarabäus aber bei weitem größer war, als auf der Abbildung, die der Verkäufer in sein Angebot gestellt hat, passte dieser nicht auf ihre Schlafzimmerkommode. Seit April dient er als Schaufensterdekoration im Kosmetikstudio. Im September 2016 teilte ihr eine Kundin mit, dass es sich bei dem Skarabäus um ein Kunstwerk aus der 2. ägyptischen Dynastie handelt und einen Wert von 10.000 € habe. Petra befand, dass ein solches Kunstwerk nicht in eine Schaufensterauslage gehört. Seither schmückt er den Eingangsbereich ihrer Penthousewohnung in Obermenzing.

7. Am 20.12.2016 kam es zu einer vorzeitigen Bescherung. Eine Kundin, welche sie im November 2015 mit der Gesichtscreme von Uli Glas behandelt hatte, reichte gegen sie eine Klage auf Zahlung von 5.000 € Schadensersatz ein, da diese seither an einem mit Juckreiz verbundenen pathologischen Ausschlag leidet. Die Sach- und Rechtslage kann bis dato nicht abschließend geklärt werden.

8. Auch hinsichtlich des folgenden Vorfalles sei sie völlig ratlos. Anfang Januar hatte sie bei der Bank 21 ein Darlehen in Höhe von 10.500 € für ihr Kosmetikstudio aufgenommen, um eine gewisse Liquidität zu gewährleisten. Ausbezahlt (auf ihr Geschäftskonto) wurden lediglich 10.000 €, obwohl die Gesamtdarlehenssumme sich auf 10.500 € belief. Der smarte Bankangestellte meinte, dass die einbehaltenen 500 € ihre Zinsbelastung mindere und daher niemals ausgezahlt wird. Das Darlehen hat eine Laufzeit von 10 Jahren.

Bearbeitervermerk:

Bearbeiten Sie die Vorfälle der Petra im VZ 2016 gutachtlich. Auf die jährlichen Zins- und Ratenzahlungen in Ziffer 8 gilt es nicht einzugehen. Auch Fragen zur USt, den persönlichen Verhältnissen und sonstigen naheliegenden Vorfällen bleiben außer Betracht. Die Abschlussbilanz vom 31.12.2016 ist zu erstellen!

Lösung:

hemmer-Methode: Auf die nun folgenden Konstellationen werden Sie sicher nicht kumulativ im Examen stoßen. Dennoch sollte ein Mindestmaß an Kenntnissen im Bereich des Bilanzsteuerrechts vorhanden sein. Denn bilanzielle Fragen waren bereits Gegenstand von Examensarbeiten. Daran wird sich auch künftig nichts ändern, weshalb die Bilanzierung nunmehr auch im Steuerrechtscrashkurs verstärkt eingearbeitet wurde. Zur Gewährleistung der richtigen Schwerpunktsetzung beschränkt sich die Darstellung vorliegend auf die paradigmatischen Grundfälle.

A. Qualifikation der Einkünfte

Petra erzielt als selbständige Kosmetikerin Einkünfte aus Gewerbebetrieb im Sinne der §§ 15 I S. 1 Nr. 1, 15 II i.V.m. 2 I Nr. 2 EStG.

B. Ermittlung der Einkünfte

Sie ermittelt ihren Gewinn freiwillig durch Betriebsvermögensvergleich, §§ 2 II Nr. 1, 4 I EStG.

hemmer-Methode: Bitte beachten Sie die entsprechende Schwerpunktsetzung auch in der Klausur. Unproblematisches muss kurz gefasst werden!

Nach § 4 I EStG ist der Gewinn der Unterschiedsbetrag zwischen dem Betriebsvermögen am Schluss des Wirtschaftsjahres und dem Betriebsvermögen am Schluss des vorangegangenen Wirtschaftsjahres, vermehrt um den Wert der Entnahmen und verringert um den Wert der Einlagen. Vereinfacht können die Eigenkapitalkonten der jeweiligen Wirtschaftsjahre gegenübergestellt werden, da diese grundsätzlich den Unterschiedsbetrag zwischen den Aktivposten (Anlage- und Umlaufvermögen, vorliegend 28.000 €) und dem Fremdkapital (Verbindlichkeiten, vorliegend 18.000 €) darstellen.

In der vorliegenden Fallkonstellation ergibt sich der **Gewinn** wie folgt:

Eigenkapitalkonto 2016

./ Eigenkapitalkonto 2015 (10.000 €)

+ Entnahmen im VZ 2016

./ Einlagen im VZ 2016.

Die folgende Abhandlung dient damit der Ermittlung des Eigenkapitalkontos im VZ 2016 und der jeweiligen Entnahmen und Einlagen.

C. Die einzelnen Vorfälle im VZ 2016

I. Die Gesichtscreme

Die Gesichtscreme war Teil des betrieblichen Warenbestandes, weshalb der Verkauf zu Betriebseinnahmen nach § 4 IV EStG e contrario und § 8 I EStG analog führt.

Bei der Bilanzierung ist aber nicht der Geldfluss entscheidend, da § 11 EStG keine Anwendung findet, § 11 I S. 5 EStG. Vielmehr gilt das Realisationsprinzip, vgl. § 5 I EStG i.V.m. § 252 I Nr. 4 und 5 HGB.

Durch die Übergabe der Gesichtscreme entstand somit bereits die betriebliche Forderung auf Kaufpreiszahlung, § 433 II BGB. Bilanztechnisch erfolgt die Berücksichtigung durch den Ansatz der Kaufpreisforderung auf der Aktivseite und der gleichzeitigen Reduzierung des Warenbestandes. Soweit eine Deckungsgleichheit der Beträge besteht, wird von einem (gewinnneutralen) Aktivtausch gesprochen, da keinerlei Auswirkungen hinsichtlich des Eigenkapitalkontos entstehen.

Dies bedeutet vorliegend, dass sich durch die Weggabe der Gesichtscreme der Warenbestand um 50 € verringert, § 39 AO.

Gleichzeitig entsteht jedoch auf der Aktivseite eine Forderung in Höhe von 100 €. Der Vorgang hat eine Gewinnauswirkung - da Erhöhung des Eigenkapitalkontos - von 50 € (Ertrag).

Die Zahlung im folgenden Jahr muss zum jetzigen Zeitpunkt außer Betracht bleiben, da die Bilanzierung eine periodengerechte Betrachtung gewährleistet.

hemmer-Methode: Die Darstellung erfolgt gezielt plastisch, da dieser Einführungsfall insbesondere für den wenig geschulten Bilanzsteuerrechtler gedacht ist, um die Grundzüge zu vermitteln. Daher zur Vervollständigung: Sollte Frau Antje im Januar die 100 € bar bezahlen, dann ist dieser Vorgang erfolgsneutral, da sich zwar die Kasse um 100 € erhöht, jedoch die Aktivforderung in selbiger Höhe gleichzeitig erlischt.

Dies entspricht dem Sinn der periodengerechten Bilanzierung, da der Ertrag im VZ 15 und nicht im VZ 16 erwirtschaftet wurde (Unterschied zum 4-III-Rechner!).

II. Die Warenbestellung

Mit Anlieferung der bestellten Waren am 22.12.2016 entstand eine (betriebliche) Verbindlichkeit, da diese dem Verkauf im Kosmetikstudio dienen und daher betrieblich veranlasst sind.

Auf der Passivseite erhöhen sich die Lieferverbindlichkeiten mit dem Nennwert der Verbindlichkeit um 500 €, § 6 I Nr. 3 EStG.

Gleichzeitig erhöht sich jedoch der Warenbestand. Die Gesichtscreme stellt notwendiges Betriebsvermögen dar, weshalb diese in die Bilanz eingebucht werden muss und zwar mit den Anschaffungskosten von 500 €, § 6 I Nr. 2 EStG i.V.m. §§ 255 I, 240 III HGB.

hemmer-Methode: Die HGB-Vorschriften gelten weitestgehend über den Maßgeblichkeitsgrundsatz des § 5 I EStG.

Mithin stellt der Vorgang einen gewinnneutralen Aktiv–Passivtausch dar, weil sich keinerlei Auswirkungen hinsichtlich des Eigenkapitalkontos ergeben.

hemmer-Methode: Mit Bezahlung am 03.01.2017 erlischt die Verbindlichkeit. Jedoch verringert sich gleichzeitig der Aktivposten Bank um denselben Betrag. Wiederum ist die Zahlung erfolgsneutral.

III. Der „Umsatz" 2016

Mit Vollendung der jeweiligen Beautysession entstand als gewinnwirksamer Ertrag jeweils eine Forderung gegen den Kunden in Höhe von 200 €. Die Barzahlung ist erfolgsneutral, da die Aktivforderung erlischt, gleichzeitig aber sich der Bestand der Kasse simultan erhöht (Aktivtausch).

Folglich würde das Eigenkapitalkonto um (100 x 200 € =) 20.000 € anwachsen.

Fraglich ist jedoch die Behandlung der 1.000 €. Petra nimmt monatlich 1.000 € aus der betrieblichen Kasse, um ihren privaten Lebenswandel hiermit zu bestreiten.

Folglich liegt eine private Veranlassung vor. Die Extraktion von Betriebsvermögen zu privaten Zwecken ist eine Entnahme nach § 4 I S. 2 EStG.

Da die (1.000 € x 12 =) 12.000 € nicht mehr in der Kasse vorhanden sind, müssen sie ausgebucht werden, § 6 I Nr. 4 EStG.

Folglich besteht eine Gewinnauswirkung (Aufwand) in Höhe von 12.000 €, da eine unmittelbare Auswirkung auf das Eigenkapitalkonto stattfindet.

Dieser private Vorgang darf nach § 4 I S. 1 EStG jedoch keine Auswirkungen auf den erwirtschafteten Gewinn haben. Folglich sind die 12.000 € als Geldentnahme außerbilanziell wieder dem Gewinn hinzuzurechnen.

IV. Die Geschäfts-AfA

Die AfA in Höhe von 1.000 € verringert den Posten Geschäftsausstattung in der entsprechenden Höhe, § 7 I S. 1 EStG. Folglich liegt ein gewinnwirksamer Aufwand vor, da sich das Eigenkapitalkonto um eben diese 1.000 € verringert.

V. Der Behandlungshocker

Der Behandlungsstuhl stellt notwendiges Betriebsvermögen dar und ist - aufgrund der dauerhaften Nutzungsbestimmung - als Anlagevermögen auf der Aktivseite mit den Anschaffungskosten von 150 € zu bilanzieren (Geschäftsausstattung), § 6 I Nr. 1 EStG.

Gleichzeitig verringert sich der Aktivposten Kasse durch die Barzahlung um eben diese 150 €, weshalb ein gewinnneutraler Aktivtausch bei der Anschaffung vorliegt.

Der Behandlungsstuhl ist ein abnutzbares Wirtschaftsgut des Anlagevermögens und ist folglich der AfA zugänglich, § 7 I EStG. Da die Anschaffungskosten 410 € netto nicht übersteigen, kann ein Sofortabzug gemäß § 6 II EStG vorgenommen werden. Somit stellt die AfA einen gewinnwirksamen Aufwand in Höhe von 150 € dar, da der Behandlungsstuhl wieder ausgebucht wird.

Die gezahlte Umsatzsteuer i.H.v. 28,50 € stellt eine Betriebsausgabe dar, der aber auch eine Vorsteuerforderung gegen das Finanzamt in gleicher Höhe gegenübersteht, sodass wiederum ein neutraler Aktiv-Passiv-Tausch gegeben ist.

VI. Der Skarabäus

Hinsichtlich des Skarabäus gilt es die jeweiligen Vorgänge zu differenzieren.

1. Der Erwerb

Der Erwerb des Skarabäus ist für die vorliegende Bilanz irrelevant, da Petra die Anschaffung aus rein privaten Zwecken vornahm, um ihre Schlafzimmerkommode zu schmücken. Eine betriebliche Veranlassung ist nicht gegeben.

2. Die Schaufensterdekoration

Im April wurde der Skarabäus zur Dekoration ins Schaufenster des Kosmetikstudios gestellt. Folglich ist er seit diesem Zeitpunkt notwendiges Betriebsvermögen, da eine ausschließlich betriebliche Nutzung stattfindet.

Diese Umwidmung der Nutzung führt zu einer Einlage gemäß § 4 I S. 8 EStG. Nach § 6 I Nr. 5 S. 1 HS. 1, 6 I Nr. 1 S. 3 EStG wäre der Skarabäus mit dem Teilwert anzusetzen, der sich auf 10.000 € beläuft.

Es gilt jedoch § 6 I Nr. 5 S. 1 Buchstabe a) EStG zu beachten, wonach bei einer Anschaffung in den letzten drei Jahren zwar der Teilwert anzusetzen ist, diese jedoch der Höhe nach durch die Anschaffungskosten begrenzt wird. Die Anschaffungskosten betrugen vorliegend aber lediglich 10 €, soweit die Anschaffung im laufenden Jahr erfolgte, so dass der Skarabäus auf der Aktivseite (Geschäftsausstattung) mit 10 € anzusetzen ist! Mangels Abnutzung scheidet eine AfA aus.

3. Der Eingangsschmuck

Seit September schmückt der Skarabäus dauerhaft und ausschließlich die Privatwohnung der Petra.

Es ermangelt jeglicher betrieblicher Nutzung, weshalb seit diesem Zeitpunkt notwendiges Privatvermögen gegeben ist, welches automatisch zur Entnahme führt. Folglich ist der Skarabäus aus der Bilanz (Geschäftsausstattung) wieder auszubuchen, was zu einem Aufwand von 10 € führt.

Die Entnahme darf den Gewinn jedoch nicht mindern, § 4 I S. 2 EStG. Mithin ist die Entnahme dem Gewinn außerbilanziell hinzuzurechnen. Der Wert richtet sich nach § 6 I Nr. 4, I Nr. 1 S. 3 EStG.

Da der Teilwert aber 10.000 € beträgt, ergibt sich eine Gewinnauswirkung von 9.990 €!

Dies ist die Konsequenz der steuerlichen Verstrickung und der damit verbundenen Aufdeckung stiller Reserven.

VII. Die Klage

Der Schadensersatzanspruch in Höhe von 5.000 € könnte eine Verbindlichkeit sein, weshalb eine Ansetzung auf der Passivseite im VZ 2016 in Betracht kommt.

Problematisch erscheint jedoch, dass die Sach- und Rechtslage offen ist, weshalb nicht abschließend geklärt werden kann, ob tatsächlich eine solche Verbindlichkeit besteht. Gegen eine Einbuchung könnte daher das Realisationsprinzip nach § 252 I Nr. 4 HBG sprechen.

Es kommt jedoch die Bildung einer Rückstellung in Betracht, § 249 I HGB. Zweck der Bildung von Rückstellungen ist es, drohenden Aufwand im Jahr der Verursachung zu fixieren. Der Aufwand wird an das Jahr der Verursachung - hier VZ 2016 - gebunden. Im Jahr der Realisierung (Inanspruchnahme, tatsächliche Zahlung) soll ein erfolgsneutraler Vorgang stattfinden: dort wird die Rückstellung als passiver Bilanzposten vermögensumschichtend aufgelöst werden. Dies ist die Konsequenz des Vorsichtsprinzips und der periodengerechten Bilanzierung.

Nach der Rechtsprechung des BFH[11] müssen folgende Voraussetzungen für eine Rückstellung erfüllt sein:

- es muss eine **Außenverpflichtung** vorliegen,
- die **hinreichend konkretisiert** ist und
- deren Entstehen oder Bestehen **nicht sicher, aber wahrscheinlich** ist.
- der Steuerschuldner muss in Anspruch genommen werden
- es darf sich nicht um ein schwebendes Rechtsgeschäft handeln (vgl. § 5 Iva EStG).

Die Sach- und Rechtslage ist vorliegend offen. Zudem hat die Kundin die Ansprüche mittels Klage bereits angemeldet, weshalb eine Rückstellung gebildet werden kann.

Folglich wird Petra auf der Passiva den Posten Rückstellungen mit einem Betrag von 5.000 € einbuchen, was zu einer Verringerung des Eigenkapitalkontos führt und damit einem Aufwand gleichkommt.

hemmer-Methode: Muss Petra im VZ 2017 dann tatsächlich die 5.000 € Schadensersatz leisten, dann ist dieser Vorgang erfolgsneutral, da sich der Posten Bank um 5.000 € verringert, aber gleichzeitig die Rückstellung aufgelöst wird. Es findet ein neutraler Aktiv-Passivtausch statt.

VIII. Das Darlehen

Wiederum gilt es die einzelnen Vorfälle zu unterscheiden.

Die Aufnahme des betrieblichen Darlehens führt zu einer Erhöhung der Bankverbindlichkeiten in Höhe des Nennbetrages von 10.500 €, § 6 I Nr. 3 EStG.

Gleichzeitig führt die Gutschrift der Darlehensvaluta in Höhe von 10.000 € zu einer Erhöhung von 10.000 € auf der Aktivseite (Bank).

[11] Vgl. Blümich, EStG, 134. Auflage 2016, § 5 Rn.791.

Folglich ergibt sich eine Gewinnauswirkung von 500 € als Aufwand.

Es gilt die Natur dieser einbehaltenen 500 € zu betrachten. Selbige sind laut Auskunft des Bankangestellten vorausbezahlter Zins und damit ein Damnum. Dann wurden die 500 € aber für die gesamte Laufzeit des Darlehens als Zins vorausbezahlt. Im Rahmen der periodengerechten Bilanzierungen ist aber ein Aufwand nur dann zu veranschlagen, wenn er tatsächlich realisiert worden ist. Bei einer Laufzeit von 10 Jahren entfallen demnach lediglich (500 € geteilt durch 10 =) 50 € auf den Veranlagungszeitraum 2016.

Zur Kompensation dieser bilanziellen Auswirkungen besteht die Möglichkeit der Bildung von Rechnungsabgrenzungsposten (RAP) gemäß § 5 V S. 1 Nr. 1 EStG.

Technisch wird also auf der Aktivseite ein Rechnungsabgrenzungsposten von 450 € gebildet.

Folglich ergibt sich eine Gewinnauswirkung von 50 €, was dem im VZ 16 tatsächlich realisierten Zins entspricht.

hemmer-Methode: Rechnungsabgrenzungsposten sind Bilanzhilfen zur periodengerechten Bilanzierung. So können vorausbezahlte Ausgaben durch aktive RAP neutralisiert werden, § 5 V S. 1 Nr. 1 EStG. Zur Berücksichtigung im Jahr des tatsächlichen Aufwands wird der RAP in der entsprechenden Höhe sodann gewinnwirksam aufgelöst. Selbiges gilt auch hinsichtlich vorausbezahlter Einnahmen in umgekehrter Weise durch passive RAP, § 5 I S. 1 Nr. 2 EStG; vgl. § 250 HGB.

D. Ergebnis

Abschlussbilanz zum 31.12.2016

Aktiva			**Passiva**	
Geschäftsausstattung	9.000,00	/	Eigenkapitalkonto	11.850,00
Warenbestand	10.450,00	/	Bankverbindlichkeiten	22.500,00
Kasse	8821,50	/	Lieferverbindlichkeiten	6.500,00
Bank	17.000,00	/	Rückstellungen	5.000,00
Forderungen	128,50	/		
RAP	450,00	/		
Bilanzsumme	45.850,00		Bilanzsumme	45.850,00

Zum besseren Verständnis sind hier die zugrundeliegenden Rechenschritte zusammengefasst:

AKTIVA

Geschäftsausstattung: **9.000,00 Euro**
10.000,00 Euro (2015) - 1.000,00 Euro (Vorfall IV) + 150,00 Euro (Vorfall V) - 150,00 Euro (Vorfall V) + 10,00 Euro (Vorfall VI) - 10,00 Euro (Vorfall VI)

Warenbestand: **10.450,00 Euro**
10.000,00 Euro (2015) - 50,00 Euro (Vorfall I) + 500,00 Euro (Vorfall II)

Kasse: **8821,50 Euro**
1.000,00 Euro (2015) + 20.000,00 Euro (Vorfall III) - 12.000,00 Euro (Vorfall III) - 178,50 Euro (Vorfall V)

Bank: **17.000,00 Euro**
7.000,00 Euro (2015) + 10.000,00 Euro (Vorfall VIII)

Forderungen: **128,50 Euro**
+ 100,00 Euro (Vorfall I) + 20.000,00 Euro (Vorfall III) - 20.000,00 Euro (Vorfall III) + 28,50 Euro (Vorfall V)

RAP: 450,00 Euro
+ 450,00 Euro (Vorfall VIII)

Bilanzssumme:45.850,00 Euro

PASSIVA

Eigenkapital: **11.850,00 Euro**
10.000,00 Euro (2015) + 50,00 Euro (Vorfall I) + 20.000,00 Euro (Vorfall III) - 12.000,00 Euro (Vorfall III) - 1.000,00 Euro (Vorfall IV) - 150,00 Euro (Vorfall V) - 28,50 Euro (Vorfall V) + 28,50 Euro (Vorfall V) + 10,00 (Vorfall VI) - 10,00 Euro (Vorfall VI) - 5.000,00 Euro (Vorfall VII) - 50,00 Euro (Vorfall VIII)

Bankverbindlichkeiten: **22.500,00 Euro**
12.000,00 Euro (2015) + 10.500,00 Euro (Vorfall VIII)

Lieferverbindlichkeiten: **6.500,00 Euro**
6.000 Euro (2015) + 500,00 Euro (Vorfall II)

Rückstellungen: **5.000,00 Euro**
+ 5000,00 Euro (Vorfall VII)

Bilanz ssumme:45.850,00 Euro

Im VZ 2016 beträgt der Gewinn 23.840 €:

11.850 € (EK VZ 16) – 10.0000 (EK VZ 15) – 10 € (Einlage Skarabäus – Vorfall VI) + 10.000 € (Entnahme Skarabäus – Vorfall VI) + 12.000 € (Entnahme des Geldes – Vorfall III) = 23.840 €.

Fall 1

Sachverhalt:

TEIL A:

Clemens Clein hat im November 2015 die Zweite Juristische Staatsprüfung bestanden. Zum 01.01.2016 eröffnet der verheiratete und kinderlose Anwalt in Würzburg eine Kanzlei.

I. *Seinen Kanzleigewinn für 2016 hat Clein durch die Gegenüberstellung der Betriebseinnahmen und der Betriebsausgaben ermittelt.*

1. *Für 2016 ergab sich hieraus ein Gewinn in Höhe von 30.000 €. Berücksichtigt waren unter anderem die folgenden Vorgänge:*

a) *Seiner Frau Daniela zahlt Clein monatlich 650 €. Dafür erledigt sie an je zwei Tagen in der Woche für jeweils ca. 6 Stunden organisatorische Tätigkeiten in der Kanzlei, wie Buchhaltung und Führung des Fristenkalenders. Zwischen den Ehegatten besteht eine schriftliche Regelung. Lohnsteuer und den Arbeitgeberanteil zur Sozialversicherung führt Clein ab. Das auf das gemeinsame Konto der Ehegatten, über das jeder Ehegatte frei verfügen darf, überwiesene Gehalt, hat Clein als Betriebsausgaben berücksichtigt. Hätte Clein eine fremde Kraft beschäftigt, hätte er für die gleiche Tätigkeit mindestens 900 € monatlich zahlen müssen.*

b) *Im April 2016 hat Clein sich für seine Kanzlei einen Schreibtisch für 1.309,- € (netto 1.100,00 € + 209,00 € USt) und ein Regal für 166,60 € (netto 140,00 € + 26,60 € USt) gekauft. Den Schreibtisch und das Regal wird er schätzungsweise fünf Jahre nutzen können. Bislang hat Clein hierfür keine Betriebsausgaben angesetzt.*

c) *Im Dezember 2016 zahlte ein Mandant des Clein seine Rechnung in Höhe von 250,00 € zuzüglich 19% Umsatzsteuer (47,50 €), also brutto 297,50 €. Den Nettobetrag erfasste Clein in 2016 als Betriebseinnahmen, die Umsatzsteuer, die er erst im Januar 2017 an das Finanzamt abführte, erfolgsneutral. Er geht davon aus, dass es sich hierbei um einen nicht zu berücksichtigenden durchlaufenden Posten handele.*

d) *Da Clein regelmäßig in seinem Stammlokal „Pizza-Mütze“ zu Mittag isst und den hierzu nötigen Geldbetrag häufig der Kanzleikasse entnimmt, hat er für 2016 insgesamt 535 € als Entnahmen gewinnerhöhend gebucht.*

2. *Die folgenden Vorgänge sind von Clein unberücksichtigt geblieben, da er zwar sein Examen bestanden, zum Steuerrecht jedoch keinen besonderen Bezug hat und daher nicht wusste, wie sie zu behandeln sind:*

a) *Zu seinem Geburtstag im Januar 2015 hatte Clein von seiner Frau einen Laptop im Wert von 2.500 € geschenkt bekommen, den er zunächst ausschließlich privat nutzte. Mit der Gründung der Anwaltskanzlei jedoch wurde das Gerät von Clein nur noch für berufliche Zwecke verwendet.*

Der Wert war am 01.01.2016 bereits um 500 € reduziert. Die Gesamtnutzungsdauer des Gerätes beträgt fünf Jahre.

b) *Im April 2016 schaffte Clein sich wegen der familienrechtlichen Ausrichtung seiner Kanzlei zehn Jahresbände der FamRZ an. Gezahlt hat er hierfür insgesamt 1.000 €.*

c) *Ein Mandant zahlte dem Clein im Dezember 2016 einen Vorschuss in Höhe von 714 € (inkl. USt iHv 114 €). Wegen seiner Weihnachtsferien wurde Clein in der Sache allerdings nicht mehr tätig.*

II. *Weihnachten 2015 hatte Clein von seinem Vater ein Mietshaus geschenkt bekommen, weil dieser der Ansicht war, dass seine übrigen Grundstücksgeschäfte ausreichten, sein Auskommen zu sichern und er - Clemens - das Haus ja ohnehin demnächst erhalten werde.*

Der Übergang von Besitz, Nutzen und Lasten erfolgte zum 01.01.2016. Clein erklärte sich im Gegenzug bereit, die auf dem Haus lastende Hypothek in Höhe von 125.000 € zu übernehmen.

Der Vater des Clein hatte das Haus 1970 als Neubau für 250.000 € in einer Versteigerung erworben. Der Kaufpreis teilte sich auf in 200.000 € für das Haus und 50.000 € für den Grund und Boden. Zum Zeitpunkt der Übergabe hatte das Haus einen Wert von 400.000 €, der Grund und Boden von 100.000 €.

Das Hypothekendarlehen kostete den Clein 2016 Zinsen in Höhe von 5.500 €. Für Reparaturen wendete Clein 2016 insgesamt 750 €, für sonstige Kosten 2.150 € auf. Clein erhielt aus dem Gebäude Mieteinnahmen in Höhe von 30.000 €.

III. *Daniela Clein war neben ihrer Tätigkeit in der Kanzlei des Clein 2016 mit ihrer Doktorarbeit im Bereich der Religionslehre beschäftigt. Im August 2016 konnte diese veröffentlicht werden. Die Kosten für die Veröffentlichung in einem Fachverlag, wodurch die Pflichtexemplarregelung umgangen werden konnte, betrugen für Daniela 1.200 €.*

IV. *Im Dezember 2016 war Clein endlich in der Lage, sein restliches BAFöG-Darlehen abzulösen, auf das er während seines Studiums angewiesen war. Die noch ausstehende Summe betrug 12.000 €. Clein fragt sich, ob diese Aufwendungen außergewöhnliche Belastungen darstellen, schließlich erwüchsen sie ja nur einem kleinen Teil der Steuerpflichtigen.*

TEIL B

Der Vater des Clein, Vinzig Clein (V), hatte in den vergangenen Jahren die folgenden Grundstücksgeschäfte vorgenommen:

Im Jahr 2014 hatte er ein unbebautes Grundstück für 150.000 € erworben. Dieses ließ er in zwei Parzellen aufteilen und bebaute jede von ihnen mit einem Einfamilienhaus. Hierfür hatte er Aufwendungen von 225.000 € je Haus. Im Dezember 2015 veräußerte er die zwei Parzellen für je 500.000 €, wobei die Kaufpreiszahlung erst im Januar 2016 erfolgte.

Das Finanzamt hatte nur von diesen Vorgängen Kenntnis. Der Einkommensteuerbescheid für 2015 erfasste die realisierten Gewinne nicht.

Ebenfalls 2014 ersteigerte der V bei einer Zwangsversteigerung ein Hotelgebäude, das er im November 2015 mit 100.000 € Gewinn an eine renommierte Hotelkette weiterveräußern konnte. Diese überwies den Kaufpreis ebenfalls im Januar 2016.

Als das Finanzamt hiervon Kenntnis erhält, erlässt es am 20.09.2016 für 2015 einen Änderungsbescheid in dem es die Veräußerungsgewinne aus dem parzellierten Grundstück zur Einkommensteuer heranzieht.

Abwandlung:

Vinzig Clein hat das Grundstück bei ansonsten identischem Sachverhalt nicht in zwei sondern in drei Parzellen aufgeteilt und bei gleichen Herstellungskosten zu jeweils 500.000 € weiterverkauft.

Bearbeitervermerk:

Zu Teil A:

In einem Gutachten, das auf alle aufgeworfenen Rechtsfragen eingeht, ist das zu versteuernde Einkommen der Eheleute Clein für den Veranlagungszeitraum 2016 zu ermitteln. Sonstige Sonderausgaben sind in abzugsfähiger Höhe von 5.185 € angefallen. Gegebene Wahlrechte wollen die Steuerpflichtigen so günstig wie möglich ausüben. Fragen der Lohnsteuer und Sozialversicherung sind außer Betracht zu lassen.

Zu Teil B:

In einem Gutachten ist zu prüfen, ob der Änderungsbescheid rechtmäßig ergangen ist.

Lösung

A) TEIL A: Das zu versteuernde Einkommen der Ehegatten

I. Persönliche Verhältnisse

1. Persönliche Steuerpflicht

Persönlich steuerpflichtig ist gemäß § 1 I EStG jede natürliche Person, die im Inland einen Wohnsitz oder ihren gewöhnlichen Aufenthalt hat.

Es ist davon auszugehen, dass die Ehegatten Clein ihren Wohnsitz i.S.d. § 8 AO in Deutschland haben.

2. Veranlagungsform

Clemens und Daniela Clein sind verheiratet. Die Veranlagung der Ehegatten richtet sich daher nach § 26 EStG.

Im Sachverhalt finden sich keine Angaben über die Ausübung des Wahlrechts zwischen Einzelveranlagung und Zusammenveranlagung. Da jedoch die für die Steuerpflichtigen günstigste Form der Besteuerung gewählt werden soll, ist mit § 26 III EStG davon auszugehen, dass die Ehegatten zusammen veranlagt werden, § 26b EStG.

Dies hat zur Folge, dass die Einkünfte der Ehegatten zunächst getrennt zu ermitteln und dann zu addieren sind.

hemmer-Methode: Bis hierher ergaben sich kaum Probleme. Halten Sie Ihre Ausführungen daher kurz und prägnant. Schon die Länge des Sachverhaltes zeigt Ihnen, dass Sie es mit einer umfangreichen Klausur zu tun haben. Verstricken Sie sich nicht bei Unproblematischem, um dann an den wichtigen Stellen zu sehr an der Oberfläche zu bleiben.

II. Einkünfte des Clemens Clein

1. Einkunftsart und Gewinnermittlung

Clemens Clein ist als Rechtsanwalt tätig. Er übt damit einen Katalogberuf im Sinne der §§ 2 I S. 1 Nr. 3, 18 I Nr. 1 S. 2 EStG aus. Clein ist daher Freiberufler und erzielt als solcher Einkünfte aus selbständiger Tätigkeit.

hemmer-Methode: Wichtig ist, dass Sie sich bei Vorliegen eines Katalogberufes nicht in lange Ausführungen über die Qualifikation der Einkunftsart verstricken. Kommt außer dem Katalogberuf nichts anderes in Betracht, scheiden insbesondere gewerbliche Einkünfte nach §§ 2 I S. 1 Nr. 2, 15 EStG von vornherein aus, so stellen sich keine Abgrenzungsfragen. Dann will der Korrektor hierzu aber auch nichts hören.
Zu beachten ist weiterhin, dass es einen Unterschied zwischen freiberuflicher und selbständiger Tätigkeit gibt. § 18 I Nr. 1 EStG nennt die freiberuflichen Tätigkeiten, während sich schon aus der Einleitung des § 18 I EStG ergibt, dass selbständige Tätigkeiten auch andere, nämlich die in Nrn. 2, 3 und 4 und III genannten, sein können. Zeigen Sie dem Korrektor durch präzise Formulierungen, dass Sie das System der Einkommensteuerermittlung durchdrungen haben.

Bei den Einkünften aus freiberuflicher Tätigkeit nach §§ 2 I S. 1 Nr. 3, 18 I Nr. 1 S. 2 EStG handelt es sich gemäß § 2 II S. 1 Nr. 1 EStG um Gewinneinkünfte.

Die Gewinnermittlung richtet sich nach §§ 4 ff. EStG.

In Betracht kommen insoweit der qualifizierte Betriebsvermögensvergleich nach den Grundsätzen einer ordnungsgemäßen Buchführung, §§ 4 I, 5 I EStG, der einfache Betriebsvermögensvergleich nach § 4 I EStG und die Einnahme-Überschuss-Rechnung nach § 4 III EStG.

hemmer-Methode: Die beiden erstgenannten Möglichkeiten stellen dabei nur Untergliederungen innerhalb des Betriebsvermögensvergleiches nach § 4 I EStG dar.
Die Gewinnermittlung anhand des qualifizierten Betriebsvermögensvergleiches nehmen alle Gewerbetreibenden vor, die verpflichtet sind, Bücher zu führen, § 5 EStG. Die Definition des Gewerbetreibenden ergibt sich hierfür aus § 15 II EStG, die Buchführungspflicht aus §§ 140 (i.V.m. § 238 HGB, § 41 GmbHG, § 33 GenG), 141 AO. Den einfachen Betriebsvermögensvergleich nach § 4 I EStG führen Land- und Forstwirte durch, die nach § 141 AO buchführungspflichtig sind. Außerdem gilt dieser für selbständig Tätige, die freiwillig Bücher führen und regelmäßig Abschlüsse machen. Eine weitere Möglichkeit der Gewinnermittlung stellen § 13a EStG für bestimmte Land- und Forstwirte und § 5a EStG für Handelsschiffe mit internationalen Verkehr dar, die allerdings wenig examensrelevant ist.

Clein ist kein Gewerbetreibender. Der qualifizierte Betriebsvermögensvergleich nach §§ 4 I, 5 EStG scheidet aus.

Für eine Gewinnermittlung durch einfachen Betriebsvermögensvergleich nach § 4 I EStG müsste Clein entweder verpflichtet sein, Bücher zu führen, oder dies freiwillig tun.

Steuerrechtliche Buchführungspflichten können sich derivativ aus § 140 AO und originär aus § 141 AO ergeben. Die Buchführungspflichten nach dem HGB, §§ 238 ff. HGB, treffen nur Kaufleute. Clein fällt indes nicht unter den handelsrechtlichen Kaufmannsbegriff. Eine derivative Buchführungspflicht kommt daher nicht in Betracht.

Die originäre Buchführungspflicht des § 141 AO gilt ausweislich des Wortlautes nur für gewerbliche Unternehmer. Clein aber ist Freiberufler. Auch § 141 AO greift daher nicht ein. Da Clein auch nicht freiwillig Bücher führt, scheidet eine Gewinnermittlung nach § 4 I EStG aus.

Clein ermittelt seinen Gewinn folglich nach der vereinfachten Methode des § 4 III EStG, der Einnahme-Überschuss-Rechnung.

2. Einkünfte

Clein hat einen Gewinn in Höhe von 30.000 € erklärt. Es ist zu prüfen, ob sich hieran durch die genannten Vorgänge Änderungen ergeben.

a) Zu I 1 a) Die Lohnzahlungen an Daniela

Die an Daniela gezahlten Lohnaufwendungen könnten Betriebsausgaben i.S.d. § 4 IV EStG sein. Hierzu müsste es sich um betrieblich veranlasste Zahlungen handeln.

Die Zahlungen wurden als Gegenleistung für die von Daniela in der Kanzlei erbrachte Tätigkeit geleistet. Eine betriebliche Veranlassung ist daher gegeben.

Bei Arbeitsverhältnissen unter nahen Angehörigen besteht indes häufig die Gefahr, dass diese zur Ausnutzung steuerlicher Gestaltungsmöglichkeiten fingiert werden. Nach § 12 Nr. 1 EStG sind an Angehörige zu erbringende Unterhaltsaufwendungen steuerrechtlich nicht abzugsfähig. Werden solche Unterhaltsleistungen unter dem Deckmantel eines Arbeitsvertrages erbracht, so muss eine steuerliche Anerkennung versagt werden. Anderenfalls bestünde die Gefahr, dass § 12 Nr. 1 EStG unterlaufen wird. Dementsprechend stellen der BFH und die Finanzverwaltung an die Anerkennung von Verträgen unter nahen Angehörigen erhöhte Anforderungen. Mithin bedarf es einer Gesamtschau folgender Kriterien.

hemmer-Methode: Der Terminus Gesamtschau sollte gezielt verwendet werden, da entgegen der früher vorherrschenden Ansicht das Fehlen einer Voraussetzung nunmehr nicht zwingend zur Versagung der steuerlichen Anerkennung führen muss. In der Klausur sollten Sie jedoch die Anerkennung regelmäßig versagen, wenn einer der folgenden Voraussetzungen nicht einschlägig ist. Die Angehörigen-Rechtsprechung ist ein absoluter Klassiker, bei dem Sie nicht auf Lücke lernen sollten.
Lesen Sie hierzu Hemmer/Wüst/Hölzle, Basics Steuerrecht, Rn. 287 ff. und Hemmer/Wüst/ Hölzle, Einkommensteuerrecht, Rn. 80a ff.

aa) Klare und unmissverständliche Regelung

Die Ehegatten müssen untereinander eine klare und unmissverständliche Regelung treffen.

Hierzu ist die Schriftform unbeschadet besonderer Formvorschriften zwar nicht zwingende Voraussetzung, aber zu Beweiszwecken doch empfehlenswert.

Die zwischen den Ehegatten getroffene Vereinbarung enthält vorliegend eine eindeutige Regelung über den Beginn, die Art und die Entlohnung der Tätigkeit. Dieses Erfordernis ist daher erfüllt.

bb) Bürgerlich-rechtliche Wirksamkeit

Zunächst verlangt der BFH entgegen dem Wortlaut des § 41 I AO, dass der Vertrag zwischen den nahen Angehörigen bürgerlich-rechtlich wirksam geschlossen wurde. Für Dienstverträge nach den §§ 611 ff. BGB bestehen nach bürgerlichem Recht keine besonderen Formerfordernisse.

Der Vertrag zwischen Clemens und Daniela ist - obwohl eigentlich nicht erforderlich - schriftlich geschlossen. Etwaige Unwirksamkeitsgründe sind nicht ersichtlich.

hemmer-Methode: Über Sinn und Zweck dieses Erfordernisses lässt sich durchaus streiten. Bemühen sich doch gerade diejenigen, die Umgehungsmöglichkeiten suchen, darum, diese Gestaltungen bürgerlich-rechtlich wirksam zu begründen. Zudem ist die Voraussetzung der bürgerlich-rechtlichen Wirksamkeit klar contra legem, da § 41 I AO deutlich zum Ausdruck bringt, dass es allein auf das Herbeiführen des wirtschaftlichen Erfolges ankommt.

cc) Tatsächliche Durchführung

Der Arbeitsvertrag muss so, wie er geschlossen wurde, auch tatsächlich durchgeführt werden.

Dies bedeutet, dass die geschuldete Arbeitsleistung tatsächlich erbracht und das geschuldete Entgelt tatsächlich gezahlt werden muss.

Fraglich ist vorliegend, ob das Gehalt an Daniela tatsächlich ausgezahlt wurde. Hieran könnte man deshalb zweifeln, weil die Zahlungen auf ein Konto erfolgten, das auch auf den Namen des Arbeitgebers lautete und über das dieser freie Verfügungsmacht hat.

Die Zahlungen stellen sich daher zumindest auch als Zahlungen an den Arbeitgeber selbst dar.

Tatsächlich hat der BFH der Lohnzahlung auf sog. „Oder-Konten“ lange Zeit die Anerkennung versagt. Es stehe einer tatsächlichen Durchführung des Arbeitsverhältnisses entgegen, wenn das Gehalt auf ein Konto gezahlt werde, das auch auf den Namen des Arbeitgebers laufe.

Dem ist das BVerfG[12] bereits 1995 mit einer für den BFH verbindlichen Entscheidung entgegengetreten.

Es stelle eine mit Art.6 GG und Art.3 GG nicht zu vereinbarende Ungleichbehandlung von Ehegatten gegenüber nicht Verheirateten dar, wenn Ehegatten gezwungen würden, zur steuerlichen Anerkennung getrennte Konten einzurichten.

Die Rechtsprechung des BFH ließ sich demgemäß nicht mehr halten. Auch die Zahlungen auf ein Oder-Konto sind steuerrechtlich anzuerkennen.

Da Daniela die von ihr geschuldete Arbeitsleistung auch tatsächlich erbringt, steht der tatsächlichen Durchführung des Arbeitsverhältnisses nichts entgegen.

[12] BVerfG, NJW 1996, 833.

dd) Fremdvergleich

Das wohl entscheidendste Kriterium bei der Anerkennung von Ehegattenarbeitsverhältnissen ist das des Fremdvergleichs. Das Arbeitsverhältnis muss so ausgestaltet sein wie unter fremden Dritten auch.

Der mit Daniela geschlossene Arbeitsvertrag hätte so auch unter fremden Dritten geschlossen werden können. Dass Daniela weniger verdient, als an eine fremde Kraft hätte gezahlt werden müssen, ist unschädlich.

Der Ehegatte kann durchaus zu schlechteren Konditionen beschäftigt werden als eine Drittkraft. Die Gefahr einer Umgehung des § 12 Nr.1 EStG besteht in diesem Fall nicht.

Außerdem führt Clemens Lohnsteuer und Sozialversicherungsbeiträge für Daniela ab, was er auch für einen fremden Dritten hätte tun müssen.

Das zwischen Clemens und Daniela geschlossene Arbeitsverhältnis hält daher auch dem Fremdvergleich stand.

hemmer-Methode: Schon miteinbezogen in diese Prüfung war jetzt der Punkt der Anerkennung der Höhe nach. Eigentlich handelt es sich hierbei um einen gesonderten Prüfungspunkt, nachdem das Arbeitsverhältnis dem Grunde nach anerkannt wurde. Auch ein Vertrag unter nahen Angehörigen, der dem Grunde nach anzuerkennen ist, kann der Höhe nach auf ein angemessenes Maß zurückgeschraubt werden, wenn die geleisteten Zahlungen außerhalb der üblichen Verhältnisse stehen. Diese Frage stellt sich in der Regel bei der Schenkung von Gesellschaftsanteilen. Hierbei darf die gewährte Rendite 15% des Wertes der übertragenden Anteile grundsätzlich nicht überschreiten.

Lesen Sie zu der Übertragung von Gesellschaftsanteilen an nahe Angehörige Hemmer/Wüst/Hölzle, Einkommensteuerrecht, Rn. 80i ff.

ee) Tatsächliches Bedürfnis für die Beschäftigung

Im Rahmen des Fremdvergleichs stellt sich insbesondere auch die Frage, ob tatsächlich ein betriebliches Bedürfnis für die Beschäftigung besteht. Wäre ein fremder Dritter nicht eingestellt worden, weil der Arbeitsbedarf gar nicht ausreicht, um noch eine Kraft zu beschäftigen, so muss die Anerkennung des Arbeitsverhältnisses versagt werden.

In den 6 Stunden wöchentlich, die Daniela arbeitet, erledigt sie tatsächlich anfallende Arbeiten, für die anderenfalls eine fremde dritte Kraft hätte eingestellt werden müssen. Ein betriebliches Bedürfnis für die Anstellung kann mithin nicht abgesprochen werden.

hemmer-Methode: Denken Sie daran, dass die Angehörigen-Rspr. des BFH bei allen möglichen Vertragsformen in Betracht zu ziehen ist. So gilt sie insbesondere auch bei Wohnraum- und Mietverträgen über einzelne Gegenstände und bei Darlehens- und Gesellschaftsverträgen.

ff) Fazit

Das Arbeitsverhältnis zwischen Clemens und Daniela Clein ist aufgrund dieser Gesamtschau steuerrechtlich anzuerkennen. Clemens hat die an Daniela geleisteten Zahlungen zu Recht als Betriebsausgaben nach § 4 IV EStG abgesetzt.

Auswirkungen auf den erklärten Gewinn ergeben sich hieraus nicht, da Clein die Zahlungen bereits gewinnmindernd verbucht hat.

b) Zu I 1 b): Schreibtisch und Regal

- **Der Schreibtisch**

aa) Behandlung der Anschaffungskosten

Bei den Aufwendungen für den Schreibtisch könnte es sich erneut um betrieblich veranlasste Aufwendungen i.S.d. § 4 IV EStG und mithin um Betriebsausgaben handeln.

Die gezahlten 1.309,- € stellen unzweifelhaft Aufwendungen dar. Da sie der Anschaffung eines betrieblich genutzten Wirtschaftsgutes dienten, stehen sie mit dem Betrieb in Zusammenhang und sind daher betrieblich veranlasst.

Es fragt sich aber, ob die Aufwendungen sofort abgezogen werden können. Nach § 4 III S. 3 EStG sind die Vorschriften über die Absetzung für Abnutzung zu befolgen.

Nach § 7 I EStG ist bei Wirtschaftsgütern, deren Verwendung oder Nutzung durch den Steuerpflichtigen zur Erzielung von Einkünften sich erfahrungsgemäß auf einen Zeitraum von mehr als einem Jahr erstreckt, jeweils für ein Jahr der Teil der Anschaffungs- oder Herstellungskosten abzusetzen, der bei gleichmäßiger Verteilung oder Nutzung auf ein Jahr entfällt, sog. lineare AfA.

Der Begriff des Wirtschaftsgutes ist mit dem handelsrechtlichen Begriff des Vermögensgegenstandes gleichbedeutend und wird zu Recht weit gefasst. Wirtschaftsgüter sind danach alle materiellen oder immateriellen Gegenstände und Zustände, (1) deren Erlangung sich der Kaufmann etwas kosten lässt, (2) die nach der Verkehrsauffassung selbständig bewertbar sind und (3) ihren Nutzen in der Regel für mehrere Wirtschaftsjahre erbringen.[13]

Diese Voraussetzungen sind hier unproblematisch erfüllt.

Damit die Anschaffungskosten den Vorschriften über die AfA unterliegen, muss es sich ferner um ein abnutzbares Wirtschaftsgut des Betriebsanlagevermögens handeln.

hemmer-Methode: Denken Sie immer daran, dass die AfA nur für Betriebsvermögen und nicht für Privatvermögen gilt.
Hierbei sind zu unterscheiden das notwendige Betriebsvermögen bei mehr als 50% betrieblicher Nutzung, das gewillkürte Betriebsvermögen bei einer betrieblichen Nutzung zwischen 10% und 50% und einem betrieblichem Förderungszusammenhang und das notwendige Privatvermögen bei einer betrieblichen Nutzung unter 10%.

Der Schreibtisch unterliegt durch seinen Gebrauch der Abnutzung. Hieraus resultiert auch die schätzungsweise Nutzungsdauer von fünf Jahren.

hemmer-Methode: Die AfA-Vorschriften gelten nicht für nicht abnutzbare Wirtschaftsgüter. Im Rahmen der § 4-I-Rechnung sind diese zu bilanzieren. Bei der § 4-III-Rechnung sind die Anschaffungskosten erst im Zeitpunkt der Veräußerung oder Entnahme als Betriebsausgaben zu berücksichtigen, § 4 III S. 4 EStG.

Ferner handelt es sich bei dem Schreibtisch um ein betrieblich genutztes Wirtschaftsgut des Anlagevermögens.

[13] SCHMITDT/WEBER-GRELLET, § 5 Rn. 94.

Das Wirtschaftsgut ist nicht zum Umsatz im Betrieb bestimmt, sondern soll im Betrieb verbleiben.

Die Vorschriften über die AfA finden daher Anwendung. Grundsätzlich stehen zwei Arten der AfA zur Verfügung. Zum einen die lineare AfA , bei der die Anschaffungskosten gleichmäßig auf die Nutzungsdauer verteilt werden (§ 7 I EStG). Zum anderen die degressive AfA, bei der fallende Jahresbeträge abgezogen werden (§ 7 II EStG). Letztere ist allerdings nur für Wirtschaftsgüter anwendbar, die vor dem 01.01.2011 angeschafft worden sind. Der Schreibtisch wurde vorliegend aber im April 2016 gekauft. Clein muss vorliegend also die lineare AfA nach § 7 I EStG vornehmen.

Hiernach wären die Anschaffungskosten über die betriebsgewöhnliche Nutzungsdauer - vorliegend fünf Jahre - zu verteilen.

hemmer-Methode: Bei der Berechnung der AfA nach § 7 I EStG sind daher immer zwei Größen maßgeblich: Die Anschaffungs- oder Herstellungskosten (Definition in § 255 HGB) und die betriebsgewöhnliche Nutzungsdauer.
Die Behandlung der AfA ist an dieser Stelle absichtlich ausführlicher erfolgt, als dies in einer Klausur von Ihnen erwartet würde, um die Grundstruktur noch einmal zu verdeutlichen.

bb) Zu berücksichtigende Anschaffungskosten

Ob auch der in dem Kaufpreis enthaltene Anteil an der Umsatzsteuer (Vorsteuerbetrag nach § 15 UStG) zu den Anschaffungskosten gehört, ist in § 9b EStG geregelt.

Hiernach gehört dieser dann nicht zu den Anschaffungskosten, wenn er bei der Vorsteuer abgezogen werden kann.

Der Vorsteuerabzug ist in § 15 UStG geregelt.

Nach § 15 I S. 1 Nr. 1 S. 1 UStG können Unternehmer den in Rechnungen für Lieferungen, die sie von einem anderen Unternehmer für ihr Unternehmen erhalten, gesondert ausgewiesenen Umsatzsteuerbetrag als Vorsteuer abziehen.

Wer Unternehmer in diesem Sinne ist, bestimmt § 2 I S. 1 UStG. Unternehmer ist hiernach jeder Selbständige, der mit Einnahmeerzielungsabsicht tätig ist. Dies trifft bei Clein zu. Ebenso ist davon auszugehen, dass auch der Lieferant als Unternehmer anzusehen ist.

Ferner kann der Vorsteuerabzug nur vorgenommen werden, bei Lieferungen und Leistungen für das Unternehmen des Steuerpflichtigen. Unter einer Lieferung ist nach § 3 I UStG die Verschaffung der Verfügungsmacht zu verstehen. Auch dies trifft für den Schreibtisch zu.

Auch ist davon auszugehen, dass der Clein eine Rechnung mit ausgewiesener Umsatzsteuer erhalten hat, § 14 UStG.

Ein Vorsteuerabzug wäre gemäß § 15 II S. 1 Nr. 1 UStG indes ausgeschlossen, wenn Clein als Rechtsanwalt von der Umsatzsteuer befreit wäre.

Die Umsatzsteuerbefreiungen sind in § 4 UStG geregelt. Eine Befreiung für Rechtsanwälte ist hier nicht vorgesehen.

Da Clein also seinerseits umsatzsteuerpflichtige Umsätze tätigt, ist er berechtigt, einen Vorsteuerabzug nach § 15 UStG vorzunehmen.

Die Umsatzsteuer gehört daher nach Maßgabe des § 9b EStG nicht zu den Anschaffungskosten des Wirtschaftsgutes. Diese betragen daher vorliegend 1.100,- €.

I.R.d. § 7 I EStG sind daher die Anschaffungskosten in Höhe von 1.100,- € auf die betriebsgewöhnliche Nutzungsdauer von fünf Jahren zu verteilen. Es ergibt sich daher eine AfA-Rate von (1.100,- € / 5 =) 220 € jährlich. Nachdem der Schreibtisch aber erst im April gekauft wurde, darf die AfA-Rate jedoch nicht voll abgezogen werden: Es muss vielmehr für jeden Monat der der Anschaffung vorausging ein Zwölftel abgezogen werden, vgl. § 7 I S. 4 EStG. Entsprechend beträgt die für den VZ zulässige AfA-Rate (9/12 x 220,- € =) 165,- €.

Die gezahlte Umsatzsteuer in Höhe von 209 € wird als Betriebsausgabe eigener Art gebucht.

hemmer-Methode: Besonders wichtig ist hier noch einmal, dass Sie daran denken, dass die USt nicht als durchlaufender Posten, sondern zu vereinnahmen und zu verausgaben ist (mehr dazu sogleich).

- **Das Regal**

Auch das Regal stellt ein abnutzbares Wirtschaftsgut des Anlagevermögens dar, das über einen Zeitraum von mehr als einem Jahr nutzbar ist. Grundsätzlich wären also auch die Anschaffungskosten des Regals ohne Umsatzsteuer in Höhe von 140,- Euro auf die Nutzungsdauer von fünf Jahren zu verteilen, vgl. § 7 I EStG. Allerdings kommt vorliegend eine Ausnahme von der AfA-Vorschrift des § 7 I EStG in Betracht:

cc) Sofortabzug nach § 6 II S. 1 EStG

Eine solche könnte in der Vorschrift für die Behandlung geringwertiger Wirtschaftsgüter in § 6 II S. 1 EStG liegen.

Geringwertige Wirtschaftsgüter sind hiernach solche, deren Anschaffungs- oder Herstellungskosten einen Netto-Betrag von 410 € nicht übersteigen.

hemmer-Methode: Denken Sie daran, dass die Netto-Grenze auch für solche Steuerpflichtige gilt, die nicht zum Vorsteuerabzug im Sinne der §§ 9b EStG, 15 UStG berechtigt sind. Der Hinweis auf § 9b EStG ist insoweit verwirrend.

Das Regal hatte einen Netto-Anschaffungspreis von 140 €. Außerdem handelt es sich hierbei um ein bewegliches Wirtschaftsgut des betrieblichen Anlagevermögens. Die Regelung des § 6 II S. 1 EStG findet daher Anwendung.

hemmer-Methode: Neben § 6 II EStG gibt es mit § 6 IIa EStG noch eine weitere Ausnahme zu den AfA-Vorschriften des § 7 EStG. Demnach können für bewegliche, abnutzbare Wirtschaftsgüter des Anlagevermögens, deren Anschaffungs- oder Herstellungskosten zwischen 151,- € und 1.000,- € liegen, Sonderposten gebildet werden. Die Sonderposten werden unabhängig von der Gesamtnutzungsdauer des einzelnen Wirtschaftsguts über einen Zeitraum von fünf Jahren abgeschrieben. Eine pro rata temporis-Regelung wie in § 7 I S. 4 EStG (vgl. oben) ist nicht vorgesehen.

hemmer-Methode: Die Geringwertigkeitsgrenze war zwischenzeitlich auf 150 € herabgesetzt worden. Auch war der Sofortabzug verpflichtend; ein Wahlrecht zwischen AfA und Sofortabzug bestand nicht.

Clein kann die 140 € als sofort abzugsfähigen Aufwand geltend machen.

dd) Zwischenergebnis

Aus dem Vorgang ergibt sich daher eine Korrektur des Gewinns wie folgt:

Für den Schreibtisch kann Clemens 165,- €, für das Regal 140,- € abziehen. Die gezahlte Umsatzsteuer in Höhe von (209,- € + 26,60 €) 235,60 € stellt eine Betriebsausgabe eigener Art dar.

c) Zu I 1 c): Die Mandantenrechnung

Bei den Zahlungen des Mandanten könnte es sich um Betriebseinnahmen handeln.

Der Begriff der Betriebseinnahmen ist in § 4 EStG nicht geregelt. Nach der Rechtsprechung[14] sind Betriebseinnahmen analog § 8 EStG und e contrario § 4 IV EStG alle Zuflüsse in Geld oder Geldeswert, die durch den Betrieb veranlasst sind.

Dies ist bei einem Mandantenhonorar unzweifelhaft der Fall.

Es fragt sich jedoch, ob Clein die in der Rechnung enthaltene Umsatzsteuer in Höhe von 47,50 € zu Recht als durchlaufenden Posten (§ 4 III S. 2 EStG) und mithin steuerlich nicht berücksichtigt hat.

Steuerschuldner der Umsatzsteuer ist nach § 13a I Nr.1 UStG der Unternehmer, vorliegend also Clein. Dieser wälzt die auf seine Leistungen entstehende Umsatzsteuer lediglich auf die Mandanten ab. Ist aber Clein Steuerschuldner, so wird die vereinnahmte Umsatzsteuer nicht für Rechnung des Finanzamtes, sondern für eigene Rechnung vereinnahmt. Dementsprechend kann sie auch nicht als durchlaufender Posten angesehen werden, auch wenn Clein einen Betrag in gleicher Höhe an das Finanzamt abzuführen verpflichtet ist.

Der BFH[15] hat daher die Anerkennung der Umsatzsteuer als durchlaufenden Posten versagt.

Diese ist als Einnahme eigener Art im Zeitpunkt des Zuflusses, § 11 I EStG, gewinnerhöhend zu buchen. Selbst gezahlte Umsatzsteuer stellt dementsprechend Betriebsausgaben eigener Art dar (vgl. oben b) bb)).

hemmer-Methode: Als durchlaufender Posten werden aber etwa Gerichtskostenvorschüsse nach § 6 I GKG behandelt, die der Anwalt von seinem Mandanten erhält. Hier liegen daher keine Betriebseinnahmen und bei Abführung an das Gericht keine Betriebsausgaben vor.

Clein hat die 47,50 € daher zu Unrecht nicht als Betriebseinnahmen erfasst. Diese sind noch 2016 zugeflossen und daher auch noch im VZ 2016 gewinnerhöhend zu berücksichtigen, § 11 I S. 1 EStG (Eine Berücksichtigung als Betriebs*ausgabe* ergibt sich nach dem Abflussprinzip erst für den VZ 2017). Es ergibt sich daher eine Korrektur des ermittelten Gewinns von + 47,50 €.

[14] BFH, BStBl 1988, II, 633; 1989, II, 650.

[15] BFHE 148, 306.

d) Zu I 1 d): Die Geldentnahmen

In § 4 III EStG findet sich keine Verweisungsvorschrift auf die Entnahme- und Einlagevorschriften in § 4 I EStG.

Aus dem Grundsatz der Totalgewinngleichheit und der Tatsache, dass nur betrieblich veranlasste Vorgänge Gewinnauswirkung haben dürfen, ergibt sich aber, dass die Entnahme- und Einlagevorschriften grundsätzlich auch für den § 4-III-Rechner Anwendung finden müssen. Überführt der Steuerpflichtige z.B. ein betrieblich angeschafftes Wirtschaftsgut in das Privatvermögen, so muss dies gewinnerhöhend erfasst werden, da diese Überführung privat veranlasst ist und der Wegfall des Wertes im Betriebsvermögen entsprechend zu kompensieren ist.

Eine Besonderheit ergibt sich beim § 4-III-Rechner jedoch für Barentnahmen. Geld wird im Zeitpunkt des Zuflusses, § 11 I EStG, steuerrechtlich gewinnwirksam erfasst. Was hiernach mit dem Geld passiert, ist regelmäßig ohne Bedeutung. Der § 4-III-Rechner führt - anders als der § 4-I-Rechner - keine Bilanz, in der die Barbestände verbucht, Entnahmen daher berücksichtigt werden müssten.

Die § 4-III-Rechnung ist eine reine Geld-, nicht aber eine Vermögensrechnung.

Die für das Mittagessen entnommenen Beträge sind daher nicht gewinnerhöhend als Entnahmen zu erfassen.

Es ergibt sich daher eine Korrektur des Gewinns um - 535 €.

e) Zu I 2 a): Der Laptop

Dadurch, dass Clein den Laptop nunmehr ausschließlich betrieblich nutzt, könnte er diesen in das Betriebsvermögen eingelegt haben.

Wie oben gesehen, gelten die Einlage- und Entnahmevorschriften des § 4 I EStG mit der Ausnahme der Barentnahmen auch für den § 4-III-Rechner.

Nach § 4 I S. 8 EStG sind Einlagen alle Wirtschaftsgüter, die der Steuerpflichtige dem Betrieb im Laufe eines Wirtschaftsjahres zugeführt hat. Der Computer wird ausschließlich betrieblich genutzt, ist daher zu notwendigem Betriebsvermögen geworden. Eine Einlage liegt vor.

Handelt es sich bei dem Computer aber um ein Wirtschaftsgut des Betriebsanlagevermögens, so könnte hierfür ein Betriebsausgabenabzug im Wege der AfA nach § 7 EStG in Betracht kommen.

Bemessungsgrundlage für die AfA sind die Anschaffungskosten und die betriebsgewöhnliche Nutzungsdauer.

Der Laptop ist im Betrieb des Clein noch vier Jahre nutzungsfähig. Die Anschaffungskosten betrugen ursprünglich 2500 €. Es fragt sich, ob diese als Bemessungsgrundlage für die AfA herangezogen werden dürfen.

Unschädlich ist dabei, dass Clein selbst die Anschaffungskosten nicht aufgewendet, sondern das Wirtschaftsgut geschenkt bekommen hat. Bei der Bewertung einer Einlage ist es für die Heranziehung der Anschaffungskosten unerheblich, ob der Einlage eine Schenkung vorausgegangen ist.

hemmer-Methode: Dass die Schenkung für die Zugrundelegung der Anschaffungskosten unerheblich ist, zeigt schon der Gedanke, dass es auch keinen Unterschied machen würde, wenn Clein Geld geschenkt bekommen und sich den Computer dann selbst gekauft hätte.

Nach § 6 I Nr. 5 S. 1 EStG sind Einlagen (unter den dort genannten, hier zutreffenden Voraussetzungen) mit dem Teilwert anzusetzen. Der Begriff des Teilwertes ist in § 6 I Nr. 1 S. 3 EStG legaldefiniert: Hiernach ist der Teilwert der Betrag, den ein Erwerber des ganzen Betriebes im Rahmen des Gesamtkaufpreises für das einzelne Wirtschaftsgut ansetzen würde. Als Teilwert ist hier der um 500 € reduzierte Anschaffungspreis, also 2.000 € anzusetzen.

Es fragt sich aber, ob nicht die anzusetzende Teilwertsumme gemäß § 6 I Nr. 5 S. 2 EStG nach oben auf die Anschaffungskosten abzüglich der fiktiven AfA für die Zeit zwischen Anschaffung und Einlage begrenzt ist.

hemmer-Methode: Beachten Sie die wichtige Vorschrift des § 6 I Nr. 5 S. 2 EStG, die gerne übersehen wird. Legt ein Steuerpflichtiger ein abnutzbares Wirtschaftsgut innerhalb von drei Jahren, nachdem er es angeschafft hat, in den Betrieb ein, so ist dies nach § 6 I Nr. 5 S. 1 lit a EStG mit dem Teilwert anzusetzen. Dieser Teilwert ist indes der Höhe nach auf die Anschaffungs- oder Herstellungskosten begrenzt.

Bei der Vorschrift des § 6 I Nr. 5 S. 2 EStG gilt es aber zu beachten, dass der Wortlaut „Anschaffungs- oder Herstellungskosten" sich auf § 6 I Nr. 5 S. 1, 2. HS. bezieht, der die gleiche Terminologie verwendet. „Innerhalb der letzten drei Jahre Anschaffen" setzt daher ein Anschaffen und Anschaffungskosten bei dem einlegenden Steuerpflichtigen voraus. Hat der Steuerpflichtige das Wirtschaftsgut aber geschenkt bekommen, so hat er es nicht angeschafft. Fehlt es an dem Merkmal des Anschaffens, so kann § 6 I Nr. 5 S. 2 EStG keine Anwendung finden.

Ein Abzug für fiktive AfA ist daher von dem Teilwert in Höhe von 2.000 € nicht vorzunehmen.

Als Ergebnis bleibt daher festzuhalten, dass Clein von der Bemessungsgrundlage 2.000 € AfA nach § 7 I EStG für die Restnutzungsdauer geltend machen kann. Diese beträgt vier Jahre.

Es ergibt sich daher eine jährliche AfA-Rate von (2.000 € : 4 =) 500 €.

Der erklärte Gewinn ist daher um 500 € AfA für den VZ 2016 zu kürzen.

f) Zu I 2 b): Die Jahresbände FamRZ

Bei den Aufwendungen für die FamRZ handelt es sich um Betriebsausgaben i.S.d. § 4 IV EStG, wenn diese betrieblich veranlasst waren. Die Zeitschriften stehen in einem ausschließlich beruflichen Veranlassungszusammenhang. Es handelt sich um Betriebsausgaben.

Es fragt sich aber, wie diese Ausgaben zu behandeln sind. Würde es sich um nicht abnutzbare Wirtschaftsgüter des Anlagevermögens handeln, so wären die Anschaffungskosten gemäß § 4 III S.4 EStG erst im Zeitpunkt der Veräußerung oder Entnahme als Betriebsausgaben anzusetzen. Anders jedoch, wenn es sich bei den Jahresbänden um abnutzbare Wirtschaftsgüter handelt.

Während der immaterielle Wert der Jahresbände in Form der gesammelten Gedanken zwar streng genommen nicht der Abnutzung unterliegt, kann jedoch nicht abgesprochen werden, dass Bücher mit zunehmendem Gebrauch Verschleißerscheinungen aufweisen und irgendwann schließlich nicht mehr nutzungsfähig sind. Es ist daher davon auszugehen, dass es sich bei den Jahresbänden um abnutzbare Wirtschaftsgüter handelt.

Zu fragen ist dann aber, ob Clein hierfür AfA nach § 7 I EStG geltend machen muss, oder ob auch ein Sofortabzug nach § 6 II EStG in Betracht kommt.

Dies ist davon abhängig, ob die einzelnen Bände als Wirtschaftsgüter betrachtet werden können, die der selbständigen Nutzung fähig sind, oder ob man die Gesamtausgabe der FamRZ in vielen Jahrgängen als Gesamtwerk betrachtet.

Zwar bietet das Vorhandensein der Gesamtausgabe erhebliche Vorteile, jedoch ist auch zu bedenken, dass jeder einzelne Band für sich einen eigenständigen Nutzungswert hat und es letztlich in der anwaltlichen Praxis immer nur auf das Vorhandensein des jeweiligen Bandes ankommt. Wird der Band von 2008 gebraucht, so ist dieser auch dann nutzungsfähig, wenn der von 2009 nicht vorhanden ist.

Es kann daher festgehalten werden, dass es sich bei den verschiedenen Jahresbänden um eine Vielzahl geringwertiger Wirtschaftsgüter handelt, die steuerrechtlich jeweils gesondert zu betrachten sind.

Ist aber der Gesamtkaufpreis auf die geringwertigen Wirtschaftsgüter zu verteilen, so ergibt sich für keines von diesen ein Anschaffungspreis von mehr als 410 €.

Ein Sofortabzug der gesamten Anschaffungskosten kann daher nach § 6 II S. 1 EStG vorgenommen werden.

Es ergibt sich daher eine Korrektur des erklärten Gewinnes um - 1.000 €.

g) Zu I 2 c): Der Vorschuss

Es fragt sich, wann die Vereinnahmung des Vorschusses gewinnwirksam zu berücksichtigen ist.

Bei der Leistungserbringung oder bei Zufluss des Geldes.

Für den § 4-III-Rechner gilt das Zu- und Abflussprinzip des § 11 EStG.

Hiernach liegt ein Zufluss mit der Erlangung der tatsächlichen Verfügungsmacht über das Geld vor. Dies würde einen Zufluss von 714 € im VZ 2016 bedeuten.

Hieran ist auch bei Vorschusszahlungen solange festzuhalten, wie nicht steuerliche Umgehungsgeschäfte getätigt werden. Hierfür ist vorliegend jedoch nichts ersichtlich, sodass die 714 € im Jahr 2016 zu berücksichtigen sind.

Etwas anderes könnte jedoch für den in dem Betrag enthaltenen Umsatzsteueranteil von 19 % = 114 € gelten. Die Umsatzsteuer entsteht gemäß § 13 I Nr. 1 Buchstabe a) S. 1 UStG grundsätzlich mit Ausführung der Leistung. Auf den einkommensteuerrechtlichen Zufluss nach § 11 EStG kommt es für die USt insoweit nicht an. Nach § 13 I Nr. 1 Buchstabe a) S. 4 UStG gilt etwas anderes jedoch dann, wenn die Vereinnahmung vor der Leistungserbringung erfolgt. So liegt der Fall hier.

Die entstandene Umsatzsteuer ist daher mit Zufluss, § 11 I S. 1 EStG, als Betriebseinnahme eigener Art zu buchen. Mit der Abführung der USt an das Finanzamt liegen dann Betriebsausgaben eigener Art vor. Ein solcher Abfluss ist bisher indes nicht erfolgt.

Der Clein hat daher 600 € Honorar und 114 € Umsatzsteuer gewinnwirksam vereinnahmt. Der erklärte Gewinn ist um + 714 € zu korrigieren.

Der von ihm erklärte Gewinn in Höhe von 30.000 € ist wie folgt zu korrigieren:

Tz. I 1 a): Das Ehegattenarbeitsverhältnis	**+/- 0 €**
Tz I 1 b):	
Der Schreibtisch	**- 165,00 €**
Das Regal	**- 140,00 €**
Umsatzsteuer	**- 235,60 €**
Tz I 1 c): Die Umsatzsteuer	**+ 47,50 €**
Tz I 1 d): Die Geldentnahmen	**- 535,00 €**
Tz I 2 a): Der Laptop	**- 500,00 €**
Tz I 2 b): Die FamRZ	**- 1000,00 €**
Tz I 2 c): Der Vorschuss	**+ 714,00 €**
Berichtigter Gewinn aus der Kanzlei:	**28.185,90 €**

h) Zu II: Das Mietshaus

aa) Überschussberechnung

Bei den zugeflossenen Mietzinsen könnte es sich um Einkünfte aus Vermietung und Verpachtung gemäß §§ 2 I S. 1 Nr. 6, 21 I S. 1 Nr. 1 EStG handeln.

Gemäß § 2 II Nr. 2 EStG sind Einkünfte aus Vermietung und Verpachtung der Überschuss der Einnahmen über die Werbungskosten.

Einnahmen sind nach § 8 EStG alle Güter in Geld oder Geldeswert, die dem Steuerpflichtigen innerhalb einer Einkunftsart zufließen.

Die Vermietung von Gebäuden fällt unproblematisch unter den Steuertatbestand des § 21 I Nr. 1 EStG.

Die Mietzinszahlungen stellen daher durch eine Einkunftsart veranlasste Zuflüsse in Geld und mithin Einnahmen dar.

Zur Einkünfteermittlung ist der Überschuss der Einnahmen über die Werbungskosten zu berechnen.

Werbungskosten sind gemäß § 9 EStG alle Aufwendungen, die durch die Einnahmeerzielung veranlasst sind. Hierbei wird § 9 EStG entgegen seiner finalen Formulierung vor dem Hintergrund des Gleichbehandlungsgrundsatzes in Anlehnung an § 4 IV EStG kausal ausgelegt. Es genügt daher jedwede Veranlassung der Aufwendungen durch die Einkünfteerzielung.

bb) AfA-Ermittlung

Gemäß § 9 I S. 3 Nr. 7 EStG zählt zu den Werbungskosten auch die AfA nach § 7 EStG.

Clein erhielt das Haus unter Berücksichtigung auf ein künftiges Erbrecht von seinem Vater geschenkt. Es handelt sich daher um eine Vermögensübertragung im Wege der vorweggenommenen Erbfolge. Neben der Frage, wie sich dies auf die Berechtigung zum AfA-Abzug auswirkt, stellt sich das weitere Problem, wie die von Clein getätigten Aufwendungen zu behandeln sind.

Bemessungsgrundlage für die gewählte lineare Gebäude-AfA sind nach § 7 IV EStG die Anschaffungs- oder Herstellungskosten.

Daher ist zunächst zu fragen, ob Clein das Haus überhaupt entgeltlich oder unentgeltlich erworben hat.

Anders als bei der Übertragung von Betriebsvermögen gilt bei Vermögensübertragungen im Wege der vorweggenommenen Erbfolge nicht die Einheits-, sondern die Trennungstheorie[16]. Das heißt, dass der Vorgang in einen entgeltlichen und in einen unentgeltlichen Erwerbsteil aufzuspalten ist.

Das dem Clein übertragene Vermögen hatte einen Wert von 500.000 € (400.000 € Haus- und 100.000 € G.u.B.-Anteil). Um diese Werte zu erlangen, hat Clein die auf dem Haus lastende Hypothek in Höhe von 125.000 € übernommen. Das Verhältnis des Wertes des übertragenen Vermögens zu den Anschaffungskosten beträgt daher ¾ zu ¼.

[16] Vgl. BFH, Urteil vom 10.07.1986, Az.: IV R 12/81.

hemmer-Methode: Beachten Sie den Unterschied zwischen der Trennungs- und der Einheitstheorie: Während bei der Übertragung von Betriebsvermögen (auch bei vorweggenommener Erbfolge) insgesamt gefragt wird, ob die aufgewendeten Anschaffungskosten den Netto-Wert des übertragenen Vermögens übersteigen (dann entgeltlich) oder nicht (dann unentgeltlich), und dieser Vorgang dann einheitlich betrachtet wird, wird bei der Übertragung von Privatvermögen im Wege der vorweggenommenen Erbfolge eine Aufteilung in einen unentgeltlichen und einen entgeltlichen Teil vorgenommen.
Gleiches gilt bei der Auseinandersetzung von Erbengemeinschaften, wenn ein Erbe Aufwendungen tätigt, um Wirtschaftsgüter zu erhalten, die über seine Erbquote hinausgehen. Auch hier findet die Trennungstheorie Anwendung.
In diesem Bereich ist derzeit einiges im Umbruch. Das Bundesministerium der Finanzen (BMF) hat bislang bei der teilentgeltlichen Übertragung einzelner Wirtschaftsgüter des Betriebsvermögens ebenfalls die Trennungstheorie anwenden lassen. Dem ist der Bundesfinanzhof (BFH) allerdings entgegengetreten (vgl. Urteile vom 18.09.2013, Az.: X R 42/10 und vom 19.09.2012, Az.: IV R 11/12). Inzwischen werden auch die Auswirkungen der geänderten Rechtsprechung des BFH auf die Übertragung des Privatvermögens beleuchtet (vgl. Beschluss des BFH vom 19.03.2014, X R 28/12). Hier könnten sich also Änderungen ergeben.

Clein hat das Hausgrundstück zu ¾ unentgeltlich und zu ¼ entgeltlich erworben.

(1) AfA auf den unentgeltlich erworbenen Anteil

Es fragt sich, ob auch der unentgeltliche Rechtsnachfolger AfA-berechtigt ist.

Als problematisch erweist sich hierbei, dass er keinerlei Anschaffungskosten getätigt hat, die der AfA als Bemessungsgrundlage zugrunde gelegt werden könnten.

§ 11d EStDV bestimmt jedoch, dass auch der Rechtsnachfolger in nicht zu einem Betriebsvermögen gehörende Wirtschaftsgüter berechtigt ist, die AfA auf der Grundlage der Anschaffungskosten seines Rechtsvorgängers geltend zu machen.

Im vorliegenden Fall bedeutet dies, dass Clein in Höhe seines unentgeltlichen Erwerbsanteils (¾) berechtigt ist, die AfA seines Vaters fortzuführen.

Dieser hatte Anschaffungskosten in Höhe von insgesamt 250.000 € aufgewendet. Da AfA jedoch nur für abnutzbare Wirtschaftsgüter in Anspruch genommen werden kann, ist aus den Anschaffungskosten der auf den Grund und Boden entfallende Anteil (G.u.B.-Anteil) herauszurechnen. Dieser betrug damals 50.000 €. Bemessungsgrundlage für die AfA von Cleins Vater waren demnach die auf den Hausanteil entfallenen 200.000 €.

Das Haus wurde zu Wohnzwecken genutzt und ist nach 31.12.1924 fertig gestellt worden. Gemäß § 7 IV S. 1 Nr. 2 Buchstabe a) EStG beträgt die jährliche AfA-Rate daher 2% jährlich von 200.000 € = 4.000 €.

Diese AfA des Rechtsvorgängers ist Clein berechtigt zu ¾ fortzuführen, da dies seinem unentgeltlichen Erwerbsanteil entspricht. Aus §§ 11d I EStDV, 7 IV S. 1 Nr. 2 a) EStG ergibt sich daher eine jährliche AfA-Rate für Clein in Höhe von (¾ von 4.000 € =) 3.000 €.

(2) AfA auf den entgeltlich erworbenen Anteil

Übrig bleibt noch die Frage der Behandlung der eigenen Anschaffungskosten des Clein in Höhe von 125.000 € durch die Übernahme der Hypothek.

Mit den eigenen Anschaffungskosten ist Clein grundsätzlich nach § 7 IV EStG originär AfA-berechtigt. Zu beachten ist jedoch, dass auch diese eigenen Anschaffungskosten in einen G.u.B.-Anteil und einen Anteil für den abnutzbaren Teil aufzuteilen sind.

Das Verhältnis von Gebäude- zu Grundstückswert beträgt 4:1.

In diesem Verhältnis sind auch die Anschaffungskosten aufzuteilen. Die 125.000 € verteilen sich daher wie folgt: 100.000 € entfallen auf die Anschaffung des Hauses, 25.000 € auf die Anschaffung des Grund und Bodens.

Nur die auf den abnutzbaren Teil entfallenden 100.000 € dürfen in die AfA-Bemessungsgrundlage eingestellt werden. Gemäß § 7 IV S. 1 Nr.2 a) EStG kann Clein daher jährlich 2% AfA von 100.000 € = 2.000 € geltend machen.

hemmer-Methode: Beachten Sie den Unterschied in den Formulierungen von § 7 IV und § 7 V EStG: Während § 7 IV EStG den AfA-Abzug „jährlich“ gestattet, berechtigt § 7 V EStG zum Abzug „im Jahr der Fertigstellung“. Hieraus ergibt sich, dass bei § 7 IV EStG der Grundsatz pro rata temporis gilt, bei § 7 V EStG aber im ersten Jahr, gleich wann die Fertigstellung erfolgte, der volle jährliche Abzug gewährt wird.

(3) Zwischenergebnis: AfA-Berechtigung

Es ergibt sich hieraus eine Gesamt-AfA-Berechtigung des Clein für das Haus in Höhe von 5.000 €, wobei 3.000 € fortgeführte AfA nach §§ 11d EStDV, 7 IV EStG und 2.000 € eigene AfA nach § 7 IV EStG darstellen.

hemmer-Methode: Wichtig ist, dass bei der teilentgeltlichen Übertragung von Privatvermögen, das zur Einkünfteerzielung genutzt wird, zwei AfA-Reihen nebeneinander treten:
Die des Rechtsvorgängers, die der Nachfolger in Höhe des unentgeltlichen Anteils fortzuführen berechtigt ist, und eine eigene AfA für den entgeltlichen Anteil. Denken Sie weiterhin an die mögliche Abwandlung, dass das Gebäude nur zum Teil zur Einkünfteerzielung genutzt, also etwa die erste Etage vermietet und das Erdgeschoss selbst bewohnt wird.
Dann liegen schon zwei verschiedene Wirtschaftsgüter vor, vgl. § 7 Va EStG, wonach Gebäudeteile selbständige Wirtschaftsgüter sein können. Nun sei angenommen, Clein würde das Haus genau zur Hälfte privat bewohnen. Dann wäre die AfA nur für den vermieteten Gebäudeteil, der 50% des Gebäudes ausmacht, möglich, also i.H.v. 2.500 €/jährlich, die eigene AfA-Reihe aus § 7 IV EStG ebenfalls diese 50% auf 1.000 €/jährlich zu kürzen.

cc) Schuldzinsenabzug

Die für das Darlehen aufgewendeten Schuldzinsen stellen gemäß § 9 I S. 3 Nr. 1 EStG ebenfalls abzugsfähige Werbungskosten dar. Die 5.500 € sind daher in voller Höhe abzugsfähig.

dd) Reparaturen und sonstige Aufwendungen

Gleiches gilt für die notwendig gewordenen Reparaturen und sonstigen Aufwendungen. Diese sind als sofort abzugsfähiger Erhaltungsaufwand in Höhe von (750 € + 2150 €) 2.900 € als Werbungskosten abzuziehen.

hemmer-Methode: Denken Sie hier immer an die - im vorliegenden Fall nicht zu problematisierende - Abgrenzung zwischen Erhaltungsaufwand und nachträglichem Herstellungsaufwand, der nur im Wege der Erhöhung des AfA-Potentials zum Abzug gebracht werden kann.
Lesen Sie hierzu Hemmer/Wüst/Hölzle, Basics Steuerrecht, Rn. 358 ff. und Hemmer/Wüst/Hölzle, Einkommensteuerrecht, Rn. 278 ff.

ee) Zwischenergebnis zu II:

Clein kann daher von den Einnahmen Werbungskosten in Höhe von 5.000 € (AfA) + 5.500 € (Schuldzinsen) + 2.900 € (Reparaturen und sonstiger Aufwand) = 13.400 € abziehen.

Es ergibt sich mithin ein Überschuss bei den Einkünften aus §§ 2 I S. 1 Nr. 6, 21 I Nr. 1 EStG in Höhe von (30.000 € - 13.400 € =) 16.600 €.

III. Einkünfte der Daniela Clein

1. Einkunftsart

Daniela arbeitet in der Kanzlei des Clemens. In Betracht kommen insoweit Einkünfte aus nichtselbständiger Arbeit gem. §§ 2 I S. 1 Nr. 4, 19 I S. 1 Nr. 1 EStG.

Der Begriff der nichtselbständigen Arbeit ist in § 19 EStG nicht definiert.

Es wird jedoch deutlich, dass die Arbeit innerhalb eines Dienstverhältnisses erfasst werden soll. Einen unterstützenden Anhaltspunkt liefert auch die Definition des § 1 II LStDV.

Die Daniela schuldet der Kanzlei des Clemens ihre Arbeitskraft und ist der Weisung des Clemens unterstellt. Ein Dienstverhältnis i.S.d. § 1 II LStDV liegt daher vor. Die Daniela erzielt Einkünfte aus nichtselbständiger Arbeit.

2. Ermittlung der Einkünfte

Gemäß § 2 II S. 1 Nr. 2 EStG handelt es sich bei den Einkünften nach § 2 I S. 1 Nr. 4 EStG um Überschusseinkünfte.

Die Einkünfte sind daher der Überschuss der Einnahmen nach § 8 EStG über die Werbungskosten nach § 9 EStG.

Einnahmen sind alle Zuflüsse in Geld oder Geldeswert, die durch das Arbeitsverhältnis kausal veranlasst sind. Daniela erhält monatlich 650 €. Im VZ 2016 hat sie daher Einnahmen aus nichtselbständiger Arbeit in Höhe von (12 x 650 € =) 7.800 €.

Aus dem Sachverhalt ist nicht ersichtlich, dass Daniela irgendwelche Werbungskosten bei ihren Einkünften aus nichtselbständiger Arbeit nachgewiesen hätte. Die Kosten für die Promotion können hierunter nicht gefasst werden. Auch handelt es sich hierbei nicht um Betriebsausgaben. Daniela kann daher allein den (Arbeitnehmer-) Pauschbetrag des § 9a 1 Nr. 1 lit. a EStG in Höhe von 1.000 € in Anspruch nehmen.

Es ergibt sich hieraus ein Überschuss der Einnahmen über die Werbungskosten von 6.800 €.

Eine Verrechnung von Einkünften des Clemens und der Daniela aus gleichen Einkunftsarten kommt nicht in Betracht. Beide erzielen jeweils unterschiedliche Einkünfte.

Diese sind auf der Ebene der Bildung der Summe der Einkünfte wegen § 26b EStG nunmehr zusammenzurechnen.

hemmer-Methode: Aus § 26b EStG geht nicht deutlich hervor, auf welcher Ebene eine Zusammenrechnung erfolgt und ab wann die Ehegatten als ein Steuerpflichtiger behandelt werden.
Dies ist demgemäß immer wieder Gegenstand auch höchstrichterlicher Entscheidungen. Nach richtiger Ansicht sind gleichartige Einkünfte der Ehegatten zusammenzurechnen.
Eine Zusammenrechnung erfolgt nicht erst nach jeweils getrenntem Verlustausgleich.[17]
Erst nach der Zusammenrechnung der Einkünfte setzt dann die Behandlung der Ehegatten als ein Steuerpflichtiger ein. Dies hat dann zur Folge, dass nur ein Gesamtbetrag der Einkünfte nach § 2 III EStG, nur ein Einkommen nach § 2 IV EStG und nur ein zu versteuerndes Einkommen nach § 2 V EStG gebildet wird.[18]

IV. Summe und Gesamtbetrag der Einkünfte, § 2 III EStG

Nach der Ermittlung der Einkünfte ist die Summe der Einkünfte zu bilden. Da die Ehegatten gemäß § 26b EStG nach der Zusammenrechnung der Einkünfte als ein Steuerpflichtiger behandelt werden, ist auch nur eine Summe und nur ein Gesamtbetrag der Einkünfte für die Ehegatten gemeinsam zu bilden.

Clemens hat aus seiner Anwaltskanzlei einen Gewinn aus selbständiger Arbeit gemäß §§ 2 I S. 1 Nr.3, 18 I Nr.1 S.2 EStG in Höhe von 28.185,90 € und aus dem Mietshaus einen Überschuss aus Vermietung und Verpachtung gemäß §§ 2 I S. 1 Nr. 6, 21 I Nr. 1 EStG in Höhe von 16.600 €.

[17] SCHMIDT-SEEGER, § 26b, Rn. 3.
[18] SCHMIDT-SEEGER, § 26b, Rn. 8.

Daniela hat einen Überschuss aus nichtselbständiger Arbeit gemäß §§ 2 I S. 1 Nr. 4, 19 I S. 1 Nr. 1 EStG in Höhe von 6.800 € erzielt.

Hieraus ergibt sich eine Summe der Einkünfte der Ehegatten Clein von 51.585,90 €.

Weder Clemens noch Daniela hatten vor dem Beginn des Veranlagungszeitraums das 64. Lebensjahr vollendet. Ein Altersentlastungsbetrag nach § 24a EStG kommt mithin für keinen der Ehegatten in Betracht.

Der Gesamtbetrag der Einkünfte beträgt daher gleich der Summe der Einkünfte 51.585,90 €.

V. Einkommen, § 2 IV EStG

Das Einkommen der Ehegatten berechnet sich aus dem Gesamtbetrag der Einkünfte abzüglich der Sonderausgaben und der außergewöhnlichen Belastungen.

1. Sonderausgaben, § 10 EStG

Laut Bearbeitervermerk liegen sonstige berücksichtigungsfähige Sonderausgaben in Höhe von 5.185 € vor.

Es bleibt zu prüfen, ob den Ehegatten darüber hinaus weitere Sonderausgaben erwachsen sind.

In Betracht kommen hier die Promotionskosten der Daniela. Die Promotionskosten sind nicht Kosten einer erstmaligen Berufsausbildung und unterliegen daher nicht dem Abzugsverbot des § 12 Nr. 5 EStG. Sie können jedoch als Ausbildungskosten dem beschränkten Sonderausgabenabzug nach § 10 I Nr. 7 EStG unterliegen.

Vorweggenommene Werbungskosten liegen nicht vor, da die Promotion nicht im Hinblick auf eine konkrete berufliche Tätigkeit unternommen wurde.

Die vorliegenden Ausbildungskosten gehören zu den beschränkt abzugsfähigen Sonderausgaben und können nach § 10 I Nr. 7 EStG bis zu einer Höhe von 6.000 € im Kalenderjahr geltend gemacht werden.

Es sind daher Sonderausgaben in Höhe von insgesamt 5.185 € + 1.200 € = 6.385 € abzuziehen.

2. Außergewöhnliche Belastungen, § 33 EStG

Vom Gesamtbetrag der Einkünfte sind ferner die außergewöhnlichen Belastungen nach §§ 33 bis 33b EStG abzuziehen, § 2 IV EStG.

Außergewöhnliche Belastungen sind tatsächlich getätigte Aufwendungen, die einem Steuerpflichtigen zwangsläufig entstehen, diesen wirtschaftlich belasten und außergewöhnlich sind.

Außergewöhnlichkeit ist dann anzunehmen, wenn die Aufwendungen der Mehrzahl der übrigen Steuerpflichtigen gleicher Vermögens- und Einkommensverhältnisse und gleichen Familienstandes nicht entstehen. Die Aufwendungen müssen die zumutbare Eigenbelastung, § 33 III EStG, übersteigen.

Als außergewöhnliche Belastung kommt hier das zurückgezahlte BAföG-Darlehen in Betracht. Hierzu müsste die Zahlungsverpflichtung zwangsläufig entstanden sein.

Dies ist dann anzunehmen, wenn die Belastungen dem Grunde nach zwangsläufig entstanden sind. Das wiederum ist der Fall, wenn die Verpflichtung von außen an den Steuerpflichtigen herantritt und er sich ihr aus rechtlichen, tatsächlichen oder sittlichen Gründen nicht entziehen kann.

Die Verpflichtung zur Rückzahlung des Darlehens besteht zwar als rechtliche Verpflichtung. Indes hat Clein das Darlehen aus freien Stücken aufgenommen. Eine von außen an ihn herantretende Zwangsläufigkeit zur Aufnahme des Darlehens bestand nicht. Dass Clein ohne das Darlehen vielleicht nicht hätte studieren können, ist insoweit nicht zu berücksichtigen. Eine Zwangsläufigkeit i.S.d. § 33 EStG rechtfertigt sich hieraus nicht.

Die Rückzahlung des Darlehens kann mithin nicht als außergewöhnliche Belastung steuermindernd berücksichtigt werden.

3. Zwischenergebnis

Das Einkommen der Eheleute gemäß § 2 IV EStG beträgt daher: Gesamtbetrag der Einkünfte (51.585,90 €) ./. Sonderausgaben (1.200 € + 5.185 €) ./. außergewöhnliche Belastungen (0 €) = 45.200,90 €.

VI. Zu versteuerndes Einkommen, § 2 V EStG

Die Eheleute Clein haben keine Kinder. Der Abzug eines Freibetrages nach §§ 31, 32 VI EStG kommt daher nicht in Betracht.

Auch für sonstige abzugsfähige Beträge ist nichts ersichtlich.

Das zu versteuernde Einkommen der Ehegatten entspricht daher dem Einkommen nach § 2 IV EStG und beträgt 45.200,90 €.

B. Teil B: Der Änderungsbescheid - Ausgangsfall

I. Festsetzungsfrist

Eine Änderung des Einkommensteuerbescheides für 2015 durfte nur dann ergehen, wenn die Festsetzungsverjährung noch nicht eingetreten ist, § 169 I S. 1 AO.

Die Festsetzungsfrist beträgt gemäß § 169 II S. 1 Nr. 2 AO bei der Einkommensteuer vier Jahre. Für eine Verlängerung der Frist nach § 169 II S. 2 AO ist nichts ersichtlich.

Die Frist beginnt, da gemäß §§ 149 AO, 25 III EStG, 56 EStDV eine Steuererklärung abzugeben ist, gemäß § 170 II S. 1 Nr. 1 AO mit Ablauf des Jahres, in dem die Steuererklärung eingereicht wird.

Die Steuererklärung für 2015 war gemäß § 149 II S. 1 AO bis zum 31. Mai 2016 einzureichen und ist entsprechend rechtzeitig eingereicht worden. Die vierjährige Festsetzungsfrist hat daher mit Ablauf des Jahres 2016 zu laufen begonnen.

Am 20.09.2016 war diese augenscheinlich noch nicht abgelaufen. Eine Änderung des Steuerbescheides durfte von daher noch erfolgen.

II. Änderungsvorschrift

Der Steuerbescheid 2015 ist weder vorläufig i.S.d. § 165 AO noch unter dem Vorbehalt der Nachprüfung i.S.d. § 164 AO ergangen.

Da V der Änderung auch nicht zugestimmt oder diese innerhalb der Einspruchsfrist beantragt hat, kommt eine Änderung gemäß § 172 I S. 1 Nr. 2 lit. d) AO nur dann in Betracht, wenn dies gesetzlich vorgesehen ist.

Änderungsvorschriften für Steuerbescheide finden sich in den §§ 129, 172 ff. AO.

hemmer-Methode: Die §§ 130, 131 AO sind auf Steuerbescheide und wie Steuerbescheide zu behandelnde Steuerverwaltungsakte nicht anzuwenden.

Prüfen Sie die §§ 130, 131 AO bei Steuerbescheiden, stellt dies einen schweren Fehler dar, den der Korrektor kaum verzeihen wird.

Einschlägig sein könnte vorliegend die Änderungsvorschrift des § 173 AO.

1. Materiell-rechtliche Lage / höhere Steuer

Fraglich ist zunächst, ob sich an der einkommensteuerrechtlichen Beurteilung der Vorgänge aus 2015 durch das erneute Veräußerungsgeschäft in 2015 etwas ändert.

V könnte durch die wiederholten Veräußerungsvorgänge eine gewerbliche Tätigkeit im Sinne der §§ 2 I S. 1 Nr. 2, 15 EStG ausüben.

Ob eine Tätigkeit als gewerblich einzustufen ist, richtet sich nach der Definition in § 15 II EStG. Hiernach liegt eine gewerbliche Tätigkeit dann vor, wenn diese mit der Absicht, Gewinn zu erzielen, nachhaltig und selbständig unter Beteiligung am allgemeinen Wirtschaftsverkehr ausgeübt wird und sich nicht als Land- und Forstwirtschaft, Ausübung eines freien Berufs oder einer sonstigen selbständigen Tätigkeit und nicht als bloße Vermögensverwaltung darstellt (§ 14 S. 3 AO).

V war bei seinen Veräußerungsgeschäften niemandes Weisung unterworfen. Er hat mithin selbständig gehandelt. Auch an der Absicht, Gewinn zu erzielen, ergeben sich keine Zweifel.

Nachhaltigkeit der Betätigung liegt schon dann vor, wenn diese einmal mit Wiederholungsabsicht vorgenommen wird. Auch dieses Kriterium ist daher bei drei Veräußerungsgeschäften erfüllt.

Es ist davon auszugehen, dass V die Objekte erkennbar und frei zum Verkauf angeboten hat, sich die Verkäufe also als Teilnahme am allgemeinen Wirtschaftsverkehr darstellten.

Eine selbständige oder land- und forstwirtschaftliche Tätigkeit liegt nicht vor.

Nach den Tatbestandsvoraussetzungen des § 15 II EStG wäre damit von einer gewerblichen Tätigkeit auszugehen. Es ist unterdessen aber anerkannt, dass die in § 15 II EStG genannten Kriterien allein nicht ausreichen können, eine gewerbliche Tätigkeit zu begründen.

Vielmehr muss noch eine Abgrenzung zu einer rein privaten Vermögensverwaltung, vgl. § 14 S. 3 AO, geschaffen werden.

Eine solche wäre andernfalls nämlich kaum noch denkbar. Als ungeschriebenes negatives Tatbestandsmerkmal des § 15 II EStG wird daher noch verlangt, dass es sich nicht um rein private Vermögensverwaltung handeln darf.

Dann fragt sich allerdings, wo die Grenze zwischen einer rein privaten Vermögensverwaltung und -umschichtung einerseits und gewerblicher Betätigung andererseits zu ziehen ist.

Die Rechtsprechung geht davon aus, dass die Schwelle der privaten Vermögensverwaltung überschritten wird, „wenn nach dem Gesamtbild der Betätigung und unter Berücksichtigung der Verkehrsauffassung die Ausnutzung substantieller Vermögenswerte durch Umschichtung gegenüber der Nutzung von Grundbesitz im Sinne einer Fruchtziehung aus zu erhaltenden Substanzwerten entscheidend in den Vordergrund tritt.“[19]

Um diese subjektiven Kriterien objektiv zu präzisieren, ist von der Rechtsprechung die sog. „Drei-Objekte-Grenze“ geschaffen worden.

[19] BFH, BStBl 1988, II, 65, 67.

Hiernach liegt typisiert eine gewerbliche Tätigkeit und keine private Vermögensverwaltung dann vor, wenn innerhalb von fünf Jahren zwischen Kauf oder Herstellung und Verkauf mehr als drei Objekte veräußert werden.

Auch in diesem Fall sei jedoch auf die Gesamtumstände des Einzelfalles abzustellen.

hemmer-Methode: Halten Sie bei der 3-Objekte-Rechtsprechung immer zwei Zeitstrahle auseinander: Es müssen innerhalb von fünf Jahren mindestens vier Objekte im Sinne der 3-Objekte-Rechtsprechung veräußert werden, und die veräußerten Objekte dürfen, um Objekte in diesem Sinne zu sein, in der Regel nicht länger als fünf Jahre gehalten werden (in Ausnahmefällen bis zu zehn Jahre).
Beachten Sie ferner, dass bei der Veräußerung von Grundstücken und Gebäuden durch eine Personengesellschaft die Veräußerungen dem Gesellschafter zugerechnet werden, sofern er nicht nur zu einem zu vernachlässigendem Anteil an der Gesellschaft beteiligt ist. Grundsätzlich reicht eine 10%ige Beteiligung aus.
Veräußert also der Steuerpflichtige privat zwei Objekte i.S.d. 3-Objekte-Rechtsprechung, die Gesellschaft zwei, so ist nach dem BFH ein gewerblicher Grundstückshandel anzunehmen.

Diese „Drei-Objekte-Rechtsprechung" ist bei weiten Teilen der Literatur auf erhebliche Kritik gestoßen. Durch diese Rechtsprechung werde ein Steuertatbestand gebildet, den das Einkommensteuerrecht nicht vorsehe.[20]

hemmer-Methode: Freilich kann man mit sehr guten Argumenten die Literaturansicht vertreten. Im Zweiten Examen erscheint es aber angebracht, der gefestigten Rechtsprechung des BFH zu folgen, auch wenn diese dogmatisch abzulehnen ist und kein rechtes Bedürfnis mehr für sie besteht, seit die Spekulationsfristen für Grundstücksgeschäfte auf zehn Jahre angehoben worden sind.
Lesen Sie zu diesem Streit und zu der „Drei-Objekte-Rechtsprechung" Hemmer/Wüst/Hölzle, Basics Steuerrecht, Rn. 231 ff. und Hemmer/Wüst/Hölzle, Einkommensteuerrecht, Rn. 141 ff, vgl. Life&Law 2000, 912.

Dennoch hält die Rechtsprechung an der „Drei-Objekte-Regel" streng fest. Es fragt sich daher, ob V die geforderte Schwelle zu einer gewerblichen Betätigung in diesem Sinne überschritten hat.

Sowohl die von V errichteten Gebäude, als auch das Hotel stellen Objekte i.S.d. „Drei-Objekte-Rechtsprechung" dar. V hat die Immobilien weniger als fünf Jahre gehalten.

Voraussetzung ist jedoch grundsätzlich, dass mehr als drei Objekte veräußert werden. Vorliegend beschränkte sich die Tätigkeit des V auf genau drei veräußerte Gebäude. Dabei ist aber zu beachten, dass die Grenze von mindestens vier veräußerten Objekten nach Ansicht der Finanzverwaltung in der Regel nur für Objekte gilt, die zu Wohnzwecken dienen und eine bestimmte Größe nicht überschreiten.

Bei der Veräußerung von gewerblich genutzten Gebäuden könne auch die Veräußerung von weniger als vier Objekten ausreichen, um die Schwelle der privaten Vermögensverwaltung zu überschreiten.

[20] So insbesondere TIEDTKE, S. 146 (sehr instruktiv).

Dem ist der erste Senat des BFH[21] in einer Entscheidung von 1999 entgegengetreten. In reinen Handelsfällen mit Groß- oder gewerblich genutzten Objekten finde die „Drei-Objekte-Rechtsprechung“ Anwendung.

Anders sei dies nur dann zu beurteilen, wenn der Steuerpflichtige Großobjekte oder gewerblich zu nutzende Objekte selbst herstelle. Dann können auch weniger als vier Objekte ausreichen.

Auch die Tatsache, dass V ein gewerblich zu nutzendes Hotelgebäude veräußert hat, führt demnach nicht dazu, dass von der „Drei-Objekte-Rechtsprechung“ abgewichen werden kann. Die Schwelle von der privaten Vermögensverwaltung zum gewerblichen Grundstückshandel ist daher nicht überschritten.

Überdies kommt § 23 I S. 1 Nr. 1 i.V.m. § 22 Nr. 2 EStG als Steuertatbestand in Betracht. Unabhängig von den jeweiligen Tatbestandsvoraussetzungen scheidet dieser aber aus. Denn der Zufluss der jeweiligen Zahlungen erfolgte erst im Januar 2016, so dass diese erst im VZ 2016 berücksichtigt werden können, §§ 11 I S. 1, 23 III EStG.

2. Ergebnis

Liegen materiell-rechtlich schon keine steuerbaren Einkünfte im VZ 2015 vor, so kann eine Änderung des Steuerbescheides unabhängig vom Eingreifen einer Korrekturvorschrift nicht in Betracht kommen.

Der Änderungsbescheid ist rechtswidrig, muss aber um nicht bestandskräftig zu werden mittels eines Einspruchs angefochten werden.

[21] I. Senat BFH, Urteil vom 18.05.2001, I R 118/97, DStR 2001, 1263.

C. Abwandlung zu Teil B

I. Festsetzungsfrist

In Bezug auf die Festsetzungsverjährung ergeben sich keine Unterschiede zum Ausgangsfall.

Die Änderung des Steuerbescheides ist insoweit noch zulässig.

II. Änderungsvorschrift

In Betracht kommt wiederum eine Änderung nach § 173 AO.

1. Materiell-rechtliche Lage / höhere Steuer

Der V hat 2015 drei Objekte im Sinne der „Drei-Objekte-Rechtsprechung“ veräußert. Im Jahr 2013 hat er daher auch nach der „Drei-Objekte-Rechtsprechung“ die Schwelle zum gewerblichen Grundstückshandel noch nicht überschritten.

Durch die Veräußerung des Hotelgebäudes als Objekt im Sinne der „Drei-Objekte-Rechtsprechung“ im Jahr 2015 hat V jedoch die Grenze von drei Objekten innerhalb eines Fünf-Jahres-Zeitraumes überschritten. Seine Tätigkeit stellt sich insoweit nicht mehr als private Vermögensverwaltung, sondern als gewerblicher Grundstückshandel dar.

Die aus den jeweiligen Veräußerungen resultierenden Gewinne unterfallen daher der Einkunftsart der §§ 2 I S. 1 Nr. 2, 15 EStG und wären insoweit zu besteuern. Denn es gilt das Realisationsprinzip gemäß § 5 I EStG i.V.m. § 252 I Nr. 4 HGB, § 141 AO, so dass die im VZ 2015 entstandenen Forderungen bereits zu einem Gewinn führen. Die tatsächliche Zahlung im Januar 2016 ist sodann erfolgsneutral. § 11 I S. 1 EStG findet gerade keine Anwendung.

2. Änderung nach § 173 I S. 1 Nr. 1 AO

Damit eine Änderung nach § 173 I S. 1 Nr. 1 AO in Betracht kommt, müsste die höhere Steuer aus Tatsachen oder Beweismitteln resultieren, die nachträglich bekannt geworden sind.

Nachträglich bekannt werden können indes nur Tatsachen oder Beweismittel, die zum Zeitpunkt der Besteuerung schon vorgelegen haben.

Neu entstehende Tatsachen werden von § 173 I S. 1 Nr. 1 AO nicht erfasst. Nach Erlass des Steuerbescheides eintretende Ereignisse, die steuerliche Wirkung auch für die Vergangenheit haben, erfüllen den Tatbestand des § 173 I S. 1 Nr. 1 AO nicht. Solche sind allein nach § 175 AO zu behandeln.

hemmer-Methode: Maßgeblicher Zeitpunkt bei § 173 I S. 1 Nr. 1 AO ist der des Abschlusses der Willensbildung des Finanzamtes. Auszugehen ist hierbei von der Unterschrift des zuständigen Beamten unter den Eingabewertbogen.

Problematisch ist vorliegend, das der Verkauf der drei Parzellen 2015 nicht nachträglich bekannt geworden ist, sondern vielmehr dem Finanzamt bekannt war. Jedoch wurde der Verkauf des Hotelgrundstücks nachträglich bekannt. Zudem wurde auch im Hinblick auf die ersten drei Objekte die innere Tatsache, gewerblich tätig werden zu wollen, dem Finanzamt nachträglich bekannt.

Mithin hat der BFH[22] zugunsten einer Anwendung des § 173 I S. 1 Nr. 1 AO entschieden, wenn sich der Sachverhalt aus Einzeltatsachen zusammensetzt und erst die späteren Tatsachen für die steuerliche Beurteilung der früheren mit ausschlaggebend sind.

Waren die bekannten Tatsachen im Zeitpunkt der Besteuerung noch nicht rechtserheblich, wurden sie es aber durch nachträglich eintretende Ereignisse später, so wird eine Änderung des ursprünglichen Steuerbescheides daher zugelassen.

hemmer-Methode: Diese Schnittstelle zwischen materiellem Recht und Verfahrensrecht ist entscheidend wichtig. Gerade solche Punkte sind es, die in Klausuren gerne geprüft werden. Lesen Sie daher die oben genannten Fundstellen zur „Drei-Objekte-Rspr." in Hemmer/Wüst/Hölzle, Basics Steuerrecht und Hemmer/Wüst/Hölzle, Einkommensteuerrecht, sowie zu den Korrekturvorschriften Hemmer/Wüst, Abgabenordnung, Rn. 288 ff., insbesondere zu § 173 AO Rn. 319 ff.
Versuchen Sie diese Rechtsprechung des BFH nachzuvollziehen. Die gesamte „Drei-Objekte-Rechtsprechung" des BFH wäre hinfällig, wenn den Finanzbehörden nicht auch die Änderung der Steuerbescheide vergangener Veranlagungszeiträume möglich wäre. Können die Gebäude innerhalb von fünf Jahren veräußert werden, und wird dennoch eine gewerbliche Betätigung auch schon für das erste Objekt angenommen, so hätte dies keine Auswirkung, gäbe es keine einschlägige Änderungsvorschrift.
Aber auch hieran erkennen Sie, dass die „Drei-Objekte-Rechtsprechung" eigentlich nicht zu rechtfertigen ist. Zum einen stellt sie sich materiell-rechtlich als contra legem dar. Zum anderen können die durch sie herbeigeführten Rechtsfolgen nur in bedenklicher Auslegung der Korrekturvorschriften zu Lasten des Steuerpflichtigen durchgesetzt werden.

---

22 BStBl 1983, II, 548.

Die Veräußerung des Hotelgebäudes führt daher tatsächlich zu der Verwirklichung eines Steuertatbestandes. Die Erhöhung der Steuer kann nach § 173 I S. 1 Nr. 1 AO bis zum Ablauf der Festsetzungsverjährung korrigiert werden.

III. Ergebnis

Die Änderung des Steuerbescheides für 2015 war im Abwandlungsfall rechtmäßig.

Fall 2

Sachverhalt:

I. *Der Zahnarzt Dr. Robert Rabbit, geboren am 01.08.1948, ist seit dem 23.12.2016 standesamtlich mit der Ärztin Dr. Stefanie Rabbit, geboren am 09.05.1982, verheiratet. Die Eheleute wohnen im Landkreis Würzburg.*

Am 01.03.2016 konnten die Eheleute ein von ihnen gebautes Haus beziehen, dessen Herstellungskosten in Höhe von 300.000 € (ohne G.u.B.-Anteil) sie je zur Hälfte getragen hatten. Das Erdgeschoss nutzte Robert für seine Zahnarztpraxis, das Obergeschoss bewohnten die Ehegatten gemeinsam.

An das Hausgrundstück grenzte ein ebenfalls den Ehegatten gehörendes Grundstück von 100 qm Größe an, das ausschließlich den Patienten des Robert als Parkplatz diente. Er hatte dieses Grundstück 2013 gemeinsam mit dem Bauplatz für das Haus in der Hoffnung erworben, es mit einer separaten Praxis bebauen zu können. Aufgewendet hatte er hierfür 40.150 €.

Am 15.06.2014 hatte Dr. Rabbit seine Zahnarztpraxis geschlossen, da er sich zunächst mit seiner Frau auf eine Weltreise begab und dann mit dem Bau der neuen Praxis begann. Am Eingang der alten Praxisräume hatte er ein Schild „Praxis vorübergehend geschlossen“ angebracht. Die Wiedereröffnung fand mit Bezug der neuen Räumlichkeiten statt. Die Straße, in der die Praxis gelegen ist, ist Mitte 2016 zur Fußgängerzone erklärt, und in etwa 80m Entfernung ein öffentlicher Parkplatz angelegt worden. Da Robert auch nicht mehr mit einer Baugenehmigung für das angrenzende Grundstück rechnen konnte, verkaufte er dieses gegen Bezahlung von 25.000 € an den Konditormeister Übel, der dieses zum Betrieb eines Straßencafes nutzte.

II. *Für 2016 ermittelte Robert durch Gegenüberstellung der Einnahmen und Ausgaben einen Gewinn aus seiner Zahnarztpraxis von 230.160 €. Die steuerliche Behandlung folgender Vorgänge war dem Robert unklar.*

1) *Folgende Positionen, die bis zur Wiedereröffnung angefallen waren, hat er deshalb bei der Ermittlung seines Einkommens noch nicht berücksichtigt:*

a) *Die laufenden Aufwendungen für die Zahnarztpraxis betrugen zwischen dem 01.01.2016 und dem 29.02.2016 insgesamt 610 €.*

b) *Seiner Sprechstundenhilfe Silke Sicher hatte er, um sie sich als sehr fleißige Arbeitskraft zu erhalten, sowie dafür, dass sie sich während der Zeit der Schließung der Praxis um eingehende Post und Zahlungen kümmerte, das Gehalt in Höhe von ursprünglich 2.000 € in Höhe von 1.250 € weiter bezahlt.*

c) *Für die neue Praxis kaufte Robert sich einen neuen Schreibtisch für 1.500 € incl. Umsatzsteuer (239,50 €). Lieferung und Bezahlung erfolgten am 01.04.2016. Robert geht davon aus, den Tisch fünf Jahre lang nutzen zu können.*

__d)__ Für eine spezielle Computeranlage, die in der neuen Praxis installiert werden sollte, hatte Robert dem Computerfachmann Michael Schwarz im Oktober 2016 pauschal 15.000 € überweisen lassen. Nach Erbringung der Arbeiten im November und Dezember 2015 überwies Schwarz nach Erstellung einer Abschlussrechnung 2.225 € an Robert zurück, die am 01.02.2016 auf dessen Konto gutgeschrieben wurden.

__e)__ Den Verkauf des Grundstücks hatte Robert bisher nicht berücksichtigt.

__f)__ Auch über die Geltendmachung etwaiger AfA für die Praxisräume war Robert sich im Unklaren. Schließlich hatte ja auch die Stefanie Kosten hierfür getragen.

__2)__ Folgende Eingänge und Aufwendungen seit dem 01.03.2016 hatte Robert bei der Ermittlung seines Gewinns ebenfalls nicht berücksichtigt.

__a)__ Da sich die Patientenbesuche auch wegen des besonderen Engagements der Silke seit der Wiedereröffnung sehr günstig entwickelt hatten, reichte Robert am 22.12.2016 bei seiner Bank einen bindenden Überweisungsauftrag ein, wonach von seinem Konto 1.000 € an Silke überwiesen werden sollten. Das Konto des Robert wurde am 05.01 2017 belastet, die Gutschrift bei Silke erfolgte am 07.01.2017.

__b)__ Im November 2016 erhielt Robert von der Stadt Würzburg eine Berechtigungskarte zum kostenlosen Besuch aller kulturellen Veranstaltungen im Jahr 2017 geschenkt. Diese Karte hat einen Wert von 200 €. Er hatte in seinem Wartezimmer Veranstaltungsplakate ausgehängt und Veranstaltungsprogramme der Stadt ausgelegt. Er hatte sich vor allem aber durch Übernahme von Führungen bei kulturellen Ausstellungen der Stadt am Kulturbetrieb in den Jahren 2011 bis 2013 sehr rege beteiligt.

__c)__ Robert fuhr am Sonntag, dem 24.07.2016, an dem er Bereitschaftsdienst hatte, gegen 20.00 Uhr mit seinem Pkw von der Wohnung seines Bruders Christoph zu seiner Praxis, um dort einen Notfall zu behandeln. Vorher hatte er bei der Geburtstagsfeier Christophs mehrere Gläser Champagner und Gin Tonic getrunken. Da Robert auf dieser Fahrt ein Rotlicht überfahren hatte und deshalb mit einem anderen Pkw zusammengestoßen war, entstand an seinem eigenen Pkw ein Schaden von 4.400 €, den er unmittelbar danach beheben ließ. Bei Robert war unmittelbar nach dem Zusammenstoß eine BAK von 1,4 0/oo festgestellt worden.

__III.__ Stefanie Rabbit war seit 2010 als Gesellschafterin sowohl an der „Frankenwein-Export GmbH", wie auch an der „Moselwein-Import GmbH" zu je 30% beteiligt. Ihre Stammeinlagen von je 10.000 € hat sie erbracht. Ein Antrag nach § 32d II S. 1 Nr. 3 EStG ist nicht gestellt.

__1.__ Während es der Frankenwein GmbH wirtschaftlich gut ging, hatte die Moselwein GmbH zu kämpfen. Um die eigenen Lieferanten halten zu können, gab Stefanie der Moselwein GmbH im März 2016 ein Darlehen in Höhe von 5.000 € zu marktüblichen Konditionen.

Dies war deshalb nötig, weil die GmbH in Anbetracht ihrer schlechten wirtschaftlichen Lage von keiner Bank mehr einen Kredit erhalten hatte, was der Stefanie bekannt war. Auch dieses Darlehen konnte die Moselwein GmbH aber nicht retten.

Im Juni 2016 wurde der Insolvenzantrag gestellt und mangels Masse abgelehnt. Die GmbH wurde aus dem Handelsregister gelöscht. Auch Stefanie fiel dementsprechend mit ihrer Darlehensvaluta aus.

***2.** Besser stand die Frankenwein-GmbH da. Sie erwirtschaftete einen recht guten Gewinn. Nach Abzug der Abgeltungssteuer, des Solidaritätszuschlags und der Kirchensteuer überwies die GmbH Stefanie im Dezember 2016 einen Betrag in Höhe von 7.500,- € auf ihr Konto. Dabei hatte die GmbH nach einem entsprechenden Freistellungsantrag der Stefanie auch den Sparer-Pauschbetrag für Ehegatten in Höhe von 1.602 € berücksichtigt. Stefanie weiß nun nicht, ob sie die 7.500 € noch versteuern muss.*

***3.** Hauptberuflich ist Stefanie in der Würzburger Universitätsklinik als Ärztin beschäftigt. Ihr Brutto-Gehalt betrug 60.000 € im Jahr 2016. Folgende Werbungskosten stehen zur Disposition.*

> ***a)** Für ihre Dissertation sind ihr im November 2016 Druckkosten von 1.875 € entstanden. Der ihr vorgesetzte Chefarzt Prof. Hase hatte bei ihrer Einstellung auf ihre Zweifel an der Vollendung ihrer Dissertation hin geäußert, dass es sich doch für jeden Mediziner schicke, den Doktortitel führen zu dürfen. Zumindest würden in „seiner“ Klinik nur „Doktoren“ übernommen.*
>
> ***b)** Des Weiteren möchte Sie Aufwendungen für Fachbücher (375 €) und weiße Arbeitskleidung (150 € für Hosen und Kittel, 150 € für Blusen, Socken und Schuhe) geltend machen.*

***4.** Neben ihrem Arbeitsvertrag hat Stefanie mit der Stadt Würzburg einen weiteren Vertrag abgeschlossen, wonach sie verpflichtet ist, ab 01.09.2016 an der der Universitätsklinik angeschlossenen, als gemeinnützige Einrichtung anerkannten Schwesternschule zu unterrichten, wobei diese Schule auch von Schwesternschülerinnen anderer Krankenhäuser besucht wird. Hierfür erhielt sie 2016 insgesamt 1.000 €.*

Bearbeitervermerk:

In einem Gutachten, das auf alle aufgeworfenen Rechtsfragen eingeht, ist das zu versteuernde Einkommen der Eheleute Rabbit für 2016 zu ermitteln. Sonderausgaben sind in abzugsfähiger Höhe von 20.000 € angefallen. Wahlrechte sind jeweils in der günstigsten Form ausgeübt. Sofern überhaupt ein Wahlrecht besteht, soll AfA zur Vereinfachung nur linear geltend gemacht werden.

Lösung

Das zu versteuernde Einkommen der Ehegatten Rabbit

I. Persönliche Verhältnisse

1. Persönliche Steuerpflicht

Die persönliche Steuerpflicht richtet sich nach § 1 I EStG.

Hiernach sind alle natürlichen Personen, die ihren Wohnsitz im Inland haben, unbeschränkt einkommensteuerpflichtig.

Robert und Stefanie wohnen im Landkreis Würzburg. Sie unterhalten daher einen Wohnsitz i.S.d. § 8 AO im Inland. Sie sind unbeschränkt einkommensteuerpflichtig.

2. Veranlagungsform

Robert und Stefanie sind verheiratet. Es könnte daher die gemeinsame Veranlagung nach §§ 26, 26b EStG in Betracht kommen. Hierzu müssten deren Voraussetzungen vorliegen.

Diese ergeben sich aus § 26 I S. 1 EStG:

Die Ehegatten müssen beide unbeschränkt einkommensteuerpflichtig sein, dürfen nicht dauernd getrennt leben und müssen mindestens einen Tag im Veranlagungszeitraum bürgerlichrechtlich wirksam verheiratet gewesen sein.

Die standesamtliche Hochzeit vom 23.12.2016 reicht daher aus, um für das gesamte Jahr 2016 eine gemeinsame Veranlagung zu erreichen.

Da nach dem Bearbeitervermerk Wahlrechte in ihrer günstigsten Form ausgeübt sind, ist auch davon auszugehen, dass die Ehegatten die Zusammenveranlagung gewählt haben.

Nach § 26b EStG werden die Einkünfte, die die Ehegatten erzielt haben zusammengerechnet. Zunächst sind daher die Einkünfte eines jeden Ehegatten getrennt zu ermitteln.

II. Einkünfte des Robert Rabbit aus der Zahnarztpraxis

1. Einkunftsart und Gewinnermittlung

Robert Rabbit ist als Zahnarzt tätig. Er übt damit einen Katalogberuf i.S.d. §§ 2 I S. 1 Nr. 3, 18 I Nr. 1 S. 2 EStG aus. Robert ist daher freiberuflich tätig. Er erzielt Einkünfte aus selbständiger Tätigkeit.

Bei den Einkünften aus selbständiger Tätigkeit handelt es sich gemäß § 2 II S. 1 Nr. 1 EStG um eine Gewinneinkunftsart. Der Gewinn ist nach den Vorschriften der §§ 4 bis 7k EStG zu ermitteln.

Für 2016 hat Robert seinen Gewinn durch die Gegenüberstellung von Betriebseinnahmen und Betriebsausgaben ermittelt. Maßgebliche Gewinnermittlungsmethode war daher die Einnahme-Überschuss-Rechnung nach § 4 III EStG.

Es fragt sich, ob Robert berechtigt war, seinen Gewinn auf diese Weise zu ermitteln.

Gemäß § 4 III EStG ist diese vereinfachte Gewinnermittlungsmethode allen Steuerpflichtigen gestattet, die nicht gesetzlich verpflichtet sind Bücher zu führen und dies auch nicht freiwillig tun.

hemmer-Methode: Vgl. Sie zu den übrigen Gewinnermittlungsmethoden nach dem qualifizierten und dem einfachen Betriebsvermögensvergleich Fall 1 in diesem Skript.

Die Buchführungspflichten sind in §§ 140, 141 AO geregelt.

Robert ist kein Kaufmann, weshalb eine derivative Buchführungspflicht nach §§ 238 ff. HGB, 140 AO nicht in Betracht kommt. Auch eine originäre Buchführungspflicht nach § 141 AO ist abzulehnen, da dieser nur für Gewerbetreibende und Landwirte gilt.

Robert hat seinen Gewinn daher zu Recht nach § 4 III EStG durch Gegenüberstellung der Betriebsausgaben und der Betriebseinnahmen ermittelt.

2. Einkünfte

Robert hat für 2016 einen Gewinn nach § 4 III EStG in Höhe von 230.160 € ermittelt. Es bleibt zu prüfen, ob sich hieran aus den genannten Vorgängen Korrekturen ergeben.

a) Zu II 1 a): Die laufenden Aufwendungen zwischen dem 01.01.2016 und dem 29.02.2016

Bei den laufenden Kosten für die Zahnarztpraxis könnte es sich um Betriebsausgaben i.S.d. § 4 IV EStG handeln.

Dies ist dann anzunehmen, wenn es sich um betrieblich veranlasste Aufwendungen handelt.

Betrieblich veranlasst sind die laufenden Kosten indes nur dann, wenn der Betrieb auch in der Zeit der Schließung noch als bestehend angesehen werden kann. Wäre die Schließung der Praxis für 19 ½ Monate als Betriebsaufgabe zu qualifizieren, so wäre mit der Schließung 2014 ein Aufgabegewinn nach §§ 18 III, 16 EStG zu versteuern gewesen.

Mit der Wiederaufnahme der Tätigkeit am 01.03.2016 wäre der Betrieb neu gegründet worden. In der Zwischenzeit könnten jedoch keine Betriebsausgaben entstehen.

Zu fragen ist daher, wie sich eine Betriebsaufgabe und eine Betriebsunterbrechung voneinander abgrenzen lassen.

Nach dem BFH setzt die Anerkennung nur einer Betriebsunterbrechung grds. voraus, dass zum einen ein subjektiver Wiederaufnahmewille und zum anderen eine objektive Wiederaufnahmemöglichkeit besteht, den Betrieb innerhalb eines überschaubaren Zeitraumes in wirtschaftlich identischer Weise fortzuführen.[23]

Was unter einem überschaubaren Zeitraum zu verstehen ist, bestimmt sich nach den Umständen des Einzelfalls.

Der BFH[24] hat jedoch schon Unterbrechungen von mehr als elf Jahren zugelassen.

Bei einer Unterbrechung von nicht einmal zwei Jahren ist deshalb hier davon auszugehen, dass ein solch überschaubarer Zeitraum noch anzunehmen ist. Da Robert auch den Willen hatte, den Betrieb fortzuführen und dies in wirtschaftlich identischer Weise möglich ist, ist nur von einer Betriebsunterbrechung, nicht aber von einer Betriebsaufgabe auszugehen.

hemmer-Methode: Lernen Sie diese Kriterien nicht einfach auswendig, sondern versuchen Sie die dahinter stehende Wertung zu erfassen: Dem Fiskus geht es um die Sicherstellung der Besteuerung stiller Reserven bei der Aufgabe eines Betriebes. Ein Bedürfnis, eine Betriebsaufgabe anzunehmen, besteht aber nicht, wenn die Besteuerung der stillen Reserven deshalb sichergestellt ist, weil der Betrieb durch den Steuerpflichtigen fortgeführt wird. Lesen Sie zu diesem Problemfeld Hemmer/Wüst/Hölzle, Basics Steuerrecht, Rn. 236 und Hemmer/Wüst/Hölzle, Einkommensteuerrecht, Rn. 182 ff.

Während der Betriebsunterbrechung handelt es sich um einen so genannten ruhenden Betrieb.

Aufwendungen und Einnahmen, die in dieser Zeit erzielt werden, sind ebenso zu behandeln, wie während der werbenden Phase auch.

hemmer-Methode: Ein examensrelevanter Unterfall der Betriebsunterbrechung ist der der Betriebsverpachtung.

---

[23] BFH, BStBl 1985, II, 131; 1996, II, 276; 1998, II, 561.

[24] BFH, BStBl 1996, II, 276 m.w.N.

Übernimmt bspw. der Jurastudent die Anwaltskanzlei des Vaters, bevor er sein Studium beendet hat, und verpachtet er die Kanzlei bis zu diesem Zeitpunkt an einen Kollegen, so liegen keine Einkünfte aus § 21 EStG, sondern solche aus § 15 EStG vor.
§ 18 EStG kommt deshalb nicht in Betracht, weil der Sohn die für den freien Beruf nötige Qualifikation noch nicht aufweist.
Typisches Beispiel für Betriebsunterbrechungen sind sog. Saisonbetriebe, wie z.B. Wintersport-Hotels. Die Kosten, die während der nicht werbenden Sommermonate anfallen sind selbstverständlich Betriebsausgaben, während etwaige eingehende Zahlungen Betriebseinnahmen sind.

Die laufenden Kosten sind dadurch, dass sie betrieblich veranlasst sind, nach § 4 IV EStG als Betriebsausgaben gewinnmindernd zu berücksichtigen.

Es ergibt sich eine Korrektur des Betriebsergebnisses um - 610 €.

b) Zu II 1 b): Die Lohnzahlungen an Silke Sicher

Die an Silke geleistete Lohnfortzahlung könnten Betriebsausgaben sein, wenn sie durch den Betrieb veranlasst sind.

Da eine Betriebsaufgabe nicht anzunehmen ist, ist dies auch grundsätzlich möglich. Silke erledigt während der Zeit, in der die Praxis geschlossen war, praxisbezogene Tätigkeiten und erhielt hierfür die Lohnfortzahlung. Da die Zahlungen mithin in einem betrieblichen Veranlassungszusammenhang standen, kausal durch den Betrieb bedingt waren, ist von Betriebsausgaben i.S.d. § 4 IV EStG auszugehen.

Auch hier sind die Ausgaben gewinnmindernd zu berücksichtigen.

Es ergibt sich eine Korrektur des für 2016 ermittelten Ergebnisses von (2 Monate x 1.250 € =) - 2.500 €.

c) Zu II 1 c): Der Schreibtisch

Die Kosten für den Schreibtisch könnten Betriebsausgaben i.S.d. § 4 IV EStG sein. Da der Tisch der Ausstattung der Praxis dient und insoweit allein beruflich genutzt wird, ist der nötige Veranlassungszusammenhang anzunehmen.

Es fragt sich aber, ob Robert die Kosten in 2016 in voller Höhe ansetzen darf. Gemäß § 4 III S. 3 EStG finden auch für den § 4-III-Rechner die Vorschriften über die AfA Anwendung, also die §§ 7 und 6 II EStG.

Bei dem Schreibtisch handelt es sich um ein bewegliches Wirtschaftsgut des Betriebsanlagevermögens, das länger als ein Jahr nutzungsfähig ist.

Gemäß § 7 EStG sind die Anschaffungs- oder Herstellungskosten auf die betriebsgewöhnliche Nutzungsdauer zu verteilen. Robert möchte vorliegend die lineare AfA geltend machen.

Fraglich ist hier aber, welcher Betrag der AfA als Bemessungsgrundlage zugrunde zu legen ist. Gemäß § 9b EStG gehört der Vorsteuerbetrag nach § 15 UStG nicht zu den Anschaffungs- oder Herstellungskosten, soweit er bei der Umsatzsteuer abgezogen werden kann. Zu fragen ist hier daher, ob Robert gemäß § 15 UStG zum Vorsteuerabzug berechtigt ist.

Vorsteuerabzugsberechtigt sind nach § 15 UStG Unternehmer. Der Unternehmerbegriff ist in § 2 I UStG geregelt. Unternehmer ist hiernach jeder, der eine gewerbliche oder berufliche Tätigkeit selbständig mit der Absicht Einnahmen zu erzielen ausübt.

Diese Voraussetzung erfüllt Robert als Arzt (= berufliche Tätigkeit) zweifelsfrei.

Weiter ist Voraussetzung, dass die Lieferung für das Unternehmen des Robert von einem anderen Unternehmer unter Ausstellung einer Rechnung i.S.d. § 14 UStG erfolgt. Auch hiervon ist bei dem Kauf eines Schreibtisches auszugehen.

Zu beachten ist aber § 15 II Nr. 1 UStG, wonach ein Vorsteuerabzug ausgeschlossen ist, wenn die Lieferung zur Ausführung steuerfreier Umsätze erfolgt.

Mit anderen Worten: Ein Vorsteuerabzug ist dann nicht möglich, wenn Robert selbst keine umsatzsteuerpflichtigen Umsätze tätigt. Welche Umsätze umsatzsteuerfrei gestellt sind, regelt § 4 UStG. Nach § 4 Nr. 14 lit. a UStG sind von dieser Regelung auch Umsätze von Zahnärzten erfasst.

Sind die Umsätze des Robert aber nicht umsatzsteuerpflichtig, dann kann dieser auch keinen Vorsteuerabzug nach § 15 UStG in Anspruch nehmen, § 15 I Nr. 1 UStG.

Dies hat zur Folge, dass die in den Anschaffungskosten enthaltene Umsatzsteuer zu den Anschaffungskosten zu zählen ist, § 9b EStG.

hemmer-Methode: Beachten Sie, dass ein Arzt auch nicht nach § 9 I UStG zur Umsatzsteuerpflicht optieren kann.

Bemessungsgrundlage für die AfA sind daher die gesamten 1.500 €. Da Robert den Tisch fünf Jahre wird nutzen können, ergibt sich eine lineare AfA von (1.500 € : 5 =) 300 € jährlich.

Fraglich ist aber noch, ob Robert die gesamte Jahres-AfA oder nur 9/12 (= ¾) hiervon geltend machen kann, da er den Tisch erst am 01.04.2016 angeschafft hat.

Bei dem Schreibtisch handelt es sich um ein bewegliches Wirtschaftsgut, auf den ebenfalls die pro rata Regelung Anwendung findet, § 7 I S. 4 EStG.

Es sind daher Betriebsausgaben in Form der AfA in Höhe von (300 x ¾=) 225 € zu berücksichtigen. Der ermittelte Gewinn ist insoweit zu korrigieren.

d) Zu II 1 d): Die Computerinstallation

Auch bei den Aufwendungen für die Installation der Computeranlage könnte es sich um Betriebsausgaben i.S.d. § 4 IV EStG handeln.

Die Anlage diente der Arztpraxis, die Aufwendungen standen daher in einem betrieblichen Zusammenhang.

Die Zahlung der 15.000 € erfolgte indes schon im Jahr 2015.

Bei der § 4-III-Rechnung gilt in Bezug auf die zeitliche Erfassung von Aufwendungen und Einnahmen das Zu- und Abflussprinzip des § 11 EStG. Die 15.000 € waren, da im November 2015 geflossen, auch schon 2015 abzusetzen.

hemmer-Methode: Grundsätzlich sind auch Vorschusszahlungen nach dem Zu- und Abflussprinzip zu behandeln. Steuerliche Auswirkungen ergeben sich daher im Zeitpunkt des Zu- oder Abflusses als Erlangung oder Verlust der tatsächlichen Verfügungsmacht.
Anders kann dies nur dann zu beurteilen sein, wenn die Vorauszahlungen in rechtsmissbräuchlicher Weise, also z.B. in nicht gerechtfertigten Höhen gezahlt werden, § 41 AO.

Fraglich ist, wie die Rückzahlung von Seiten des Schwarz zu behandeln ist.

Es könnte sich hierbei um Betriebseinnahmen handeln.

Der Begriff der Betriebseinnahmen ist in § 4 EStG nicht definiert. Analog § 8 EStG und e contrario § 4 IV EStG werden Betriebseinnahmen jedoch als Zuflüsse in Geld oder Geldeswert definiert, die durch den Betrieb veranlasst sind und mit diesem in Zusammenhang stehen.

Ein solcher Zusammenhang ist bei der Rückzahlung der 2.225 € anzunehmen. Die Leistung des Schwarz wurde für den Betrieb des Robert erbracht. Bei Abfluss war das Geld als Betriebsausgabe in voller Höhe zu behandeln. Stellt sich die Vorauszahlung nunmehr als zu hoch heraus, und wird deshalb ein bestimmter Betrag erstattet, so erfolgt diese Erstattung - genau wie die Arbeiten, für die die Vorauszahlung geleistet wurde - in betrieblichem Zusammenhang.

Auch hier ist das Zu- und Abflussprinzip des § 11 EStG zugrunde zu legen. Im Zeitpunkt der Erstattung sind also Betriebseinnahmen zu verbuchen.

Es ergibt sich hieraus daher eine Korrektur des berechneten Gewinns um + 2.225 €.

hemmer-Methode: Beachten Sie den Unterschied der § 4-III-Rechnung zur Gewinnermittlung nach § 4 I EStG. Bei § 4 I EStG kommt es für die Buchung auf den Zeitpunkt der Entstehung der Forderung an, nicht auf die Zahlung. Durch einen Vorschuss wird eine Forderung gegen den Empfänger auf Erbringung der Arbeiten begründet, die zu bilanzieren ist. Mit Abschluss der Arbeiten und Feststellung, dass der Vorschuss zu hoch war, entsteht eine Forderung des Auftraggebers. Diese ist erneut zu bilanzieren. Auf den tatsächlichen Zufluss kommt es dann nicht mehr an.
Aus dieser unterschiedlichen Behandlung können sich dann äußerst schwierige Probleme ergeben, wenn ein § 4-III-Rechner seinen Betrieb veräußert.
Zur Feststellung des gemäß §§ 18 III S. 2, 16 II S. 2 EStG für die Besteuerung maßgeblichen Veräußerungsgewinnes ist eine Bewertung des Betriebsvermögens nach § 4 I EStG notwendig. Der § 4-III-Rechner führt jedoch keine Bilanz, weshalb ein Wechsel von der Gewinnermittlungsart nach § 4 III EStG zu der nach § 4 I EStG zu vollziehen ist.
Auf den Veräußerungsstichtag ist eine Bilanz zu erstellen. Die Unterschiede in den verschiedenen Gewinnermittlungsarten sind auszugleichen.
Lesen Sie zu diesem zwar komplizierten, aber durchaus „in den Griff" zu bekommenden Problem Hemmer/Wüst/Hölzle, Einkommensteuerrecht, Rn. 411 ff., insbesondere Rn. 463 ff.

e) Zu II 1 e): Der Verkauf des Grundstücks

Zu prüfen ist, wie sich der Verkauf des Grundstücks auf den Gewinn des Robert Rabbit auswirkt.

Damit der Verkauf betriebliche Relevanz hat, müsste das Grundstück zum Betriebsvermögen gehört haben.

hemmer-Methode: Rekapitulieren Sie an dieser Stelle noch einmal, dass es drei mögliche Formen der steuerlichen Beurteilung von Vermögen gibt:
Das notwendige Betriebsvermögen, bei einer betrieblichen Nutzung des Wirtschaftsgutes von über 50% und das notwendige Privatvermögen bei einer betrieblichen Nutzung von unter 10%.
Dazwischen steht das gewillkürte Betriebsvermögen, bei dem dem Steuerpflichtigen ein Wahlrecht eingeräumt wird, ob er das Wirtschaftsgut als Betriebs- oder als Privatvermögen behandeln will.

Es könnte sich um notwendiges Betriebs(anlage-)vermögen handeln.

Das Grundstück diente ausschließlich den Patienten des Robert als Parkplatz, stand daher tatsächlich in einem ausschließlich betrieblichen Nutzungszusammenhang. Auch die Nutzungsabsicht des Robert war rein betriebsbezogen.

Es handelt sich bei dem Grundstück mithin um notwendiges Betriebsvermögen.

Wird ein Wirtschaftsgut des Betriebsvermögens veräußert, so ist der Kaufpreis als Betriebseinnahme anzusetzen, da betrieblich veranlasst. Robert hat daher Betriebseinnahmen in Höhe von 25.000 €.

Fraglich ist aber, wie die Anschaffungskosten für das Grundstück steuerlich zu behandeln sind.

Gemäß § 4 III S. 4 EStG sind die Anschaffungs- oder Herstellungskosten für nicht abnutzbare Wirtschaftsgüter des Anlagevermögens erst im Zeitpunkt der Veräußerung oder Entnahme des Wirtschaftsgutes zu berücksichtigen.

hemmer-Methode: Unter einer Entnahme versteht man die Herausnahme des Wirtschaftsgutes aus dem Betriebsvermögen zu betriebsfremden Zwecken.

Da es sich bei dem Grundstück um ein nicht abnutzbares Wirtschaftsgut handelt, findet § 4 III S. 4 EStG auf den vorliegenden Fall auch Anwendung. Die Anschaffungskosten des Robert in Höhe von 40.150 € sind im Zeitpunkt der Veräußerung als Betriebsausgaben geltend zu machen.[25]

Es ergibt sich daher ein Veräußerungsverlust von (40.150 € ./. 25.000 € =) 15.150 €. Dieser Veräußerungsverlust ist als Betriebsausgabe gewinnmindernd zu verbuchen. Der ermittelte Gewinn ist um diese 15.150 € zu korrigieren.

hemmer-Methode: Wegen der Subsidiaritätsanordnung in § 23 II EStG handelt es sich bei dem Verkauf des Grundstücks trotz rückwirkender Verlängerung der Spekulationsfrist bei Grundstücken auf zehn Jahre nicht um ein privates Veräußerungsgeschäft i.S.d. § 23 I Nr. 1 EStG. Der Verkauf von Betriebsvermögen ist ein betrieblicher Vorgang. § 23 EStG findet aber nur auf Wirtschaftsgüter des Privatvermögens Anwendung. Auf die nur beschränkte Verrechnungsmöglichkeit von Verlusten aus § 23 III EStG kommt es hier daher nicht an.

f) Zu II 1 f): Die Gebäude-AfA

Robert nutzt das Erdgeschoss des neu errichteten Gebäudes allein für berufliche Zwecke.

Das Erdgeschoss könnte damit ein eigenständiges Wirtschaftsgut darstellen.

Gemäß § 7 Va EStG können Gebäudeteile ein eigenes Wirtschaftsgut sein, wenn sie selbständig nutzbar sind, also in einem eigenen Nutzungs- und Funktionszusammenhang stehen.

Die Arztpraxis ist in diesem Sinne ein eigener Nutzungs- und Funktionszusammenhang.

Die von ihm getragenen, auf diesen Teil (50 %) entfallenden Herstellungskosten sind daher betrieblich veranlasste Aufwendungen.

25 SCHMIDT/HEINICKE, § 4 Rn. 398.

Diese können nach § 4 III S. 3 EStG in Verbindung mit § 7 IV EStG grundsätzlich im Wege der AfA berücksichtigt werden.

Die Gesamtherstellungskosten für das Gebäude betrugen 300.000 €. Auf die Praxisräume entfallen hiervon (300.000 € : 2 =) 150.000 €. Diese stellen daher grundsätzlich die Bemessungsgrundlage für die AfA dar.

Als problematisch erweist sich aber, dass die Hälfte der Herstellungskosten von Stefanie getragen wurden und diese zudem Miteigentümerin des Gebäudes ist. Stefanie nutzt die Arztpraxis indes nicht zur Erzielung von Einkünften. Eine berufliche oder betriebliche Veranlassung scheidet für sie daher aus.

Wären bei der Ermittlung der AfA-Bemessungsgrundlage auch die von der Stefanie getragenen Herstellungskosten zu berücksichtigen, so würde es sich rechtstechnisch um die Frage der Behandlung von Drittaufwand handeln.

Nach einer Entscheidung des Großen Senats des BFH[26] liegt Drittaufwand immer dann vor, wenn ein Dritter Kosten trägt, die durch die Einkünfteerzielung eines anderen veranlasst sind.

Die Behandlung solchen Drittaufwandes ist - auch zwischen den verschiedenen Senaten des BFH - lange streitig gewesen. Auf den Streit käme es hier indes gar nicht an, wenn kein Drittaufwand, sondern ausschließlich Eigenaufwand des Robert vorliegt.

Dies könnte dann anzunehmen sein, wenn der betrieblich genutzte Teil des Gebäudes allein in den Einkünfteerzielungsbereich des Robert fallen würde. Dann wäre dieser Gebäudeteil allein ihm zuzuordnen. Da sein Anteil an den Herstellungskosten hierin auch Deckung findet, handelte es sich nicht um Dritt-, sondern um Eigenaufwand.

[26] BFH, BStBl 1995, II, 281.

Drittaufwand könnte hier also deshalb abzulehnen sein, weil zwar die Praxis zur Hälfte auch der Stefanie gehört, die anteiligen Herstellungskosten des Robert allerdings als allein auf die Praxisräume erbracht anzusehen sind. Dies wäre dann anzunehmen, wenn zu vermuten wäre, dass immer derjenige die Aufwendungen für ein Wirtschaftsgut getragen hat, der es auch beruflich nutzt.

hemmer-Methode: Dies bedeutet im Klartext: Robert hat die Hälfte der Herstellungskosten getragen, und nutzt die Hälfte des Hauses beruflich. Seine Herstellungskosten sollen nach dieser Ansicht als nur auf die Praxis erbracht angesehen werden, da es ihm gerade um den Erwerb derselben ging. Der hälftige Herstellungskostenanteil der Stefanie bezieht sich dann auf den zu Wohnzwecken genutzten Teil.
Alles in allem wohl die schwerste Materie im Einkommensteuerrecht überhaupt. Probleme der Dritt-AfA sind hoch umstritten und bis heute wenig geklärt. Ein wenig Licht ins Dunkel hat aber die Entscheidung des Großen Senats gebracht, die im Folgenden - teilweise - wiedergegeben wird.

Dem wird entgegengehalten, dass bei hälftig getragenen Herstellungskosten die Mittel zur Finanzierung des jeweiligen Hälfteanteils am gesamten Grundstück benötigt werden. Es könne nicht angenommen werden, dass die Ehegatten ihre Mittel vorrangig für die Herstellung des von ihnen betrieblich genutzten Gebäudeteils hätten einsetzen wollen (so wohl auch noch BFH, BStBl 1996, II, 192).

Dem ist der Große Senat des BFH[27] jedoch mit seinem Beschluss von August 1999 entgegengetreten:

[27] Vgl. BFH, Beschluss vom 23.08.1999, GrS 5/97.

In diesem Beschluss hat der BFH seine schon im sog. „Arbeitszimmerurteil"[28] für die Überschusseinkünfte zugrunde gelegte Rechtsauffassung auf die Gewinneinkunftsarten übertragen. Das Netto-Prinzip gebiete es, dass Aufwendungen des Steuerpflichtigen, die er im eigenen betrieblichen Interesse selbst getragen hat, bei der Ermittlung seiner Einkünfte zu berücksichtigen sind. Unerheblich ist hierbei, ob der Steuerpflichtige Eigentümer des Wirtschaftsguts ist, für das er Aufwendungen getätigt hat.

„Nutzt ein Miteigentümer im Rahmen seines Miteigentumsanteils einen Teil des Wirtschaftsguts zur Einkünfteerzielung alleine, dann ist davon auszugehen, dass er Anschaffungs- oder Herstellungskosten aufgewendet hat, um diesen Raum insgesamt zu nutzen.

In diesem Fall wird der den anderen Miteigentümern gehörende Anteil grundsätzlich nicht wechselseitig gemietet und vermietet, d.h. der Miteigentümer nutzt den Raum zivilrechtlich nicht teils aus eigenem Recht und teils durch Überlassung zur Nutzung durch den oder die Miteigentümer, sondern er nutzt ihn insgesamt in Ausübung seines Rechts als Miteigentümer. Das gilt auch einkommensteuerrechtlich.

Anders als sein Miteigentumsrecht bezieht sich sein Nutzungsrecht auf den ganzen Raum."[29] Diese Benutzung der Räume aus eigenem Recht ergibt sich aus § 743 II BGB, wonach jeder Miteigentümer berechtigt ist, die Sache insoweit zu nutzen, wie er die anderen Miteigentümer nicht von der Benutzung ausschließt.

Nutzt der Robert aber das Erdgeschoss in vollem Umfang aus eigenem Recht, sind auch seine eigenen anteiligen Anschaffungs- oder Herstellungskosten als im Interesse dieser Nutzung aufgewendet anzusehen und damit als betrieblicher Aufwand bei ihm zu berücksichtigen. Dies kann natürlich nur insoweit gelten, wie der betriebliche Nutzungsanteil in seinem Anteil an den Anschaffungs- oder Herstellungskosten Deckung findet. Dies ist vorliegend der Fall, da die hälftigen Kosten in dem zur Hälfte betrieblich genutzten Teil des Hauses aufgehen.

Soweit sich die Kosten auf den Miteigentumsanteil des anderen Ehegatten beziehen, sind sie wie ein materielles Wirtschaftsgut zu behandeln.

hemmer-Methode: In der Entscheidung des BFH vom 14.05.2002[30] wurde eine –vielfach in der Literatur nicht berücksichtigte - Konkretisierung vorgenommen. Demnach habe nach § 5 I EStG i.V.m. § 240 I HGB auch derjenige wirtschaftliches - unabhängig vom dinglichen - Eigentum an einem Wirtschaftsgut, wer an der Wertentwicklung des Gebäudes unmittelbar partizipiert. Bei einer Errichtung eines Gebäudes auf fremden (Miteigentums-) Boden müsse beachtet werden, dass nach der Beendigung der Nutzung gegen den Grundstücks(mit)eigentümer ein Anspruch nach §§ 951 i.V.m. 812 BGB besteht. Die Höhe dieses Anspruches richtet sich nach dem Wert der Bereicherung, so dass derjenige, der auf fremden Boden ein Gebäude errichtet, aufgrund dieser Wertpartizipation ein originäres wirtschaftliches Eigentum an diesem Gebäude hat und dieses daher entsprechend steuerlich berücksichtigen kann.
Da diese Rechtsprechung aber häufig noch nicht erkannt wurde, gebietet sich jedenfalls eine entsprechende Darstellung, wie sie zuvor erfolgte, um sodann auf diese Entscheidung hinzuweisen.

[28] BFH, BStBl 1988, II, 764.

[29] BFH vom 23.08.1999 a.a.O.

[30] BFH VIII R 30/98.

Lesen Sie hierzu auch Hemmer/Wüst/Hölzle, Basics Steuerrecht, Rn. 160 und Hemmer/Wüst/Hölzle, Einkommensteuerrecht, Rn. 118a ff.

Als Ergebnis ist daher festzuhalten, dass Robert die gesamten, auf die Praxis entfallenden Herstellungskosten im Wege der AfA geltend machen kann, da diese in dem von ihm getragenen Anteil Deckung finden.

hemmer-Methode: Die Arztpraxis wird ausschließlich betrieblich genutzt und ist dann notwendiges Betriebsvermögen, wenn § 8 EStDV nicht greift. Danach besteht ein Wahlrecht, einen Gebäudeteil, der notwendiges Betriebsvermögen darstellt, nicht als Betriebsvermögen zu behandeln, wenn der Wert des Gebäudeteils 20.500 € nicht übersteigt.

Die Gesamtherstellungskosten des Hauses betrugen 300.000 €. Die Hälfte davon, also 150.000 €, entfallen auf die Praxis. Diese stellen daher die Bemessungsgrundlage für die AfA dar.

Da Robert die lineare AfA gewählt hat, richtet sich die AfA-Rate nach § 7 IV EStG. In Betracht kommt hier § 7 IV S. 1 Nr. 1 EStG, da es sich um ein betrieblich genutztes Gebäude handelt, das nicht zu Wohnzwecken dient und der Bauantrag nach dem 31.03.1985 gestellt worden ist.

Die AfA-Rate beträgt daher 3% der Anschaffungs- oder Herstellungskosten, mithin (150.000 € x 3% =) 4.500 € jährlich. Da die Räume erst seit dem 01.03.2016 betrieblich genutzt werden, kann Robert daher 10/12 der Jahres-AfA, gleich (4.500 € : 12 x 10 =) 3.750 € geltend machen.

Der von Robert erklärte Gewinn ist um 3.750 € zu verringern.

g) Zu II 2 a): Die Überweisung an Silke

Bei den an Silke zusätzlich gezahlten 1.000 € könnte es sich um Betriebsausgaben i.S.d. § 4 IV EStG handeln.

Dies wäre dann der Fall, wenn es sich um betrieblich veranlasste Aufwendungen handelt. Bei Gehaltszahlungen ist dies unproblematisch. Aber auch zusätzlich zum Gehalt gezahlte Provisionen oder Gratifikationen sind durch das Arbeitsverhältnis veranlasst und werden als Gegenleistung für die erbrachte Arbeit gezahlt.

Betriebsausgaben i.S.d. § 4 IV EStG liegen mithin vor.

Es fragt sich allerdings, ob diese noch für das Jahr 2016 geltend gemacht werden dürfen.

Für den § 4-III-Rechner gilt das Zu- und Abflussprinzip des § 11 EStG. Man könnte denken, dass eine Überweisung erst in dem Zeitpunkt zu berücksichtigen ist, in dem das Konto belastet wird. Dies hängt davon ab, wie man das Merkmal der „Leistung“ in § 11 II S. 1 EStG verstehen will.

Der BFH legt § 11 EStG unter einer zum Teil sehr weitgehenden Lösung vom Wortlaut extensiv aus. Zu- und Abflüsse sollen mit Verlust oder Erlangung der wirtschaftlichen Verfügungsmacht steuerlich zu berücksichtigen sein.

Dies führt dazu, dass es vornehmlich auf die Vornahme der Leistungshandlung und nicht auf den Eintritt des Leistungserfolges ankommt.

Robert hat im vorliegenden Fall einen bindenden Überweisungsauftrag erteilt. Mit dessen Eingang bei der Bank, verlor er die Verfügungsgewalt über den betreffenden Betrag.

Unabhängig von dem Zeitpunkt der Belastung seines oder der Gutschrift auf Silkes Konto, ist ein Abfluss i.S.d. § 11 II S. 1 EStG daher mit Eingang des Überweisungsauftrages bei der Bank anzunehmen.

hemmer-Methode: Der Zufluss bei Silke erfolgt indes erst mit Gutschrift auf dem Konto. Vorher erhält sie keine Verfügungsgewalt über das Geld. Auf die Kenntnis von Absender oder Empfänger kommt es grundsätzlich nicht an.

Als Ergebnis ist daher festzuhalten, dass der Verlust der Verfügungsgewalt und damit der Abfluss im steuerrechtlichen Sinne mit dem 22.12.2016 erfolgte. Die Zahlung ist noch in 2016 als Betriebsausgabe zu berücksichtigen. Der erklärte Gewinn ist um -1.000 € zu korrigieren.

h) Zu II 2 b): Das kulturelle Dauerlos

Bei dem Geschenk der Stadt Würzburg könnte es sich um Betriebseinnahmen handeln.

Analog § 8 EStG und e contrario § 4 IV EStG sind Betriebseinnahmen alle Vorteile in Geld oder Geldeswert, die dem Steuerpflichtigen durch den Betrieb veranlasst zufließen.

Die Abo-Karte stellt einen geldwerten Vorteil in diesem Sinne dar.

Es fragt sich allerdings, ob dieser betrieblich veranlasst ist. Robert hatte in seiner Praxis Programme und Plakate aufgehängt und ausgelegt. Dies geschah allerdings aus rein privatem Interesse. Auch übernahm Robert die Führungen nicht in seiner beruflichen Funktion als Zahnarzt. Vielmehr betrieb er ein privates Hobby. An einer betrieblichen Veranlassung für die Zahlungen fehlt es mithin.

Der Wert der Abo-Karte kann in der Gewinnermittlung für die Zahnarztpraxis nicht berücksichtigt werden.

i) Zu II 2 c): Der Unfall

Bei den Reparaturkosten für den Unfallschaden könnte es sich um Betriebsausgaben i.S.d. § 4 IV EStG handeln. Dies wäre dann der Fall, wenn diese betrieblich veranlasst sind.

Die betriebliche Veranlassung könnte sich hier aus dem betrieblichen Grund für die Fahrt ergeben. Grundsätzlich sind Unfälle, die auf betrieblichen Wegstrecken passieren, betrieblich veranlasst.

Wegen des Grundsatzes der Wertneutralität des Steuerrechts, der seinen Niederschlag in § 40 AO gefunden hat, ist es für die Verwirklichung eines Steuertatbestandes auch belanglos, ob hierbei schuldhaft, gesetz- oder sittenwidrig gehandelt wurde. Dies muss im Positiven wie im Negativen gelten.

Dies hat auch der BFH[31] in einer Entscheidung des Großen Senats anerkannt.

Eine Differenzierung nimmt der BFH, und ihm folgend auch Bornhaupt[32] indes dann vor, wenn der Unfall auf Trunkenheit des Steuerpflichtigen beruht.

Der Alkoholgenuss alleine führt nicht dazu, dass der Unfall als privat veranlasst angesehen werden muss.

Beruht der Unfall indes kausal auf der Alkoholisierung, weil der Steuerpflichtige infolge des Alkoholgenusses nicht mehr fahrtüchtig gewesen ist, so trete die private Veranlassung in den Vordergrund und ein Abzug könne nicht mehr zugelassen werden.

---

31 GrS 3/77, BStBl 1978, II, 105.

32 BORNHAUPT, BB 1984, 1146.

Dem tritt Tiedtke (TIEDTKE, Einkommensteuer- und Bilanzsteuerrecht S. 468 m.w.N.) und mit ihm ein bedeutender Teil der Lehre entschieden entgegen. Das Verschulden sei kein steuerrechtliches Abgrenzungskriterium mit dessen Hilfe eine beruflich veranlasste, wenn auch schuldhafte Handlung, in eine privat veranlasste umqualifiziert werden könnte. Treffend formuliert Tiedtke, dass die Wertneutralität des Steuerrechts nicht ab einem gewissen Grad der Vorwerfbarkeit aufgehoben werde.

Diese Ansicht überzeugt insbesondere auch wegen ihrer größeren Nähe zum Gesetz.

Tatsächlich ist nicht einzusehen, warum die betriebliche Veranlassung nicht unterbrochen wird, überfährt der Steuerpflichtige in nüchternem Zustand aber vorsätzlich und völlig bewusst ein Rotlicht, wohl aber, wenn dies infolge einer Alkoholisierung fahrlässig erfolgt. Die berufliche Veranlassung für die Fahrt bleibt in beiden Situationen gleich.

Die Ansicht des BFH ist daher abzulehnen. Der Literaturansicht der Vorzug zu gewähren.

hemmer-Methode: Natürlich sollten Sie im Zweiten Examen vorsichtig damit sein, die Ansichten der höchstrichterlichen Rechtsprechung abzulehnen. In der vorliegenden Frage erscheint dies aber gut vertretbar, da der BFH seit Jahren auf erhebliche Kritik aus Reihen der Literatur trifft.

Die Fahrt war somit ausschließlich betrieblich veranlasst. Dieser betriebliche Veranlassungszusammenhang wird auch nicht durch das schuldhafte Handeln des Robert unterbrochen.

Die Reparaturkosten in Höhe von 4.400 € sind als Betriebsausgaben bei der Ermittlung des Gewinns zu berücksichtigen.

hemmer-Methode: Für den Fall, dass sich die Ursache des Unfalls nicht genau feststellen lässt, also neben dem Alkohol noch andere Ursachen möglich sind, trägt das Finanzamt die Beweislast dafür, dass der Veranlassungszusammenhang unterbrochen wurde, da dies eine steuererhöhende Tatsache ist.

j) Zwischenergebnis: Der korrigierte Gewinn aus der Zahnarztpraxis

Robert hatte einen Gewinn in Höhe von 230.160 € erklärt. Die genannten Vorgänge führen zu einer Korrektur wie folgt:

Tz II 1 a): Laufende Aufwendung während der Betriebsunterbrechung	***- 610 €***
Tz II 1 b): Gehaltszahlungen an Silke	***- 2.500 €***
Tz II 1 c): Der Schreibtisch	***- 225 €***
Tz II 1 d): Die Computerinstallation	***+ 2.225 €***

Tz II 1 e): Das Grundstück	***- 15.150 €***
Tz II 1 f): Die Gebäude-AfA	***- 3.750 €***
Tz II 2 a): Die Gratifikation	***- 1.000 €***
Tz II 2 b): Das Abo	***+/- 0 €***
Tz II 2 c): Der Unfall	***- 4.400 €***
Korrigierter Gewinn aus der Zahnarztpraxis 2016	***204.750 €***

III. Einkünfte aus anderen Einkunftsarten des Robert Rabbit

Es bleibt noch zu prüfen, ob Robert Einkünfte aus anderen Einkunftsarten erzielt hat. Offen geblieben ist bisher die Qualifizierung des schenkweise überlassenen Kultur-Abos der Stadt Würzburg.

Robert erhielt dieses für sein Engagement im kulturellen Leben der Stadt, insbesondere aber dafür, dass er Führungen vornahm.

Da es sich bei dem Abo um einen geldwerten Vorteil handelt, könnten Einnahmen i.S.d. § 8 EStG bei Einkünften aus §§ 2 I Nr. 4, 19 I Nr. 1 EStG vorliegen.

Der Sachverhalt gibt indes nichts dafür her, dass der Robert in einem Dienstverhältnis zur Stadt stünde, dessentwegen die Zuwendung getätigt worden wäre.

Es kann daher nicht von Einkünften nach § 19 I Nr. 1 EStG ausgegangen werden.

Da andere Einkunftsarten wie gesehen ausscheiden, kommen die sonst gegenüber anderen Einkunftsarten subsidiären Einkünfte nach §§ 2 I Nr. 7, 22 Nr. 3 EStG in Betracht. Nach § 22 Nr. 3 S. 1 EStG sind Einkünfte aus sonstigen Leistungen der Einkommensteuer unterworfen.

Unter Leistungen ist jedes Tun, Dulden oder Unterlassen zu verstehen, das um des Entgeltes Willen erbracht wird.

Hier erscheint schon fraglich, ob Robert sein kulturelles Engagement des Entgeltes Willen erbrachte. Vielmehr ist davon auszugehen, dass die Stadt sich im Nachhinein entschlossen hat, die Leistungen des Robert zu honorieren.

Dies kann indessen dahinstehen. Selbst wenn eine Leistung i.S.d. § 22 Nr. 3 EStG angenommen werden sollte, so wäre doch die Freigrenze des § 22 Nr. 3 S. 2 EStG unterschritten.

Die Karte hat einen Wert von 200 €. Übersteigen die Einkünfte jedoch nicht die Grenze von 256 € im Kalenderjahr, so sind sie nicht der Einkommensteuer unterworfen. Sie bleiben steuerfrei.

Steuerbare Einkünfte sind daher aus der Zuwendung der Berechtigungskarte nicht entstanden.

IV. Zwischenergebnis: Einkünfte des Robert

Robert hat steuerbare Einkünfte nur aus §§ 2 I S. 1 Nr. 3, 18 I Nr. 1 S. 2 EStG in Höhe von 204.750 €.

V. Einkünfte der Stefanie Rabbit

Die verschiedenen Vorfälle bei der Stefanie Rabbit könnten verschiedenen Einkunftsarten unterliegen.

1. Zu III 1: Die Löschung der Moselwein GmbH

a) Grundsätzlich privater Vermögensbereich

Der Erwerb, die Veräußerung oder der Verlust von Anteilen an Kapitalgesellschaften stellt grundsätzlich einen nicht steuerbaren Vorfall im privaten Vermögensbereich dar. Der Vermögensstamm, aus dem steuerlich relevante Nutzungen gezogen werden, ist, sofern er nicht in ein Betriebsvermögen fällt, zwingend dem Privatvermögen zuzuordnen, da die Überschusseinkunftsarten kein Einkünfteerzielungsvermögen kennen.

hemmer-Methode: Halten Private Anteile an Kapitalgesellschaften, erzielen sie Einkünfte aus §§ 20 I, 2 I S. 1 Nr. 5 EStG und bei Verkauf der Anteile evtl. aus §§ 15, 17 EStG.
Anders stellt sich die Rechtslage nur dann dar, wenn die Beteiligung von einem Betrieb gehalten wird. Dann sind die Einkünfte hieraus aber auch der jeweiligen betrieblichen Einkunftsart zuzuordnen (zumeist § 15 EStG).

b) Ausnahme nach § 17 EStG

Ausnahmen gelten nur dann, wenn die Veräußerung oder der Verlust der Gesellschaftsanteile § 17 EStG oder § 23 EStG unterfällt. § 17 EStG ist gem. § 23 II EStG vorrangig.

aa) Wesentliche Beteiligung

§ 17 EStG ist nur dann anwendbar, wenn der Steuerpflichtige an der Kapitalgesellschaft gemäß § 17 I S. 1 EStG zu mindestens 1% beteiligt ist. Die Stefanie hält 30% der Anteile an der Gesellschaft.

Eine solche Beteiligung im steuerrechtlichen Sinne liegt mithin vor.

bb) Veräußerungsvorgang und Ermittlung des Veräußerungsgewinns

Zu prüfen bleibt daher, ob die Auflösung der Gesellschaft steuerliche Relevanz nach § 17 EStG hat. Gemäß § 17 IV S. 1 EStG gilt auch die Auflösung einer Gesellschaft als Veräußerung. Nach der Ablehnung des Insolvenzantrags wurde die Gesellschaft liquidiert und aus dem Handelsregister gelöscht.

Als Veräußerungspreis ist gemäß § 17 IV S. 2 EStG der gemeine Wert (vgl. § 9 II S. 1 BewG) des zugeteilten oder zurückgezahlten Vermögens anzusehen.

Dieser ist gemäß § 17 II EStG nach Abzug der Veräußerungskosten den Anschaffungskosten gegenüberzustellen. Der sich ergebende Saldo ist dann der Veräußerungsgewinn.

Entgegen dem Wortlaut des § 17 II S. 1 EStG geht aus § 17 II S. 6 EStG hervor, dass dieser Saldo auch negativ sein, sich also auch ein steuerlich relevanter Veräußerungsverlust ergeben kann.

Anderenfalls wäre die Sonderregelung des S.6 nicht erforderlich gewesen.

hemmer-Methode: Diese kleinen Hinweise sind es, die dem Korrektor zeigen, dass Sie das System der Einkommensteuerermittlung verstanden haben. Sammeln Sie die Punkte im Vorbeigehen und versuchen Sie nicht nach dem Motto zu verfahren: „Herr Korrektor! Ich weiß was."

Da die Stefanie kein Liquidationsguthaben erworben hat und auch keine Veräußerungskosten angefallen sind, sind in Höhe der Anschaffungskosten für ihre Beteiligung Veräußerungsverluste entstanden.

cc) Höhe der Anschaffungskosten

(1) Stammeinlage

Anschaffungskosten sind hierbei alle Zahlungen, die geleistet wurden, um die Beteiligung zu erwerben.

Hierzu zählt in jedem Falle die gezahlte Stammeinlage in Höhe von 10.000 €. Diese Anschaffungskosten sind aufgrund der Geltung des Teileinkünfteverfahrens gemäß § 3c II S. 1 HS. 2 EStG nur in Höhe von 60% (bis VZ 2007: zur Hälfte) zu berücksichtigen.

Stefanie kann also von der Stammeinlage lediglich 6.000 € ansetzen.

hemmer-Methode: Ein Veräußerungserlös wäre gemäß § 3 Nr. 40 c) EStG auch in Höhe von 40% (bis VZ 2007: zur Hälfte) steuerfrei gewesen.
Das Teileinkünfteverfahren ist bei allen Arten von Einkünften zu beachten, bei denen Anteile von Kapitalgesellschaften im Raum stehen. Lesen Sie sich § 3 Nr. 40 EStG einmal komplett durch, um sich dies zu vergegenwärtigen!
Für den Anteilseigner, der schon seine gesamte Einlage verloren hat, ist das natürlich sehr bitter.
Es ist aber letztlich konsequente Folge der Geltung des Teileinkünfteverfahrens.

(2) Das Darlehen

Fraglich ist aber, ob nicht auch der Ausfall des Darlehens und der Darlehenszinsen den Anschaffungskosten zuzurechnen sind.

Die Überlassung eines Darlehens erfolgt grundsätzlich aufgrund eines Darlehensvertrages gemäß § 488 BGB. Ein solcher kann auch zwischen der Gesellschaft und einem Gesellschafter mit steuerlicher Wirkung geschlossen werden.

Die Gesellschaft ist gemäß § 1 I Nr. 1 KStG selbst unbeschränkt steuerpflichtig. Rechtsbeziehungen zu den Gesellschaftern sind daher steuerlich grundsätzlich anzuerkennen. Gründe, die hier zu einer zivilrechtlichen Unwirksamkeit des Darlehensvertrages führen könnten, sind nicht ersichtlich.

(3) Verdeckte Einlage

Neben dieser grundsätzlichen Möglichkeit vertraglicher Gestaltungen zwischen der Gesellschaft und ihren Gesellschaftern sind auch Fälle denkbar, in denen Leistungen in einem vertraglichen Rahmen erbracht werden, deren wahre causa aber im Gesellschaftsverhältnis ruht.

Ist ein solcher Fall anzunehmen, werden Aufwendungen auf die Beteiligung getätigt, mit der Folge, dass nachträgliche Anschaffungskosten angenommen werden können. Dies ist jedenfalls dann anzunehmen, wenn auf Seiten der Gesellschaft eine verdeckte Einlage vorliegt.

Von einer verdeckten Einlage spricht man immer dann, wenn ein Gesellschafter seiner Kapitalgesellschaft einlagefähige Vermögensvorteile in Form materieller oder immaterieller Wirtschaftsgüter zuwendet, die außerhalb der gesellschaftsrechtlichen Einlage stehen und ihren Grund im Gesellschaftsverhältnis als societatis causa haben.

Von einem einlagefähigen Vermögensvorteil kann dann gesprochen werden, wenn durch die Einlage entweder Aktiva der Gesellschaft erhöht, oder Passiva der Gesellschaft vermindert werden.

Dies ist bei der Gewährung von Darlehen grundsätzlich nicht der Fall. Zwar fließt der Gesellschaft die Darlehensvaluta zu, jedoch ist auch die Darlehensverbindlichkeit entsprechend zu passivieren.

Eine abweichende Beurteilung ist nur dann möglich, wenn das Darlehen im Zeitpunkt seiner Gewährung kapitalersetzenden Charakter hatte. Dies ist dann anzunehmen, wenn ein Nichtgesellschafter bei Anwendung der Sorgfalt eines gewissenhaften Kaufmanns der Gesellschaft in Anbetracht ihrer wirtschaftlichen Lage kein Darlehen mehr gewährt hätte. Die Darlehensgewährung muss somit allein durch das Gesellschaftsverhältnis veranlasst worden sein.

Im Zeitpunkt der Hingabe des Darlehens war dessen Rückzahlung allerdings schon so gefährdet, dass keine Bank mehr bereit war, dieses Risiko einzugehen. Unter einer objektiven Betrachtung eines neutralen Dritten konnte die Gesellschaft daher kein Darlehen mehr erhalten. Die trotz Kenntnis dieser Situation erfolgte Gewährung durch Stefanie ist daher als ausschließlich durch das Gesellschaftsverhältnis veranlasst anzusehen. Es liegt eine verdeckte Einlage vor.

Solche verdeckte Einlagen führen aber zu nachträglichen Anschaffungskosten.

Wiederum dürfen diese gem. § 3c II S. 1 HS. 2 EStG nur 60% berücksichtigt werden, also (0,6 x 5.000 =) 3.000 €.

Der Gesamtveräußerungsverlust aus der Auflösung der Moselwein-Import-GmbH beträgt mithin (6.000 € + 3.000 € =) 9.000 €.

Gem. § 17 II S. 6 lit. b) EStG darf dieser aber steuerlich nur berücksichtigt werden, wenn die Stefanie innerhalb der gesamten letzten fünf Jahre wesentlich an der Gesellschaft beteiligt war.

Da sie ihre 30%ige Beteiligung aber schon 2010 erworben hat, ist diese Voraussetzung unproblematisch erfüllt.

d) Zwischenergebnis:

Der Veräußerungsverlust in Höhe von 9.000 € ist daher steuerrechtlich anzuerkennen.

hemmer-Methode: Die Vorschrift des § 17 EStG birgt viele examensrelevante Problemfelder. Die Behandlung verdeckter Einlagen wird von Klausurbearbeitern oft und gerne übersehen. Lesen Sie hierzu noch einmal Hemmer/Wüst/Hölzle, Basics Steuerrecht, Rn. 243 ff. und Hemmer/Wüst/Hölzle, Einkommensteuerrecht, Rn. 197 f.
Wichtig ist auch der Sonderfall, in dem die ursprüngliche Gewährung des Darlehens noch nicht als verdeckte Einlage zu werten ist, eine solche Beurteilung aber nachträglich eintritt, weil jeder ordentliche Kaufmann in Anbetracht der verschlechterten wirtschaftlichen Lage der Gesellschaft das Darlehen gekündigt und abgezogen hätte. Lässt der Gesellschafter nun das Darlehen trotz Kenntnis des Risikos stehen, so ist hierin ein kapitalersetzender Charakter zu sehen.

Denken Sie jedoch daran, dass der BFH in solchen Fällen nicht den Nennwert der Forderung ausschlaggebend sein lässt, sondern den gemeinen Wert, das heißt nur in Höhe desjenigen Wertes, der noch realisierbar gewesen wäre. Ein weiteres Problemfeld ergibt sich dann bezüglich der Frage, ob der realisierbare Wert im Zeitpunkt der Kündigung des Darlehens oder im Zeitpunkt der Fälligkeit der Rückzahlungsverpflichtung, also nach Ablauf der i.d.R. dreimonatigen Kündigungsfrist maßgeblich ist. Richtiger dürfte es wohl sein, auf die Fälligkeit nach Ablauf der Kündigungsfrist abzustellen, da nur insoweit eine verdeckte Einlage angenommen werden kann, wie eine Realisierung tatsächlich möglich gewesen wäre.

2. Zu III 2: Die Dividenden der Frankenwein GmbH

Durch die Dividendenzahlung der Frankenwein GmbH erzielt die Stefanie Einkünfte aus Kapitalvermögen nach § 20 I Nr. 1 EStG.

Zu beachten ist, dass derlei Erträge gemäß § 43 I S. 1 Nr. 1 EStG quellenbesteuert werden (sog. Kapitalertragsteuer). Ein Antrag nach § 32d II S. 1 Nr. 3 EStG wurde nicht gestellt. Die den Ertrag ausschüttende Gesellschaft behält also einen Teil des Ertrags ein und führt diesen an das Finanzamt ab.

Die Kapitalertragsteuer stellt lediglich eine besondere Art der Steuer*erhebung* dar: Nicht beim Einkommensteuerpflichtigen, sondern bei der Quelle (hier also der Gesellschaft) wird die Steuer erhoben. Eine eigene Steuer*art* ist die Kapitalertragsteuer somit nicht.

Die Kapitalertragsteuer wird in Höhe von 25% auf den Kapitalertrag erhoben, vgl. § 43a I S. 1 Nr. 1 EStG.

Daneben werden auch der Solidaritätszuschlag und ggf. die Kirchensteuer von der Quelle erhoben und abgeführt.

Wenn ein entsprechender Freistellungsauftrag gestellt ist (§ 44a II EStG), berücksichtigt die Quelle auch den Sparerfreibetrag nach § 20 IX EStG (§ 44a I Nr. 1 EStG). Dies ist auch hier geschehen: Stefanie hatte einen Antrag gestellt; ihr wurde der komplette Freibetrag für Ehegatten nach § 20 IX EStG in Höhe von 1.602 € abgezogen.

Seit dem VZ 2009 gilt die Einkommensteuer durch die Kapitalertragsteuer als abgegolten (sog. Abgeltungsteuer), vgl. § 43 V EStG.

Stefanie muss die 7.500 €, die sie erhalten hat, also nicht noch einmal versteuern.

hemmer-Methode: Lesen Sie zum Thema Einkünfte aus § 20 EStG und Abgeltungssteuer Hemmer/Wüst/Hölzle, Basics Steuerrecht, Rn. 320 ff, insbesondere Rn. 339 ff. sowie Hemmer/Wüst/Hölzle, Einkommensteuerrecht, Rn. 242 ff, insbesondere Rn. 268b ff.

3. Zu III 3 a): Die Druckkosten

Mit ihrer Tätigkeit als Ärztin in der Universitätsklinik erzielt Stefanie Einkünfte aus nichtselbständiger Arbeit i.S.d. §§ 2 I S. 1 Nr. 4, 19 I Nr. 1 EStG, da sie sich in einem Dienstverhältnis i.S.d. § 1 II LStDV befindet und ihre Arbeitskraft als Gegenleistung für das Entgelt schuldet.

Ferner ist sie weisungsgebunden.

Bei Einkünften aus nichtselbständiger Arbeit handelt es sich gemäß § 2 II Nr. 2 EStG um Überschusseinkünfte. Die Einnahmen sind daher um die Werbungskosten nach § 9 EStG zu kürzen.

Fraglich ist, ob es sich bei den Kosten für die Promotion um Werbungskosten handelt. Dies wäre nur dann anzunehmen, wenn die Promotionskosten durch die Tätigkeit als Ärztin veranlasst waren, § 9 I S. 1 EStG.

Der Chefarzt hat vorliegend bei der Einstellung der Stefanie eindeutig zum Ausdruck gebracht, dass er einen Doktortitel bei einer Ärztin erwartet und hiervon auch eine Übernahme bei der Klinik abhängt. Folglich ist die Promotion für den beruflichen Werdegang der Stefanie essentiell und damit durch ihre Tätigkeit als Ärztin veranlasst.

Mithin kann Stefanie die 1.875 € als Werbungskosten zum Abzug bringen.

4. Zu III 3 b): Die übrigen Aufwendungen

Fraglich ist, ob die übrigen Aufwendungen als Werbungskosten angesetzt werden können.

Dies ist entgegen der finalen Formulierung in kausaler Auslegung des Werbungskostenbegriffs nach § 9 EStG dann möglich, wenn die Aufwendungen durch die berufliche Tätigkeit veranlasst sind.

Dies ist bei den Fachbüchern unproblematisch der Fall. Die hierfür getätigten Aufwendungen in Höhe von 375 € sind als Werbungskosten abziehbar.

Problematischer stellt sich die Sachlage allerdings bei den Aufwendungen für die Bekleidungsgegenstände dar. Diese könnten dem Begriff der typischen Berufskleidung in § 9 I Nr. 6 EStG unterfallen.

Von typischer Berufskleidung ist dann auszugehen, wenn es sich nach der Eigenart des Berufes um nötige Kleidung handelt. Eine private Nutzung - unbeschadet dessen, dass sich das Bekleiden stets als auch privates Bedürfnis darstellt - muss weitgehend ausgeschlossen sein.

Dies ist anzunehmen für den Kittel und die weißen Hosen. Diese werden charakteristischer Weise allein bei der Arbeit getragen und nicht auch privat genutzt.

Hinsichtlich des Kittels ist eine private Nutzung sicher ausgeschlossen.

Hinsichtlich der Hose ist eine solche zwar denkbar, wird aber dennoch nicht den Regelfall darstellen, weshalb auch die weiße Hose des Arztes als Berufskleidung anerkannt ist. Anders gestaltet sich die Rechtslage aber bei den Blusen, Socken und Schuhen. Hier ist eine private Mitbenutzung nicht ausgeschlossen, weshalb von typischer Berufskleidung insoweit nicht mehr ausgegangen wird.

hemmer-Methode: Vgl. Sie hierzu Hemmer/Wüst/Hölzle, Einkommensteuerrecht, Rn. 69 ff. und ausführlich zur Berufskleidung von Ärzten BFH, BStBl 1991, II, 348.

Liegt aber kein Fall typisierter Werbungskosten des § 9 I S. 3 EStG vor, so ist immer noch zu fragen, ob nicht Werbungskosten aufgrund beruflicher Veranlassung nach § 9 I S. 1 EStG anzunehmen sind.

Hierbei ist aber zu beachten, dass die Qualifikation als typische Berufskleidung nur deshalb abgelehnt worden ist, weil eine private Mitbenutzung der Kleidung nicht ausgeschlossen werden kann. Liegt der Fall aber so, so muss nach Ansicht des BFH und der Finanzverwaltung ein Werbungskostenabzug insgesamt an § 12 Nr. 1 EStG scheitern.

Der BFH entnahm dieser Vorschrift gegen den Widerstand aus großen Teilen der Rechtslehre ein konstitutives Aufteilungs- und Abzugsverbot.

Sei eine private Mitbenutzung objektiv nicht auszuschließen, so verbiete sich eine Aufteilung in einen privaten und einen beruflichen Anteil, die nötigenfalls auch im Schätzungswege (§ 162 AO) erfolgen könnte. Dies hat der BFH mittlerweile aufgegeben. Allerdings geht der BFH weiter davon aus, dass Aufwendungen für Kleidung, die nicht typische Berufskleidung ist, nicht abgezogen werden kann. Den Interessen des Steuerpflichtigen werde insoweit bereits durch die Steuerfreiheit des Existenzminimums und das subjektive Nettoprinzip hinreichend Rechnung getragen. Der BFH begründet sein Ergebnis somit nunmehr dogmatisch anders.

Dementsprechend können die Aufwendungen für die Blusen, die Socken und die Schuhe nicht nach § 9 EStG abgezogen werden können.

Stefanie hat daher abzugsfähige Werbungskosten in Höhe von (375 € + 150 € =) 525 €.

Ihre Einkünfte aus nichtselbständiger Tätigkeit an der Universitätsklinik Würzburg betragen daher (60.000 € - 525 € - 1.875 € =) 57.600 €.

5. Zu III 4: Die Schwesternschule

Es fragt sich, wie die Zahlungen aus der ausbildenden Tätigkeit an der Schwesternschule steuerrechtlich zu würdigen sind.

Es könnte sich hierbei um Einkünfte aus selbständiger Arbeit gemäß §§ 2 I S. 1 Nr. 3, 18 I Nr. 1 S. 2 EStG handeln. Hierzu müsste Stefanie insoweit selbständig tätig sein.

Eine selbständige Tätigkeit setzt voraus, dass der Steuerpflichtige auf eigene Rechnung und eigenes Risiko unter freier Einteilung der Arbeitszeit und dem Arbeitsort tätig wird, und niemandes Weisung untersteht.

Im vorliegenden Fall wird Stefanie aufgrund eines Vertrages mit der Stadt Würzburg tätig. Sie ist daher weder in der Einteilung der Arbeitszeit, -dauer, des Umfanges noch der Gestaltung frei. Zudem unterliegt sie - wenn auch nicht in fachlicher Hinsicht - der Weisung der Stadt. Von einer selbständigen Tätigkeit kann daher nicht ausgegangen werden.

Ist Stefanie aber weisungsgebunden tätig und erbringt sie ihre Arbeit um der Gegenleistung Willen, so kann von einer nichtselbständigen Arbeit im Sinne der §§ 2 I S. 1 Nr. 4, 19 I Nr. 1 EStG ausgegangen werden.

Die Einkünfte hieraus wären aber nur dann steuerpflichtig, wenn nicht ein Befreiungstatbestand eingreift. Als solcher kommt hier § 3 Nr. 26 EStG in Betracht. Hierzu müsste es sich bei der Tätigkeit an der Schwesternschule um eine nebenberufliche Ausbildungstätigkeit handeln. Dass die Stefanie ausbildend, also in der Vermittlung von Wissen und Fähigkeiten tätig ist, liegt auf der Hand.

Fraglich ist nur, ob die Tätigkeit als Nebentätigkeit einzustufen ist. Eine Nebenbeschäftigung kann auch ohne einen Hauptberuf und ohne Vollzeiterwerb ausgeübt werden. Ebenso ist es unschädlich, dass mit den hieraus erzielten Erlösen der Lebensunterhalt bestritten werden soll.

Einzige Voraussetzung ist, dass die Nebenbeschäftigung objektiv neben einem Hauptberuf ausgeübt werden kann oder könnte. Maßgebliches Kriterium ist nach dem BFH damit eine zeitliche Betrachtung.

Eine Nebenbeschäftigung soll bei einem Zeitaufwand von bis zu 1/3 der üblichen Arbeitszeit einer Vollzeitkraft vorliegen.[33]

---

[33] SCHMIDT/HEINICKE, § 3.

Mangels Sachverhaltsangaben ist hier davon auszugehen, dass Stefanie nicht mehr als 1/3 der Arbeitszeit, die sie schon als Ärztin aufwendet auch noch in der Schwesternschule tätig ist. Es liegt daher eine begünstigte Nebentätigkeit i.S.d. § 3 Nr. 26 EStG vor.

Bei der Privilegierung des § 3 Nr. 26 EStG handelt es sich nach dem Wortlaut um einen Freibetrag und nicht um eine Freigrenze. Stefanie liegt mit den Einkünften in Höhe von 1.000 € innerhalb dieses Freibetrages, weshalb diese nicht steuerpflichtig sind.

hemmer-Methode: Halten Sie immer Freibeträge und Freigrenzen auseinander. Wird ein Freibetrag überschritten, so ist nur der übersteigende Teil steuerpflichtig. Wird eine Freigrenze überschritten, so unterliegen die gesamten Einkünfte der Steuerpflicht.

VI. Summe und Gesamtbetrag der Einkünfte der Ehegatten

1. Summe der Einkünfte (Verlustausgleich)

Robert erzielte positive Einkünfte in Höhe von 204.750 €.

Stefanie hat positive Einkünfte aus §§ 19 I Nr. 1, 2 I S. 1 Nr. 1 EStG in Höhe von 57.600 €. Negative Einkünfte hat Stefanie aus §§ 17, 15, 2 I S. 1 Nr. 2 EStG in Höhe von –9.000 €.

Mithin verbleiben der Stefanie positive Einkünfte in Höhe von (57.600 € - 9.000 € =) 48.600 €.

2. Gesamtbetrag der Einkünfte

Gemäß § 2 III S. 1 EStG ist die Summe der Einkünfte, vermindert um den Altersentlastungsbetrag nach § 24a EStG der Gesamtbetrag der Einkünfte.

Den Altersentlastungsbetrag kann jeder Steuerpflichtige in Anspruch nehmen, der vor Beginn des Kalenderjahres, in dem das Einkommen bezogen wird, das 64. Lebensjahr vollendet hat, § 24a S. 3 EStG.

Der Altersentlastungsbetrag ist auch bei zusammenveranlagten Ehegatten für diese jeweils getrennt zu ermitteln, § 24a S. 4 EStG.

Robert ist am 01.08.1948 geboren. Sein 64. Lebensjahr hat er demnach vor Beginn des Kalenderjahres 2016 vollendet. Ihm steht ein Altersentlastungsbetrag zu.

Der Altersentlastungsbetrag errechnet sich gemäß § 24a S. 1 EStG aus der positiven Summe der Einkünfte.

Er beträgt 27,2 % hiervon, höchstens jedoch 1.292 € im Kalenderjahr. Robert hatte 2016 positive Einkünfte in Höhe von 204.750 €. 27,2 % hiervon wären 55.692 €. Geltend machen kann Robert indes höchstens 1.292 €. Dieser Betrag ist ihm folglich zu gewähren.

hemmer-Methode: Wiederum sei darauf hingewiesen, dass eine konkrete Berechnung in der Klausur von Ihnen nicht erwartet wird! Es genügt die Angabe des Lösungsweges.

Bei Stefanie kommt der Altersentlastungsbetrag nicht in Betracht. Diese hat das 64. Lebensjahr noch nicht vollendet.

3. Zwischenergebnis

Der Gesamtbetrag der Einkünfte der Ehegatten beträgt daher:

204.750 € (Einkünfte Robert) – 1.292 € (§ 24a EStG) + 48.600 € (Einkünfte Stefanie) = 252.058 €.

hemmer-Methode: Denken Sie daran, dass gemäß § 26b EStG bei zusammenveranlagten Ehegatten deren Einkünfte zusammengerechnet und diese sodann als ein Steuerpflichtiger behandelt werden. Es wird folglich nur ein Gesamtbetrag der Einkünfte, nur ein Einkommen und nur ein zu versteuerndes Einkommen berechnet.

VII. Einkommen, § 2 IV EStG

Der Gesamtbetrag der Einkünfte, vermindert um die Sonderausgaben und die außergewöhnlichen Belastungen ist das Einkommen, § 2 IV EStG.

Die Ehegatten haben abzugsfähige Sonderausgaben in Höhe von 20.000 €.

Das Einkommen der Ehegatten beträgt damit (252.058 € - 20.000 € =) 232.058 €.

VIII. Zu versteuerndes Einkommen, § 2 V EStG

Die Ehegatten Rabbit haben keine Kinder. Ein Abzug vom Einkommen nach §§ 31, 32 EStG ist daher nicht vorzunehmen. Auch sonstige Abzugsbeträge kommen nicht in Betracht.

Das zu versteuernde Einkommen der Ehegatten beträgt daher 232.058 €.

Fall 3

Sachverhalt:

Teil A

I. *Ulrich Hartmann ist Rechtsanwalt in München. Er betreibt gemeinsam mit seinem Kollegen Richard Weichkäs eine Kanzlei. Beide Partner sind seit dem 01.01.2016 zu gleichen Teilen an Gewinn und Verlust beteiligt.*

II. *Der Gewinn der Kanzlei wird durch die Gegenüberstellung der Betriebseinnahmen über die Betriebsausgaben ermittelt. Hieraus ergab sich für 2016 ein Gewinn von 150.000 €.*

III. *In diese Gegenüberstellung sind unter anderem die folgenden Positionen eingeflossen:*

1. *Als Betriebseinnahmen wurde ein Scheck in Höhe von 4.000 € gebucht. Dieser wurde Ende 2016 von einem Mandanten zur Tilgung einer Honorarrechnung übergeben. Die Bank weigerte sich jedoch, den im Januar 2017 vorgelegten Scheck einzulösen, weil der Aussteller bereits seit mehr als einem halben Jahr zahlungsunfähig war.*

2. *Ulrich hatte 2016 einen Polizisten in einem Strafverfahren vertreten, weil dieser angeblich im Anschluss an einen seiner nächtlichen Disco-Besuche einem anderen Besucher, der ihm das Taxi „wegschnappen" wollte, eine Limonadenflasche an den Kopf geworfen hatte. Eben dieser Polizist hielt Ulrich im Mai 2016 bei einer Straßenkontrolle an, als dieser gerade auf dem Weg von einem Geburtstagsumtrunk nach Hause war. Als der Polizist den Ulrich erkannte, ließ er diesen unbeanstandet weiterfahren, obwohl er merkte, dass Ulrich nicht mehr ganz nüchtern war. Daraufhin rief Ulrich den Polizisten am nächsten Tag an und teilte ihm mit, dass er auf die Zahlung der für das Strafverfahren gestellten Rechnung in Höhe von 580 € verzichte. Der Vorgang war dementsprechend auch weder als Betriebseinnahme noch als Betriebsausgabe gebucht.*

3. *Die Partner haben im Juni 2016 acht schwarze Hosen angeschafft, die die Anwälte ausschließlich bei Auftritten vor Gericht unter der Robe tragen. Für private Zwecke wurden die Hosen nicht genutzt. Die Anschaffungskosten betrugen 860 € und sind in den Betriebsausgaben enthalten.*

4. *Um die Exklusivität der Kanzlei zu unterstreichen, kaufte Ulrich im November 2016 einen „Miro" im Wert von 30.000 € und hängte ihn in das Wartezimmer. Auch dieser Kaufpreis ist als Betriebsausgabe erfasst. Wegen des nur mäßigen Lichteinfalls im Wartezimmer und der idealen Luftfeuchtigkeit ist Ulrich seitens des Verkäufers zugesichert worden, dass das Bild keinerlei Schaden nehmen und sich nicht verschlechtern werde.*

5. *Für das Wartezimmer der Kanzlei kauften Ulrich und Richard im Juli 2016 eine Couch, die auch umgehend geliefert wurde. Die Rechnung in Höhe von 1.200 € zzgl. 228 € USt. zahlten die Anwälte indes erst in der ersten Januarwoche 2017.*

Die Couch wird wohl vier Jahre nutzungsfähig sein. Als Betriebsausgaben wurde die Zahlung, weil in 2016 nicht geflossen, noch nicht erfasst.

***6.** Die Betriebsausgaben enthalten Zahlungen an die Schreibkraft der Kanzlei für deren Fahrten zwischen ihrer Wohnung und der Arbeitsstätte (insgesamt 2.100 €). Die Schreibkraft fuhr an 250 Tagen je 24 km, wofür ihr von Richard und Ulrich 0,35 €/km gezahlt wurden.*

***IV.** Zum 01.01.2016 waren die Kollegen mit der Kanzlei in das Obergeschoss eines Gebäudes gezogen, das der Ulrich im Vorjahr von seinem Vater geerbt hatte. Der Vater hatte das 300 Jahre alte Herrenhaus elf Jahre zuvor für 1,5 Mio. € gekauft, wovon 420.000 € auf den Grund und Boden entfielen. 2016 betrug der Wert des Hausgrundstückes 1,95 Mio. €, davon 0,75 Mio. für den Grund und Boden.*

***1.** Die gesamten Kosten für das Gebäude trägt Ulrich als Alleineigentümer. Richard zahlt dem Ulrich aufgrund einer schriftlichen Vereinbarung monatlich 1.000 € als Nutzungsentschädigung.*

***2.** Im Erdgeschoss des Gebäudes befindet sich ein Getränkehandel, das 2. Obergeschoss ist an einen Zahnarzt als Praxis vermietet. Alle drei Geschosse haben die gleiche Grundfläche.*

Aus den von Ulrich geführten Abrechnungsunterlagen für das Haus ergeben sich die folgenden Geldbewegungen, die jeweils von Ulrich getragen wurden bzw. allein an Ulrich gingen::

Mieteinnahmen Getränkehandel	***19.000 €***
Mieteinnahmen Zahnarztpraxis	***14.000 €***
Mieteinnahmen Kanzlei	***12.000 €***
Zinsen für einen Kredit für eine Generalüberholung der Heizungsanlage, 6,8% von 90.000 €	***- 6.120 €***
Kosten für einen Neuanstrich der Kanzleiräume	***-3.010 €***
Sonstige Nebenkosten für das gesamte Gebäude	***-6.810 €***

Teil B

Richard erzielt neben seinen Einkünften aus der Anwaltstätigkeit auch noch Einkünfte aus der Vermietung von Wohnungen in und um München. Aus der Vermietung eines kleinen Hauses in der Rotkäppchenstr. 55 hatte er monatlich Einkünfte von 1.250 € erklärt. Durch eine Kontrollmitteilung erfährt das Finanzamt jedoch, dass tatsächlich das ganze Jahr 2016 monatlich 1.500 € Miete gezahlt wurden.

Durch das Finanzamt hierauf hingewiesen legt Richard auch noch zwei Installateurrechnungen (insgesamt 1.500 €) vor, die wegen seiner „Schlamperei" in privaten Angelegenheiten bei der Abgabe der Steuererklärung nicht auffindbar gewesen sind. Wenn er schon Steuern nachzahlen müsse, dann sollen doch wenigstens die tatsächlich in dieser Höhe angefallenen Werbungskosten anerkannt werden.

Bearbeitervermerk:

Zu Teil A:

In einem Gutachten ist zunächst der Gewinn der Kanzlei für 2016, sodann das zu versteuernde Einkommen des ledigen Ulrich zu ermitteln. Es ist davon auszugehen, dass sowohl Ulrich als auch die Anwaltssozietät aus Vereinfachungsgründen AfA nur linear geltend machen wollen (sofern überhaupt eine Wahlmöglichkeit besteht). Abzugsfähige Sonderausgaben sind in Höhe von 1705 € angefallen.

Zu Teil B:

Inwieweit wird das Finanzamt 2017 den Steuerbescheid 2016 des Richard ändern?

Lösung

A. TEIL A: Die Gewinne der Sozietät und das zu versteuernde Einkommen des Ulrich

I. Die Gewinne der Sozietät

1. Subjektive Steuerpflicht

Bei der Anwaltssozietät handelt es sich mangels entgegenstehender Vereinbarungen der Beteiligten um eine Gesellschaft bürgerlichen Rechts. Die beiden Rechtsanwälte haben sich zur Erreichung eines gemeinsamen Zweckes unter Erbringung von Beiträgen zusammengeschlossen, § 705 BGB.

Personengesellschaften sind, wie sich aus § 1 I EStG ergibt, nicht einkommensteuerpflichtig. Ebenso wenig fallen diese unter das KStG, da von diesem allein Kapitalgesellschaften erfasst werden.

hemmer-Methode: Bei der Anwendung des KStG ist man heute einer streng formalistischen Sichtweise treu geblieben. Auch noch so große (Publikums-)Kommanditgesellschaften unterfallen nicht der Körperschaftssteuer. Vielmehr werden die Gesellschafter nach Einkommensteuerrecht behandelt.

Sind aber die Personengesellschaften als solche nicht einkommensteuerpflichtig, so bleibt es bei der subjektiven Steuerpflicht der hinter diesen Gesellschaften stehenden Gesellschafter. Diese sind als natürliche Personen mit den aus der Gesellschaft ermittelten Gewinnen einkommensteuerpflichtig, §§ 1 I EStG, 8 AO. Die Gesellschaft dient allein als Objekt der Einkommensteuerermittlung, nicht aber als Subjekt der Besteuerung.

Gemäß §§ 179, 180 I Nr. 2 a) AO werden die Gewinne bei der Gesellschaft einheitlich und dann für die Gesellschafter gesondert festgestellt.

2. Einkunftsart und Gewinnermittlungsmethode

Zu prüfen ist, welche Einkunftsart Ulrich und Richard im Rahmen der GbR verwirklichen. Beide Gesellschafter sind als Rechtsanwalt tätig. Sie üben einen Katalogberuf des § 18 I Nr. 1 S. 2 EStG aus und erzielen Einkünfte aus freiberuflicher Tätigkeit gemäß §§ 2 I S. 1 Nr. 3, 18 I Nr. 1 S. 2 EStG.

Fraglich ist allerdings, wie es sich auswirkt, dass vorliegend mehrere Personen an der Erzielung der Einkünfte beteiligt sind. Wie oben schon gesehen, wird gemäß §§ 179, 180 I Nr. 2 a) AO bei der Beteiligung mehrerer der Gewinn einheitlich und gesondert festgestellt.

Was alles zum Gewinn der Gesellschafter aus der Gesellschaft zählt, wird durch § 18 IV EStG normiert, der auf § 15 I S. 1 Nr. 2 EStG verweist. Man spricht insoweit von einer freien Mitunternehmerschaft.

Eine solche kommt in Betracht und besteht zwischen solchen Gesellschaftern, die sowohl Mitunternehmerinitiative als auch Mitunternehmerrisiko innehaben. Dies ist bei den gleichberechtigten Gesellschaftern vorliegend unproblematisch der Fall.

hemmer-Methode: Nicht jede Gesellschaft ist also immer auch eine Mitunternehmerschaft i.S.d. EStG. Vielmehr ist das Bestehen einer Gesellschaft grundsätzlich Voraussetzung für die Annahme einer Mitunternehmerschaft, die anhand der Kriterien Mitunternehmerrisiko und Mitunternehmerinitiative zu prüfen ist. Dabei handelt es sich bei dem Begriff der Mitunternehmerschaft um einen sog. Typusbegriff.
Es ist nicht anhand von starren Kriterien zu prüfen, sondern es kann ein Mehr des einen Kriteriums ein Weniger des anderen aufwiegen.
Die Prüfung erfolgt daher grundsätzlich in drei Schritten:
1. Vorliegen einer Gesellschaft
2. Mitunternehmerrisiko
3. Mitunternehmerinitiative.
Nur in Ausnahmefällen verzichtet die Rechtsprechung auf das Vorliegen einer Gesellschaft. So z.B. wenn sich im Gesamtgut zweier Ehegatten, die in Gütergemeinschaft leben, ein Gewerbebetrieb befindet.
Das Verhältnis sei so gesellschaftsähnlich, dass von einer Mitunternehmerschaft auszugehen sei. Ähnlich auch die Argumentation bei Erbengemeinschaften. Hier wird von einer „geborenen Mitunternehmerschaft" gesprochen.

Als Einkünfte aus § 18 EStG zählen daher nicht nur der Gewinnanteil, den die Gesellschafter von der Gesellschaft erhalten, sondern auch Vergütungen für Tätigkeiten im Dienste der Gesellschaft oder für die Überlassung von Wirtschaftsgütern, §§ 18 IV S. 2, 15 I S. 1 Nr. 2 EStG.

hemmer-Methode: I.R.v. Mitunternehmerschaften, gleich ob freiberuflicher oder gewerblicher Natur, werden Einkünfte, die systematisch zu einer anderen Einkunftsart gehören, in Einkünfte aus gewerblicher oder freiberuflicher Tätigkeit umqualifiziert. Der Grund hierfür liegt im Gleichbehandlungsgrundsatz. Ein Einzelgewerbetreibender könnte sich gewinnwirksam kein Gehalt zahlen. Auf Ebene der Gesellschaft würde eine Gehaltszahlung an den Geschäftsführergesellschafter den Gewinn aber mindern. Diese Ungleichbehandlung wird durch § 15 I S. 1 Nr. 2 EStG vermieden. Alle Vergütungen, die der Gesellschafter von der Gesellschaft erhält, sollen als Gewinn vorab angesehen werden, der dem Gesellschafter zugewandt wird.

Dann können diese Zahlungen aber natürlich den Gewinn nicht mindern.
Lesen Sie hierzu Hemmer/Wüst/Hölzle, Basics Steuerrecht, Rn. 214 ff. und Hemmer/Wüst/ Hölzle, Einkommensteuerrecht, Rn. 165 ff.

Die Rechtsanwälte haben den Gewinn durch die Gegenüberstellung der Betriebseinnahmen über die Betriebsausgaben, also nach § 4 III EStG ermittelt. Hierzu wären sie berechtigt, wenn Sie nicht verpflichtet sind, Bücher zu führen und dies auch nicht freiwillig tun.

Die Buchführungspflichten richten sich nach §§ 140, 141 AO. Eine derivative Buchführungspflicht, insbesondere aus §§ 238 ff. HGB, kommt nicht in Betracht, da die Rechtsanwälte keine Kaufleute i.S.d. HGB sind.

Auch eine originäre Buchführungspflicht nach § 141 AO besteht nicht.

Dieser vermag eine solche nur für Gewerbetreibende, Land- und Forstwirte zu begründen.

Ulrich und Richard haben den Gewinn daher zu Recht nach § 4 III EStG ermittelt.

Aufgrund der §§ 179, 180 I Nr. 2 a) AO ist beim Vorliegen einer freien Mitunternehmerschaft (und auch anderer Einkünfte, an denen mehrere beteiligt sind) zunächst der Gewinn auf der Ebene der Gesellschaft zu ermitteln und dieser dann auf die Gesellschafter zu verteilen.

3. Gewinne auf der Ebene der Gesellschaft

Richard und Ulrich haben den Gewinn der Gesellschaft mit 150.000 € beziffert. Es bleibt zu prüfen, ob sich aus den genannten Vorgängen Korrekturen ergeben.

a) Zu III 1: Der Scheck

Die Valuta des Schecks könnte zu Recht als Betriebseinnahme gebucht worden sein. Der Begriff der Betriebseinnahmen ist für § 4 III EStG nicht normiert. Er wird aber entsprechend § 8 EStG und e contrario § 4 IV EStG als jeder Zufluss in Geld oder Geldeswert definiert, der durch den Beruf veranlasst ist.

Für den § 4-III-Rechner gilt das Zu- und Abflussprinzip des § 11 EStG. Zuflüsse sind daher im Zeitpunkt der Erlangung der wirtschaftlichen Verfügungsmacht, Abflüsse bei deren Verlust zu berücksichtigen. Dies gilt grundsätzlich auch für einen Scheck. Der Zufluss der Scheckvaluta ist daher im Regelfall mit der Übergabe des Schecks anzunehmen.

hemmer-Methode: Dies gilt grundsätzlich auch für den Abfluss. Etwas anderes ist nur dann anzunehmen, wenn die sofortige Einlösung etwa durch zivilrechtliche Abreden eingeschränkt ist.

Etwas anderes könnte sich hier indes daraus ergeben, dass der Scheck schon bei der Übergabe nicht gedeckt war.

Ein Zufluss der Scheckvaluta kann nämlich nur dann angenommen werden, wenn der Scheck im Anschluss tatsächlich eingelöst wird.[34]

Dies war vorliegend jedoch nicht der Fall.

Die Scheckvaluta ist daher nicht i.S.d. § 11 I EStG zugeflossen. Die 4.000 € sind zu unrecht als Betriebseinnahmen verbucht worden.

Es ergibt sich eine Korrektur des Gewinns um - 4.000 €.

[34] SCHMIDT/HEINICKE, § 11 Rn. 30.

b) Zu III 2: Die Honorarrechnung

Es ist zu prüfen, ob der Verzicht auf die Forderung, der bisher nicht berücksichtigt wurde, in irgendeiner Weise Gewinnauswirkung hat.

Bei einem § 4-III-Rechner sind Forderung - anders als bei der § 4-I-Rechnung, bei der Forderungen zu bilanzieren sind - im Zeitpunkt des Zuflusses der Valuta gewinnwirksam zu berücksichtigen.

Nichts desto weniger besteht die Forderung als nicht abnutzbares Wirtschaftsgut mit ihrer Begründung im Betriebsvermögen.

hemmer-Methode: Anders ist dies nur, wenn von Anfang an klargestellt wird, dass unentgeltlich gearbeitet werden soll. Dann entsteht erst gar keine Forderung, die als nicht abnutzbares Wirtschaftsgut im Betriebsvermögen bestehen könnte. Wird allerdings erst später auf die Forderung verzichtet, so ist diese entstanden und der Verzicht steuerrechtlich zu würdigen. Für einen Rechtsanwalt wäre es zwar standeswidrig, von vornherein auf das Honorar zu verzichten (vgl. § 49b BRAO), wegen der Wertneutralität des Steuerrechts, § 40 AO, hat dies auf das steuerrechtliche Ergebnis jedoch keinen Einfluss.
Lesen Sie hierzu Hemmer/Wüst/Hölzle, Basics Steuerrecht, Rn. 473 f. und Hemmer/Wüst/Hölzle, Einkommensteuerrecht, Rn. 459.

Ist die Forderung im Betriebsvermögen entstanden, so ist aber der Verzicht auf dieselbe auch steuerrechtlich zu würdigen.

War der Verzicht privat veranlasst, so ist hierin eine Entnahme i.S.d. § 4 I S. 2 EStG zu sehen.

Der Wert der Forderung gilt demnach als fiktiv zugeflossen und ist als Betriebseinnahme zu berücksichtigen.

hemmer-Methode: Grundsätzlich gelten die Entnahme- und Einlagevorschriften des § 4 I EStG auch für den § 4-III-Rechner. Die einzige Ausnahme stellen hier Geldentnahmen dar. Geld wird mit dessen Zufluss als Betriebseinnahme verbucht. Was danach mit dem Geld geschieht, ist unerheblich. Wird es für betriebliche Zwecke verwendet, entstehen Betriebsausgaben. Wird es für private Zwecke verwendet eben nicht. Es ist aber auch keine Geldentnahme dem Gewinn hinzuzurechnen, da anderenfalls der gleiche Betrag zweimal berücksichtigt würde.

Vorliegend ist daher zu prüfen, ob der Forderungsverzicht privat oder beruflich veranlasst war. Er stellte die Gegenleistung dafür dar, dass der Polizist den Ulrich unbehelligt passieren ließ. Die Folgen eines Straf- oder Ordnungswidrigkeitenverfahrens sind nach § 12 Nr. 4 EStG aber stets privat veranlasst. Dann muss Gleiches aber auch für den Verzicht auf die Forderung gelten, die mit dem verhinderten Ordnungswidrigkeiten- oder Strafverfahren zusammenhängt.

Der Verzicht der Forderung war hier demnach privat veranlasst. Die Forderung, die als nicht abnutzbares Wirtschaftsgut im Betriebsvermögen bestand, wurde daher entnommen. Deren Wert ist dem Gewinn hinzuzurechnen.

Es ergibt sich daher eine Korrektur des Gewinns um +580 €.

c) Zu III 3: Die Hosen

Bei den Aufwendungen für die Hosen könnte es sich um Betriebsausgaben i.S.d. § 4 IV EStG handeln.

Die Hosen werden ausschließlich betrieblich genutzt. Deren Anschaffung ist daher durch den Betrieb veranlasst. Es wäre grundsätzlich von Betriebsausgaben auszugehen.

Dem könnte aber § 12 Nr. 1 S. 2 EStG entgegenstehen.

Der BFH entnahm dieser Vorschrift entgegen deren Wortlaut und der heftigen Kritik aus weiten Teilen der Literatur ein konstitutives Aufteilungs- und Abzugsverbot. Aufwendungen, die nur objektiv auch der privaten Lebensführung dienen können, seien hiernach steuerrechtlich nicht zu berücksichtigen.

Auf eine tatsächliche private Mitbenutzung kommt es indessen nicht an. Der BFH hat diese Rechtsprechung inzwischen geändert. Er kommt allerdings immer noch zu dem Ergebnis, dass die Kosten für Kleidung in der Regel nicht abzugsfähig sind. Er begründet dies allerdings nun (dogmatisch durchaus nachvollziehbar) damit, dass die Kosten für Kleidung (und andere privat nutzbare Gegenstände wie etwa Brillen) bereits insofern berücksichtigt würden, als dem Steuerpflichtigen das Existenzminimum steuerfrei gestellt wird. Auch könne er Sonderausgaben und außergewöhnliche Belastungen abziehen.

Anders sei dies bei Bekleidung nur dann zu beurteilen, wenn es sich um typische Berufskleidung handelt, vgl. § 9 I S. 3 Nr. 6 EStG. Der Begriff der typischen Berufskleidung wird hierbei aber sehr restriktiv ausgelegt. Eine private Benutzung der Bekleidungsgegenstände müsse nahezu ausgeschlossen sein. Dies ist bei einer schwarzen Hose nicht der Fall. Ist eine private Nutzung aber auch nur objektiv denkbar, so muss eine Anerkennung als Betriebsausgaben nach dem BFH ausscheiden.

Ist die Anerkennung der Anschaffungskosten für die Hosen als Betriebsausgaben aber zu versagen, so können die Aufwendungen den Gewinn nicht mindern. Die abgezogenen 860 € sind dem Gewinn hinzuzurechnen.

d) Zu III 4: Das Bild

Bei den Anschaffungskosten für den „Miro“ könnte es sich um Betriebsausgaben i.S.d. § 4 IV EStG handeln. Das Bild diente der Förderung der Kanzlei und ist mithin durch diese veranlasst. Es handelt sich um Betriebsausgaben.

Es fragt sich allerdings, ob die Kosten sofort in voller Höhe abgezogen werden durften. Gemäß § 4 III S. 3 EStG sind auch beim § 4-III-Rechner die Vorschriften über die AfA, § 7 EStG, anzuwenden.

§ 7 EStG gilt indes nur für abnutzbare Wirtschaftsgüter des Anlagevermögens.

Zwar handelt es sich bei dem Bild um ein Wirtschaftsgut des Anlagevermögens, jedoch ist zugesichert worden, dass sich das Bild nicht verschlechtert. Es handelt sich daher um ein nicht abnutzbares Wirtschaftsgut. AfA auf die Anschaffungskosten kann daher nicht geltend gemacht werden.

Gemäß § 4 III S. 4 EStG sind Anschaffungskosten für nicht abnutzbare Wirtschaftsgüter erst im Zeitpunkt ihres Verkaufs oder ihrer Entnahme steuerrechtlich zu berücksichtigen. Beides ist hier noch nicht erfolgt.

Die Anschaffungskosten dürfen daher den Gewinn nicht mindern. Die Anwälte haben sie zu Unrecht als Betriebsausgaben angesetzt. Es ergibt sich eine Korrektur des erklärten Gewinns um +30.000 €.

e) Zu III 5: Die Couch

Auch die Anschaffungskosten für die Couch sind betrieblich veranlasst und stellen daher Betriebsausgaben i.S.d. § 4 IV EStG dar.

Zu fragen ist allein, ob diese im VZ 2016 hätten geltend gemacht werden müssen, und wenn ja, in welcher Höhe.

Nach dem Zu- und Abflussprinzip des § 11 EStG sind Zahlungen erst in dem Moment steuerrechtlich zu berücksichtigen, in dem sie abgeflossen sind, der Steuerpflichtige also die wirtschaftliche Verfügungsmacht verloren hat.

Eine Ausnahme vom Zu- und Abflussprinzip stellen jedoch die Vorschriften über die AfA dar, die gemäß § 4 III S. 3 EStG auch beim § 4-III-Rechner Anwendung finden.

Hiernach können die Anschaffungskosten für abnutzbare Wirtschaftsgüter des Anlagevermögens seit der Anschaffung des Wirtschaftsgutes geltend gemacht werden. Auf den Zeitpunkt der Zahlung kommt es nicht an.

Bei der Couch handelt es sich um ein bewegliches Wirtschaftsgut des Betriebsanlagevermögens.

Dementsprechend hätten die Anschaffungskosten für die Couch schon in 2016 im Wege der AfA teilweise berücksichtigt werden müssen.

Bemessungsgrundlage für die AfA sind die Anschaffungskosten. Es fragt sich, ob dies im vorliegen Fall die Netto- oder die Bruttoanschaffungskosten, also inklusive oder exklusive Umsatzsteuer sind. Diese Frage wird von § 9b EStG beantwortet. Hiernach gehört der Vorsteuerbetrag dann nicht zu den Anschaffungskosten, wenn der Steuerpflichtige zum Vorsteuerabzug berechtigt ist.

Dies richtet sich nach § 15 UStG. Nach § 15 I Nr. 1 UStG ist zum Abzug der Vorsteuer jeder Unternehmer berechtigt, der gegen eine die USt ausweisende Rechnung von einem anderen Unternehmer für seinen Betrieb Waren oder Dienstleistungen erhält.

Die Unternehmereigenschaft ist in § 2 UStG geregelt. Unternehmer ist hiernach jeder, der selbständig und nachhaltig mit Einnahmeerzielungsabsicht tätig ist.

hemmer-Methode: Beachten Sie den Unterschied von § 2 I UStG zu § 15 II EStG: Während für den Gewerbebetrieb nach § 15 II EStG eine Gewinnerzielungsabsicht erforderlich ist, reicht für die Begründung der Unternehmereigenschaft nach UStG eine Einnahmeerzielungsabsicht aus.

Dies ist bei Ulrich und Richard unproblematisch der Fall. Auch ist davon auszugehen, dass sie die Couch von einem anderen Unternehmer gekauft und eine die Umsatzsteuer ausweisende Rechnung i.S.d. § 14 UStG erhalten haben.

Ein Vorsteuerabzug würde nach § 15 II Nr.1 UStG indes dann ausscheiden, wenn die Umsätze der Anwälte von der Umsatzsteuer befreit wären. Die Umsatzsteuerbefreiung ist in § 4 UStG geregelt.

Die Umsätze der Rechtsanwälte sind dort allerdings nicht genannt. Eine Umsatzsteuerbefreiung scheidet daher aus.

hemmer-Methode: Ein klassisches Beispiel für die Umsatzsteuerbefreiung stellen die Ärzte dar, § 4 Nr. 14 lit. a UStG.
Diese sind daher nicht zum Vorsteuerabzug berechtigt und können gemäß § 9 UStG auch nicht zur USt-Pflicht optieren.

Die Umsatzsteuer ist daher für Ärzte Teil der Anschaffungskosten und in die AfA-Bemessungsgrundlage mit einzustellen.

Der in dem Kaufpreis enthaltene Umsatzsteuerbetrag ist, da die Anwälte zum Vorsteuerabzug berechtigt sind, nicht Bestandteil der Anschaffungskosten, § 9b EStG.

hemmer-Methode: Umsatzsteuer, die dem Vorsteuerabzugsverfahren unterliegt, stellt Betriebseinnahmen und Betriebsausgaben eigener Art dar. Zählt wie hier die USt nicht zu den Anschaffungskosten, so handelt es sich um Betriebsausgaben, für die das Zu- und Abflussprinzip des § 11 EStG gilt. Die USt kann hier also erst mit tatsächlichem Abfluss als BA geltend gemacht werden.

Bemessungsgrundlage für die Berechnung der AfA ist daher der Netto-Kaufpreis in Höhe von 1.200 €.

Die Couch wird voraussichtlich vier Jahre nutzbar sein.

Nach § 7 I EStG sind die Anschaffungskosten bei der linearen AfA gleichmäßig auf diesen Nutzungszeitraum zu verteilen. Dementsprechend könnten jährlich Betriebsausgaben im Wege der AfA in Höhe von (1.200 € : 4 =) 300 € geltend gemacht werden.

Nach § 7 I S. 4 EStG ist der Gewinn der Sozietät pro rata um 150 € zu mindern.

hemmer-Methode: Die degressive AfA kann für bewegliche Wirtschaftsgüter des Anlagevermögens nur noch bis einschließlich 31.12.2010 geltend gemacht werden.

f) Zu III 6: Die Fahrtkostenerstattung

Die Aufwendungen für die Erstattung der Fahrtkosten an die Schreibkraft der Kanzlei sind betrieblich veranlasst und daher als Betriebsausgaben abzuziehen, § 4 IV EStG.

Zu fragen ist allein, ob dies in voller Höhe geschehen darf. Eine Regelung über die Beschränkung des Abzugs für Fahrtkosten findet sich in § 9 I S.3 Nr. 4 S. 2 EStG, wonach allein Pauschbeträge für jeden gefahrenen Kilometer angesetzt werden dürfen.

Die Regelung des § 9 EStG bezieht sich indes nur auf den Abzug von Werbungskosten durch den Steuerpflichtigen, der das Kraftfahrzeug nutzt. Die Erstattung von Fahrtkosten an Arbeitnehmer wird hiervon nicht erfasst. Hierbei handelt es sich um betrieblich veranlasste Aufwendungen, die den Gewinn mindern. Eine Beschränkung könnte sich allein aus § 4 V EStG ergeben. Hier ist eine entsprechende Regelung aber nicht vorgesehen.

Aus dem Vorgang ergibt sich daher keine Gewinnauswirkung.

g) Zu IV: Die Kanzleiräume

Bei der Sozietät der Anwälte handelt es sich, wie oben ausgeführt, um eine freiberufliche Mitunternehmerschaft nach §§ 18 IV S. 2, 15 I S. 1 Nr. 2 EStG. Auf der Ebene der Gesellschaft sind daher auch die Sonderbetriebsbilanzen (Sonderbetriebseinnahmen und Sonderbetriebsausgaben) der Gesellschafter zu erfassen.

hemmer-Methode: Sie haben oben bereits gesehen, dass aufgrund der Vorschrift des § 15 I Nr. 2 EStG Einkünfte, die eigentlich einer anderen Einkunftsart zuzuordnen wären, also z.B. solche für die Vermietung von Wirtschaftsgütern, in Einkünfte der betrieblichen Einkunftsart umqualifiziert werden.
Dogmatisch werden solche Zahlungen vor dem Hintergrund des Gleichbehandlungsgrundsatzes als Gewinnverteilungsvereinbarung in Form eines Gewinns vorab eingeordnet.
Die an die Gesellschafter geflossenen Zahlungen dürfen den Gewinn der Gesellschaft nicht mindern, weshalb die Sonderbetriebsergebnisse auch den Gewinn der Gesellschaft als solcher beeinflussen.
Lesen Sie hierzu Hemmer/Wüst/Hölzle, Basics Steuerrecht, Rn. 216 und Hemmer/Wüst/Hölzle, Einkommensteuerrecht, Rn. 165.

aa) Sonderbetriebsergebnis des Ulrich

Ulrich vermietet der Sozietät die in seinem Eigentum stehenden Kanzleiräume. Diese sind dazu bestimmt, den Betrieb zu fördern. Es handelt sich daher um Sonderbetriebsvermögen I.

hemmer-**Methode:** Unterscheiden Sie Sonderbetriebsvermögen I und II: Sonderbetriebsvermögen I ist dasjenige Sonderbetriebsvermögen, das im Eigentum des einen Gesellschafters steht und der Gesellschaft zu dienen bestimmt ist.
Sonderbetriebsvermögen II ist dasjenige Sonderbetriebsvermögen, dass der Beteiligung des einen Gesellschafters dient, z.B. also Beteiligungen an anderen, ihrerseits beteiligten Gesellschaften oder auch das Darlehen, das zur Finanzierung der Beteiligung aufgenommen wurde.
Lesen Sie hierzu Hemmer/Wüst/Hölzle, Einkommensteuerrecht, Rn. 167 ff.

Die Einkünfte aus der Vermietung von Sonderbetriebsvermögen sind daher Sonderbetriebseinnahmen des Ulrich, die den Gewinn der Gesellschaft nicht mindern dürfen.

Richard zahlt monatlich 1.000 € „Nutzungsentschädigung". Ulrich erzielt daher Sonderbetriebseinnahmen in Höhe von (12 x 1.000 € =) 12.000 € jährlich.

Den Sonderbetriebseinnahmen sind die Sonderbetriebsausgaben, die auf den als Kanzlei genutzten Gebäudeteil entfallen, gegenüberzustellen.

1. Ulrich hat die Heizungsanlage in dem Gebäude überholen lassen und hierfür Zinsen in Höhe von 6.120 € aufgewendet.

Hierbei handelt es sich bei einkommensteuerrechtlich relevant genutzten Gebäuden um sofort abzugsfähigen Erhaltungsaufwand. Sind aber die Kosten für die Maßnahme abzugsfähig, so muss dies auch für die auf den Finanzierungskredit angefallenen Zinsen gelten. Auch diese sind beruflich veranlasst.

hemmer-Methode: Differenzieren Sie bei Aufwendungen auf ein Gebäude immer zwischen sofort abzugsfähigem Erhaltungs- und zwischen Herstellungsaufwand, der nur die AfA-Bemessungsgrundlage nachträglich ändern kann.
Lesen Sie hierzu Hemmer/Wüst/Hölzle, Basics Steuerrecht, Rn. 358 und Hemmer/Wüst/Hölzle, Einkommensteuerrecht, Rn. 302 ff.

Für die Kanzlei wird allerdings nur 1/3 des Gebäudes genutzt. Auf diese können daher auch nur 1/3 der auf das gesamte Gebäude angefallenen Kosten entfallen. Ulrich hat daher Sonderbetriebsausgaben für die Überholung der Heizungsanlage in Höhe von (6.120 € : 3 =) 2.040 €.

2. Die Kosten für den Neuanstrich der Kanzleiräume sind ebenfalls sofort abzugsfähiger Erhaltungsaufwand. Diese entfallen in voller Höhe auf die Kanzlei.

Sie sind daher in auch in voller Höhe Sonderbetriebsausgaben des Ulrich. Diese erhöhen sich daher um die aufgewendeten 3.010 €.

3. Für das gesamte Gebäude sind sonstige Nebenkosten in Höhe von 6.810 € angefallen. 1/3 hiervon entfallen wiederum auf die Kanzleiräume und stellen demgemäß Sonderbetriebsausgaben des Ulrich dar. Diese erhöhen sich daher um (6.810 € : 3 =) 2.270 €.

4. Fraglich ist, inwieweit Ulrich AfA für den als Kanzlei genutzten Gebäudeteil als Betriebsausgaben geltend machen kann. Die Gebäude-AfA ist in § 7 IV und V EStG geregelt.

Die Kanzlei ist ein eigenständiges Wirtschaftsgut, vgl. § 7 Va EStG, sodass für dieses auch eigenständig AfA geltend gemacht werden kann.

Ulrich hat das Gebäude 2015 von seinem Vater geerbt.

Grds. richtet sich die für § 7 IV, V EStG maßgebliche Bemessungsgrundlage in diesem Fall nach § 11d EStDV.

Nach Abs. 1 der Vorschrift sind die Anschaffungs- oder Herstellungskosten des Rechtsvorgängers der AfA zugrunde zu legen.

Dies gilt indes nur dann, wenn das Wirtschaftsgut nicht betrieblich genutzt wird. Dies ist vorliegend aber gerade nicht der Fall.

Die Räumlichkeiten dienen ja gerade der beruflichen Betätigung des Ulrich. § 11d EStDV scheidet daher aus.

Durch den Bezug der Kanzleiräume in dem Haus des Ulrich am 01.01.2016 wurde diese gemäß § 4 I S. 8 EStG in das Betriebsvermögen eingelegt und stellen ab diesem Zeitpunkt notwendiges Betriebsvermögen dar, da auch § 8 EStDV nicht greift.

hemmer-Methode: Denken Sie immer daran, dass die Einlage- und Entnahmevorschriften des § 4 I EStG mit Ausnahme der Behandlung von Bareinlagen und -entnahmen auch für den § 4-III-Rechner gelten.

Gemäß § 6 I Nr. 5 EStG sind Einlagen mit dem Teilwert im Zeitpunkt der Zuführung anzusetzen. Teilwert ist gemäß § 6 I Nr. 1 S. 3 EStG der Betrag, den ein Erwerber des ganzen Betriebs i.R.d. Gesamtkaufpreises für das einzelne Wirtschaftsgut ansetzen würde. Hier ist daher der Gebäudewert im Zeitpunkt der Zuführung maßgeblich.

hemmer-Methode: Eine Beschränkung des anzusetzenden Wertes auf die Anschaffungs- oder Herstellungskosten und ein Abzug der fiktiven AfA nach § 6 I Nr. 5 S. 1, zweiter HS. und S. 2 EStG kommt nicht in Betracht, da aus der Bezugnahme des S. 2 auf die Anschaffungs- oder Herstellungskosten folgt, dass S. 2 nur für S. 1 zweiter HS. gilt, also nur bei Anschaffung oder Herstellung durch den Steuerpflichtigen selbst. Im vorliegenden Fall hat Ulrich das Gebäude aber weder angeschafft noch hergestellt. Der Erbfall gilt gerade nicht als Anschaffung in diesem Sinne.

Der Gesamtwert des Hausgrundstückes betrug 2016 1,95 Mio. €.

Hiervon entfielen auf das Gebäude (1,95 Mio. € - 0,75 Mio. € =) 1,2 Mio. €.

hemmer-Methode: Die AfA kann immer nur für abnutzbare Wirtschaftsgüter geltend gemacht werden. Rechnen Sie bei Werten, in denen ein Grund-und-Boden Anteil enthalten ist, diesen also immer heraus.

Die Kanzleiräume nehmen 1/3 des Gebäudes ein. Der Teilwert der Kanzleiräume im Zeitpunkt der Einlage ist daher mit (1,2 Mio. € : 3 =) 400.000 € anzusetzen. Diese 400.000 € dienen als Bemessungsgrundlage für die AfA.

Die AfA-Rate richtet sich, da die Anwälte die lineare AfA gewählt haben, nach § 7 IV EStG.

Das Gebäude ist 300 Jahre alt, weshalb sich die AfA-Rate nach § 7 IV S. 1 Nr. 2 lit. b) EStG richtet. Jährlich können 2,5% der Bemessungsgrundlage im Wege der AfA als Betriebsausgaben abgezogen werden.

Daraus ergibt sich eine jährliche AfA für die Kanzleiräume von (400.000 € x 2,5% =) 10.000 €.

Die Kanzlei ist auch zum 01.01.2016 bezogen worden, weshalb die gesamte Jahres-AfA in Anspruch genommen werden kann.

5. Es ergibt sich daher folgendes Sonderbetriebsergebnis des Ulrich:	
Sonderbetriebseinnahmen	**+12.000 €**
Sonderbetriebsausgaben (Tz. 1-3)	**-7.320 €**
AfA auf die Kanzleiräume	**-10.000 €**
Sonderbetriebsergebnis Ulrich:	**-5.320 €**

bb) Sonderbetriebsergebnis des Richard

Bei Richard kommen allein Sonderbetriebsausgaben in Höhe der gezahlten Nutzungsentschädigung von 12.000 € jährlich in Betracht.

Das Sonderbetriebsergebnis des Richard beträgt daher -12.000 €.

4. Korrigierter Gewinn der Gesellschaft

	GbR	Ulrich	Richard
erkl. Gewinn	150.000 €	75.000 €	75.000 €
Tz. III 1 - Scheck	-4.000 €		
Tz. III 2 - Forderung	+580 €		
Tz. III 3 - Hosen	+860 €		
Tz. III 4 - Miro	+30.000 €		
Tz. III 5 - Couch AfA	-150 €		
Tz. III 6 - Erstattung	+/- 0 €		

Korrektur	**177.290 €**	**88.645**	**88.645**
SBV - Mietzahlungen	+/-0 €	+12.000 €	-12.000 €
SBV - Kredit f. Heizung	-2.040 €	-2.040 €	
SBV - Neuanstrich	-3.010 €	-3.010 €	
SBV - Sonstige NK	-2.270 €	-2.270 €	
Gebäude-AfA Kanzlei	-10.000 €	-10.000 €	
Korrigierter Gewinn der Gesellschaft	**159.970 €**	**83.325 €**	**76.645 €**

Die Gesellschaft hat 2016 einen Gewinn in Höhe von 159.970 € erzielt. Hiervon entfallen nach Berücksichtigung der Sonderbetriebsergebnisse der Gesellschafter 83.325 € auf Ulrich und 76.645 € auf Richard.

II. Zu versteuerndes Einkommen des Ulrich

Ulrich ist, wie oben bereits gezeigt, als natürliche Person mit einem Wohnsitz im Inland unbeschränkt einkommensteuerpflichtig, §§ 1 I EStG, 8 AO.

1. Einkünfte aus freiberuflicher Tätigkeit, §§ 2 I S. 1 Nr. 3, 18 I Nr. 1 S. 2 EStG

Mit seiner anwaltlichen Tätigkeit erzielt Ulrich Einkünfte aus freiberuflicher Tätigkeit nach §§ 2 I S. 1 Nr. 3, 18 I Nr. 1 S. 2 EStG.

Von dem Gewinn der Gesellschaft entfallen auf Ulrich 83.325 €.

2. Einkünfte aus Vermietung und Verpachtung, §§ 2 I S. 1 Nr. 6, 21 EStG

Neben seinen freiberuflichen Einkünften vermietet Ulrich das Erdgeschoss und das 2. Obergeschoss des geerbten Gebäudes.
Dies erfüllt den Steuertatbestand des § 21 I Nr. 1 EStG.

Gemäß § 2 II Nr. 2 EStG handelt es sich bei den Einkünften aus Vermietung und Verpachtung um Überschusseinkünfte. Es ist der Überschuss der Einnahmen, § 8 EStG, über die Werbungskosten, § 9 EStG, zu ermitteln.

a) Einnahmen

Der Einnahmebegriff ist in § 8 I EStG definiert.

Einnahmen sind alle Güter, die in Geld oder Geldeswert bestehen, und dem Steuerpflichtigen im Rahmen seiner Einkunftsart (aus § 2 I S. 1 Nr. 4-7 EStG) zufließen.

Ulrich erzielt Einnahmen in Höhe von 19.000 € aus der Vermietung des Erdgeschosses und Einnahmen in Höhe von 14.000 € aus der Vermietung des 2. Obergeschosses.

hemmer-Methode: Die Einnahmen aus der Vermietung des 1. Obergeschosses an die Anwaltssozietät wurde bereits vorrangig bei den Einnahmen im Rahmen der freiberuflichen Mitunternehmerschaft berücksichtigt, § 21 III EStG.

Hieraus ergeben sich Gesamteinnahmen aus Vermietung und Verpachtung, § 21 I Nr. 1 EStG in Höhe von 33.000 €.

b) Werbungskosten

aa) Aufwendungen

Von den Einnahmen sind die Werbungskosten i.S.d. § 9 EStG abzuziehen.

Werbungskosten sind gemäß § 9 EStG, der entgegen seiner Formulierung kausal und nicht final zu verstehen ist, alle durch die Einkünfteerzielung veranlassten Aufwendungen.

In Betracht kommen hier zunächst die Aufwendungen für den Kredit zur Generalüberholung der Heizungsanlage.

Die Überholung der Heizungsanlage stellt sofort abzugsfähigen Erhaltungsaufwand dar (vgl. oben).

Gleiches gilt dann auch für die Zinsen, die auf den zur Finanzierung aufgenommenen Kredit angefallen sind.

Für das gesamte Gebäude betrugen die Aufwendungen 6.120 €. Auf die Einkünfte aus Vermietung und Verpachtung entfallen nach § 21 EStG die 2/3, also (6.120 € :3 x 2 =) 4.080 €.

Auch von den sonstigen Nebenkosten für das Gebäude entfallen 2/3 auf die im Rahmen des § 21 EStG genutzten Gebäudeteile. Es können daher weitere Werbungskosten in Höhe von (6.810 € : 3 x 2=) 4.540 € geltend gemacht werden.

bb) AfA

Der Ulrich nutzt auch die übrigen Gebäudeteile zur Erzielung von Einkünften. Gemäß § 9 I S. 3 Nr.7 EStG ist auch die AfA in die Werbungskosten einzustellen.

Ulrich wünscht die lineare AfA nach § 7 IV EStG. Bemessungsgrundlage für die AfA sind die Anschaffungs- oder Herstellungskosten. Ulrich hat das Gebäude geerbt. Er hat daher weder Anschaffungs- noch Herstellungskosten aufgewandt.

Demgemäß kommt eine Anwendung des § 11d EStDV in Betracht.

Hiernach wird die AfA bei einem unentgeltlichen Erwerb nach den Anschaffungs- oder Herstellungskosten des Rechtsvorgängers bemessen. Dies gilt jedoch nur dann, wenn das Wirtschaftsgut zu keinem Betriebsvermögen gehört.

Dies ist bei § 21 EStG nicht der Fall. Bei der Vermietung und Verpachtung unbeweglichen Vermögens handelt es sich um private Vermögensverwaltung. Ein Betriebsvermögen gibt es bei den Überschusseinkunftsarten nicht. § 11d EStDV findet Anwendung.

Die Anschaffungskosten des Vaters betrugen 1,5 Mio. €, wobei 420.000 € auf den Grund und Boden entfielen. Bemessungsgrundlage für die AfA können jedoch nur die Anschaffungskosten für das abnutzbare Vermögen sein, demgemäß der auf das Haus entfallende Anteil in Höhe von (1,5 Mio. € - 420.000 € =) 1.080.000 €. Die beiden vermieteten Wirtschaftsgüter machen von dem Haus 2/3 aus. Für die AfA i.R.d. Einkunftsart können daher auch nur 2/3 des Wertes des gesamten Hauses als Bemessungsgrundlage herangezogen werden.

Die AfA kann hier also von Anschaffungskosten in Höhe von (1.080.000 € : 3 x 2=) 720.000 € geltend gemacht werden.

Die AfA-Rate bestimmt sich bei dem 300 Jahre alten Haus, das zu keinem Betriebsvermögen gehört, nach § 7 IV Nr. 2 lit. b) EStG. Sie beträgt jährlich 2,5% der Anschaffungskosten.

Es ergibt sich hieraus eine jährliche AfA in Höhe von (720.000 € x 2,5% =) 18.000 €.

cc) Zwischenergebnis

Von den Einnahmen in Höhe von 33.000 € können abgezogen werden:

Für den Kredit 4.080 € und für die sonstigen Aufwendungen 4.540 €. Zusätzlich kann Ulrich AfA in Höhe von 18.000 € in Anspruch nehmen.

Es ergeben sich hieraus Werbungskosten in einer Gesamthöhe von 26.620 €. Der Überschuss der Einnahmen über die Werbungskosten beträgt (33.000 € ./. 26.620 € =) 6.380 €.

3. Summe und Gesamtbetrag der Einkünfte, § 2 III EStG

Die Summe der Einkünfte des Ulrich beträgt	
aus freiberuflicher Tätigkeit	**83.325 €**
aus Vermietung und Verpachtung	**6.380 €**
Summe der Einkünfte	**89.705 €**

Der Sachverhalt enthält keine Angaben über das Alter des Ulrich; ein Altersentlastungsbetrag nach § 24a EStG ist demgemäß nicht zu gewähren. Der Gesamtbetrag der Einkünfte beträgt 89.705 €.

4. Einkommen, § 2 IV EStG

Der Gesamtbetrag der Einkünfte ist um die Sonderausgaben, § 10 EStG, und die außergewöhnlichen Belastungen, §§ 33 ff. EStG, zu kürzen.

Lt. Bearbeitervermerk sind Sonderausgaben in abzugsfähiger Höhe von 1.705 € entstanden.

Für die Berücksichtigung weiterer Sonderausgaben oder außergewöhnlicher Belastungen ist nichts ersichtlich.

Das Einkommen des Ulrich beträgt daher (89.705 € ./. 1.705 € =) 88.000 €.

5. Zu versteuerndes Einkommen, § 2 V EStG

Ulrich hat keine Kinder. Es kommt weder die Berücksichtigung eines Kinder- noch eines Haushaltsfreibetrages in Betracht. Das zu versteuernde Einkommen 2016 beträgt 88.000 €.

III. Gesamtergebnis zu A.

Der korrigierte Gewinn der Gesellschaft als freie Mitunternehmerschaft beträgt	**159.970 €**
davon entfallen auf Ulrich	**83.325 €**
davon entfallen auf Richard	**76.645 €**
Das zu versteuernde Einkommen des Ulrich beträgt 2016	**88.000 €**

B. TEIL B: Die Änderung des Einkommensteuerbescheides 2016

I. Festsetzungsverjährung

Eine Änderung des Einkommensteuerbescheides 2016 wäre nur dann möglich, wenn die Festsetzungsverjährung noch nicht eingetreten wäre.

Die Festsetzungsfrist bestimmt sich nach § 169 AO. Sie beträgt für Einkommensteuerbescheide gemäß § 169 II S. 1 Nr. 2 AO grundsätzlich vier Jahre. Richard hat die Höhe der Einkünfte aus Vermietung und Verpachtung niedriger angegeben als sie tatsächlich waren. Dies erfüllt zumindest den Tatbestand der leichtfertigen Steuerverkürzung evt. sogar den der Steuerhinterziehung. Die Festsetzungsfrist verlängert sich daher gemäß § 169 II S. 2 AO auf fünf bzw. zehn Jahre.

Der Beginn der Festsetzungsfrist richtet sich nach § 170 AO.

Da Richard gemäß §§ 149 AO, 25 III EStG, 56 EStDV eine Steuererklärung abzugeben hat, beginnt die Festsetzungsverjährung mit Ablauf des Jahres 2016. Im Jahr 2017 war diese daher keinesfalls abgelaufen.

II. Änderung des Steuerbescheides

Die Änderung von Einkommensteuerbescheiden richtet sich nach den §§ 129, 172 ff. AO.

hemmer-Methode: Die §§ 130, 131 AO gelten nur für sonstige Steuerverwaltungsakte, nicht aber für Steuerbescheide und diesen gleichgestellte Steuerverwaltungsakte. Wenden Sie die §§ 130, 131 AO auf Steuerbescheide an, ist dies ein nicht zu verzeihender Fehler.

Lesen Sie zu den Änderungsvorschriften Hemmer/Wüst/Hölzle, Basics Steuerrecht, Rn. 637 ff. und Hemmer/Wüst, Abgabenordnung Rn. 288 ff.

1. Änderung nach § 175 I Nr. 1 AO

Zunächst käme eine Änderung nach § 175 I Nr. 1 AO in Betracht.

Dies wäre dann möglich, wenn es sich bei der Kontrollmitteilung um die Mitteilung von Besteuerungsgrundlagen handelt, die für den Steuerbescheid Bindungswirkung haben.

Gegenstand der Mitteilung war ein für die Besteuerung relevanter Sachverhalt, nämlich die Vermietung des Wohnhauses Rotkäppchenstr. 55 zu monatlich 1.500 €, statt wie erklärt, 1.250 €. Hierbei handelt es sich um eine Mitteilung im Rahmen des § 93a AO in Verbindung mit der Mitteilungsverordnung. Solche Mitteilungen werden als Kontrollmitteilungen bezeichnet und haben Bedeutung nur im Rahmen des Untersuchungsgrundsatzes bzw. der Amtsermittlungspflicht des Finanzamtes, § 88 I S. 1 AO.

Eine Mitteilung von Besteuerungsgrundlagen und damit eine Bindungswirkung des Bescheides scheiden aus. § 175 I Nr. 1 AO findet keine Anwendung.

2. Änderung nach § 173 I Nr. 1 AO

In Betracht kommt aber eine Änderung nach § 173 I Nr. 1 AO. Dafür müsste es sich bei dem Bekanntwerden der erhöhten Mieteinkünfte um eine Tatsache im Sinne der Norm handeln. Tatsachen sind alle Umstände aus der Seins-Welt. Hierzu zählt auch die Höhe der vereinnahmten Mieten, unabhängig davon, ob zuvor schon Mieteinkünfte erklärt wurden oder nicht.

Die höheren Einnahmen führen zu einem höheren Einkommen und damit zu einer höheren Steuer. § 173 I Nr. 1 AO ist daher anzuwenden. Eine Korrektur des Steuerbescheides 2016 um (12 x 250 € =) 3.000 € ist daher gerechtfertigt.

Es fragt sich aber, ob bei der Korrektur auch die nachträglich vorgelegten Installateurrechnungen als Werbungskosten berücksichtigt werden können. Hierbei handelt es sich um Umstände aus der Seins-Welt, die zu einer niedrigeren Steuer führen und dem Finanzamt nachträglich bekannt geworden sind, also um Tatsachen i.S.d. § 173 I Nr. 2 S. 1 EStG.

Eine Änderung nach § 173 I Nr. 2 S. 1 AO kommt nur dann in Betracht, wenn den Steuerpflichtigen an dem nachträglichen Bekanntwerden kein grobes Verschulden trifft. Die Rechnungen sind nur deshalb verspätet vorgelegt worden, weil sie aufgrund der „Schlamperei“ des Richard vorübergehend unauffindbar waren. Dies stellt ohne Zweifel grobes Verschulden des Richard dar. Eine Korrektur zugunsten des Steuerpflichtigen müsste daher grundsätzlich ausscheiden.

Anders ist dies aber dann zu beurteilen, wenn die Tatsachen, die zu einer niedrigeren Steuer führen, in einem unmittelbaren oder mittelbaren Zusammenhang mit Tatsachen stehen, die zu einer höheren Steuer führen.

Stehen die Werbungskosten, die hier nachträglich geltend gemacht werden, in einem solchen Zusammenhang mit der höheren Miete, könnten sie trotz des Verschuldens des Richard berücksichtigt werden.

Ein solcher Zusammenhang ist dann gegeben, wenn die steuererhöhende Tatsache in einem ursächlichen Zusammenhang mit der steuermindernden steht, oder mit anderen Worten, wenn die eine ohne die andere nicht denkbar ist.

Einnahmen und Werbungskosten sind im Rahmen einer Einkunftsart nicht voneinander zu trennen. Gemäß § 2 II Nr. 2 EStG sind die Einkünfte gerade der Überschuss der Einnahmen über die Werbungskosten. Eine isolierte Betrachtung ist daher nicht denkbar.

Ist der unmittelbare Zusammenhang zwischen den steuererhöhenden und den steuermindernden Tatsachen aber zu bejahen, so ist das Verschulden des Steuerpflichtigen an dem erst späteren Bekanntwerden unbeachtlich. Auch die steuermindernden Tatsachen, vorliegend also die Werbungskosten können berücksichtigt werden.

III. Ergebnis

Der Steuerbescheid 2016 ist gemäß § 173 I Nr. 1 AO zu Lasten des Steuerpflichtigen um 3.000 € und gemäß § 173 I Nr. 2 S. 1 und S. 2 AO zu Gunsten des Steuerpflichtigen um 1.500 € zu korrigieren. Die steuerliche Auswirkung beträgt daher 1.500 € zu Lasten des Richard.

Fall 4

Sachverhalt:

Teil A

Peter Althügler ist niederländischer Staatsbürger und lebt seit einigen Jahren in Würzburg. Er ist als Marketing-Manager bei der in Würzburg ansässigen Firma Hammer AG beschäftigt. 2016 erhielt er aus dieser Beschäftigung einen Barlohn von 60.000 €.

Der für Althügler zuständige Finanzbeamte ist sich bei der Ermittlung des zu versteuernden Einkommens des Althügler über die folgenden Vorgänge im Unklaren:

I. *Althügler benutzte für die täglichen Fahrten zur Arbeit den eigenen Pkw. 2016 fuhr er an 250 Tagen in die Firma. Die einfache Wegstrecke ist 35 km lang. Gegen eine Beteiligung an den Kosten (im Jahr 2016: 300 €) nahm Althügler regelmäßig eine in unmittelbarer Nähe wohnende Arbeitskollegin mit. Für die besagten Fahrten entstanden dem Althügler 2016 Benzinkosten in Höhe von 600 €, wovon 90 € auf den durch die Mitnahme der Kollegin entstandenen Mehrverbrauch entfielen.*

II. *Die Hammer AG wollte den Althügler enger an das Unternehmen binden und bot ihm eine Wohnung im Dachgeschoss einer firmeneigenen Villa an. Althügler sollte hierfür 250 € monatlich zahlen, während die ortsübliche Miete 1.250 € betragen hätte. Da Althügler bisher 475 € Miete zahlte und die Wegstrecke zu seinem Arbeitsplatz nach wie vor 35 km beträgt, nahm Althügler das Angebot zum 01.01.2016 an. Für den Umzug hatte er Aufwendungen in Höhe von 2.250 €.*

III. *Im November veranstaltete die Hammer AG einen Empfang für alle Mitarbeiter, die 2016 kostensparende Verbesserungsvorschläge gemacht hatten. Hierzu gehörte neben zwölf weiteren Kollegen auch Althügler. Auf diesem Empfang wurden den Mitarbeitern Präsente überreicht. Althügler erhielt einen silbernen Kugelschreiber im Wert von 425 €.*

IV. *Im Sommer 2016 fand der alljährliche Betriebsausflug der Hammer AG in den Freizeitpark „Rhodos" statt. Die Firma Hammer zahlte für jeden Teilnehmer 55 € für Transfer und Verpflegung sowie 20 € Eintritt für den Park. Während des Betriebsausfluges trank Althügler verschiedene wodka- und sekthaltige Cocktails. Plötzlich ruft ein wichtiger Firmenkunde an und verlangt von Althügler, sofort eine Strategie bei ihm vor Ort in Erlangen zu besprechen. Althügler setzt sich deshalb in seinen privaten Pkw und fährt nach Erlangen. An einer Kreuzung konnte er sich nicht für den richtigen Weg entscheiden und kam infolge eines hektischen Fahrmanövers von der Straße ab. An seinem Auto entstand ein Sachschaden von 2.000 €, für den kein Versicherungsschutz besteht. Auch nach der Reparatur verblieb ein merkantiler Minderwert in Höhe von 500 €. Ob der Unfall auf die Alkoholisierung des Althügler zurückzuführen ist, lässt sich nicht mehr feststellen.*

V. Die Hammer AG plante für die Ausstattung ihrer in der Werbung tätigen Mitarbeiter einen Fuhrpark anzulegen. Für den Einkauf der Autos war Althügler verantwortlich. Kfz-Händler Handauf war an dem Auftrag sehr interessiert und übersandte dem Althügler mit der Bitte um nochmalige Überprüfung des Angebotes drei Kisten französischen Spitzenweines im Werte von 2.250 €.

Teil B

Den Geschwistern Peter, Udo und Walter Althügler gehörte gemeinsam ein Einfamilienhaus in Frankfurt a.M. Im Jahr 2010 verkauften Sie dieses an den bisherigen Mieter Michael Spatz, der neben dem Kaufpreis in Höhe von 425.000 € auch 25.000 € rückständige Miete beglich.

Die Steuererklärung der Geschwister über die einheitliche und gesonderte Feststellung der Einkünfte 2010 ging beim Finanzamt Frankfurt a.M. am 12.10.2011 ein.

In einem Feststellungsbescheid vom 15.11.2012 stellte das Finanzamt die Mieteinkünfte auf 41.250 € fest. Die mit dem Kaufpreis erbrachte Mietnachzahlung blieb hierbei unberücksichtigt.

Der Bescheid wurde an Peter, Udo und Eva Althügler, die Witwe und vermeintliche Erbin des inzwischen verstorbenen Walter Althügler bekannt gegeben. Tatsächlich wurde Walter Althügler von seinem Sohn Erwin beerbt. Der für Udo Althügler bestimmte Bescheid wurde falsch adressiert, weshalb dieser den Udo nie erreichte.

2013 erfuhr das Finanzamt von der Nachzahlung der rückständigen Miete. Es änderte daraufhin den Feststellungsbescheid vom 15.11.2012 mit Änderungsbescheid vom 20.04.2014. Hierbei setzte das Finanzamt die Einkünfte aus Vermietung und Verpachtung unter der irrigen Annahme einer Nachzahlung in Höhe von 35.000 € auf 76.250 € fest. Dieser Bescheid wurde an Peter, Udo und Eva Althügler adressiert und bekannt gegeben. Auch Udo Althügler war inzwischen verstorben und wurde von seiner Tochter Tami beerbt.

Mit Schreiben vom 21.04.2014 teilte Tami Althügler dem Finanzamt mit, dass sie den Änderungsbescheid für unwirksam halte, vorsorglich aber „für unwirksam erklären lassen wolle", da die Einkünfte zu hoch angesetzt wurden.

Daraufhin erließ das Finanzamt am 09.05.2016 einen zweiten Änderungsbescheid, in dem die Einkünfte aus Vermietung und Verpachtung richtig auf 66.250 € herabgesetzt, im Übrigen aber an dem ursprünglichen Bescheid festgehalten wurde.

Bearbeitervermerk:

Zu Teil A:

In einem Gutachten, das auf alle aufgeworfenen Rechtsfragen eingeht, ist das zu versteuernde Einkommen des Peter Althügler für den VZ 2016 zu ermitteln. Dem Althügler sind im VZ 2016 abzugsfähige Sonderausgaben in Höhe von 1.260 € entstanden.

Zu Teil B:

War der zweite Änderungsbescheid rechtmäßig?

Lösung:

A) TEIL A: Das zu versteuernde Einkommen des Peter Althügler

I. Persönliche Steuerpflicht

Gemäß § 1 I S. 1 EStG unterliegen der persönlichen Einkommensteuerpflicht alle natürlichen Personen, die im Inland einen Wohnsitz oder den gewöhnlichen Aufenthalt haben.

Peter Althügler wohnt seit einigen Jahren in Würzburg und ist daher gemäß §§ 1 I S. 1 EStG, 1, 8 AO in Deutschland unbeschränkt einkommensteuerpflichtig.

Darauf, dass Peter Althügler niederländischer Staatsbürger ist, kommt es nicht an.

hemmer-Methode: Es gilt das Welteinkommensprinzip. Ein Steuerpflichtiger, der in Deutschland unbeschränkt einkommensteuerpflichtig ist, hat hier all seine Einkünfte zu versteuern, gleichgültig, in welchem Staat diese verwirklicht werden. Eine doppelte Besteuerung wird durch Doppelbesteuerungsabkommen (DBA) in den meisten Fällen verhindert.
Lesen Sie hierzu Hemmer/Wüst/Hölzle, Einkommensteuerrecht, Rn. 22 ff.

II. Einkünfte, § 2 II, I EStG

Peter Althügler ist als Marketing-Manager in der Hammer AG beschäftigt.

Hierdurch erzielt er Einkünfte aus nichtselbständiger Arbeit im Sinne der §§ 2 I S. 1 Nr. 4, 19 I S. 1 Nr. 1 EStG, da er in einem Dienstverhältnis zu der Hammer AG steht.

Ein solches ist dann anzunehmen, wenn der Steuerpflichtige dem Dienstherrn seine Arbeitskraft schuldet und der Weisung und der Leitung des Dienstherrn unterliegt, vgl. § 1 II LStDV.

Aus diesem Arbeitsverhältnis erzielte Althügler Einnahmen gemäß § 8 EStG in Höhe von 60.000 €.

hemmer-Methode: Einnahmen sind alle Zuflüsse in Geld oder Geldeswert, die durch das Arbeitsverhältnis veranlasst sind, also im weitesten Sinne als Gegenleistung für die erbrachte Arbeitsleistung gezahlt werden.
Dies ist bei den 60.000 € völlig unproblematisch und durfte daher hier nicht ausgebreitet werden. Zumal sich im Laufe der Klausur noch einige Probleme in diesem Zusammenhang ergeben werden. Sie haben daher noch genug Gelegenheit, ihr Wissen „abzuladen“. Zeigen Sie dem Korrektor auch durch eine richtige Gewichtung, dass Sie die Systematik des Steuerrechts verstanden haben.

Es bleibt zu prüfen, wie sich die bisher nicht berücksichtigten Vorgänge auf das zu versteuernde Einkommen des Althügler auswirken.

1. Die Fahrten mit dem eigenen Pkw

a) Die Benutzung des privaten Pkw

Die Aufwendungen für die Benutzung des eigenen Pkw für die Fahrten zur Arbeitsstätte könnten Werbungskosten i.S.d. § 9 EStG sein.

Vorliegend greift § 9 I S. 3 Nr. 4 EStG ein. Hiernach sind Aufwendungen eines Arbeitnehmers für Fahrten zwischen Wohnung und regelmäßiger Arbeitsstätte Werbungskosten.

Anzusetzen ist für jeden Arbeitstag eine Pauschale von 0,30 Euro für jeden vollen Kilometer zwischen Arbeitsstätte und Wohnung.

Die Entfernung zwischen der (alten wie der neuen) Wohnung des Althügler zu seinem Arbeitsplatz beträgt 35 km. Althügler benutzte den Pkw 2016 an 250 Tagen.

Hieraus ergeben sich abzugsfähige Kosten in Höhe von (250 x 35 x 0,30 =) 2.625 €.

hemmer-Methode: Beachten Sie unbedingt, dass der Pauschbetrag von 0,30 € je Kilometer nur für die einfache Strecke angesetzt werden kann und nicht jeweils für die Hin- und Rückfahrt. Dies ergibt sich aus dem Gesetzeswortlaut (Kilometer *Entfernung*).
Durch diesen Pauschbetrag werden dann sämtliche Aufwendungen für die Fahrt zur Arbeit abgegolten: Benzin, Versicherung, KFZ-Steuer und Verschleiß.
Wie ein Unfall auf dem Weg zur Arbeit zu behandeln ist, ist umstritten. Teilweise wird vertreten, dass auch unfreiwillige Aufwendungen von der Pauschale umfasst seien. Andere sind der Ansicht, dass die Pauschale so gering sei, dass unfreiwillige Aufwendungen nicht erfasst werden.

Wichtig: In einem am 20.03.2014 veröffentlichten Urteil entschied der BFH jedoch, dass mit der Entfernungspauschale sämtliche, also auch außergewöhnliche Aufwendungen abgegolten sind (vgl. BFH, Az.: VI R 29/13). In dem entschiedenen Fall hatte ein Arbeitnehmer auf dem Weg zur Arbeit Benzin statt Diesel getankt und so den Motor seines Fahrzeugs beschädigt. Der BFH versagte ihm den Abzug der Reparaturkosten.
Die weitere Entwicklung in diesem Bereich muss abgewartet werden, insbesondere ist zu fragen, ob sich nicht doch verfassungsrechtliche Bedenken gegen diese Entscheidung durchsetzen. Der BFH selbst hatte solche Bedenken nicht.
Bislang lässt die Verwaltung Abzüge für Unfallkosten, die auf dem Weg zur Arbeit entstanden sind, grundsätzlich zu (BStBl I 2013 S. 215 Tz. 4). Allerdings steht zu erwarten, dass sich dies im Hinblick auf das erwähnte Urteil des BFH bald ändert.

b) Die Mitnahme der Kollegin

Zu prüfen bleibt, ob die Mitnahme der Kollegin gegen die Erstattung der Kosten steuerrechtliche Relevanz aufweist.

aa) Gewerbliche Einkünfte, § 15 EStG

Althügler könnte durch die Mitnahme gegen Entgelt gewerbliche Einkünfte erzielen.

Voraussetzung hierzu wäre, dass es sich um eine selbständige, nachhaltige Betätigung handelt, die mit der Absicht, Gewinn zu erzielen, unter der Teilnahme am allgemeinen Wirtschaftsverkehr ausgeübt wird und sich nicht als Land- und Forstwirtschaft, selbständige Arbeit oder reine Vermögensverwaltung darstellt, § 15 II EStG i.V.m. § 14 S. 3 AO.

Unter der Teilnahme am allgemeinen Wirtschaftsverkehr versteht man das für Dritte nach außen erkennbare Anbieten einer Leistung gegen Entgelt.

Hieran fehlt es vorliegend. Althügler nahm allein seine Kollegin mit und hat eine Mitnahme von Dritten nicht erkennbar angeboten.

bb) Einkünfte aus sonstigen Leistungen, §§ 2 I S. 1 Nr. 7, 22 Nr. 3 EStG

Durch die Mitnahme gegen eine Kostenbeteiligung könnte Althügler aber Einkünfte aus sonstigen Leistungen i.S.d. § 22 Nr. 3 EStG erzielen.

Unter einer sonstigen Leistung in diesem Sinne ist jedes Tun, Dulden oder Unterlassen um des Entgelts willen zu verstehen.

Hier ist davon auszugehen, dass Althügler die Kollegin ohne eine finanzielle Beteiligung nicht mitgenommen hätte. Die Mitnahme erfolgte daher um einer Gegenleistung Willen und stellt sich somit als steuerrechtlich relevante sonstige Leistung dar.

Die vereinnahmten 300 € sind Einnahmen aus §§ 2 I S. 1 Nr. 7, 22 Nr. 3 EStG.

Die Kosten für den auf die Mitnahme der Kollegin entfallende Benzinmehrverbrauch sind durch die Einkünfteerzielung veranlasst, § 9 I EStG. Sie stellen sich daher als Werbungskosten aus sonstigen Leistungen dar.

Die 90 € mindern daher die Einkünfte aus sonstiger Leistung.

Gemäß § 22 Nr. 3 S. 2 EStG sind Einkünfte aus Leistungen nicht zu versteuern, wenn die Einkünfte weniger als 256 € im Kalenderjahr betragen haben. Einkünfte sind gemäß § 2 II Nr. 2 EStG der Überschuss der Einnahmen über die Werbungskosten, hier also (300-90=) 210 €, sodass allein die Mitnahme der Kollegin nicht zu steuerpflichtigen Einkünften aus §§ 22 Nr. 3, 2 I S. 1 Nr. 7 EStG führt.

hemmer-Methode: § 22 Nr. 3 S. 2 EStG enthält eine Freigrenze. Das bedeutet, dass bei Überschreitung des genannten Betrags sämtliche Einkünfte steuerpflichtig werden. Kommen also noch weitere Einkünfte aus Leistungen nach §§ 22 Nr. 3, 2 I S. 1 Nr. 7 EStG hinzu, werden auch die 210 € steuerpflichtig.

c) Zwischenergebnis

Althügler kann 2016 durch die Benutzung des privaten Pkw im Rahmen seiner Einkünfte aus nichtselbständiger Arbeit 2.625 € als Werbungskosten abziehen.

Durch die Mitnahme der Kollegin erzielt er Einkünfte in Höhe von 210 € aus §§ 2 I S. 1 Nr. 7, 22 Nr. 3 EStG, die zunächst einmal unter die Freigrenze des § 22 Nr. 3 S. 2 EStG fallen.

2. Der Umzug in die firmeneigene Villa

a) Das verbilligte Wohnen

Durch die Gewährung der Mietvergünstigung durch den Arbeitgeber könnte Althügler Einnahmen aus nichtselbständiger Arbeit, §§ 2 I S. 1 Nr. 4, 19 I S. 1 Nr. 1 EStG erzielt haben.

Der Begriff der Einnahmen ist in § 8 EStG definiert.

Hiernach sind Einnahmen alle Zuflüsse in Geld oder Geldeswert, die durch das Arbeitsverhältnis veranlasst sind und den Arbeitnehmer bereichern.

Eine Veranlassung in diesem Sinne liegt dann vor, wenn die Zuwendung im weitesten Sinne als Gegenleistung für die erbrachte Arbeit gewährt wird.

hemmer-Methode: Bei den Vorschriften für die Gewinnermittlungseinkünfte gibt es keine dem § 8 EStG entsprechende Vorschrift.

Einnahmen werden im Rahmen der Einkünfte aus § 2 I S. 1 Nr.1-3 EStG daher analog § 8 EStG und e contrario § 4 IV EStG als alle durch die Einkunftsart veranlasste Zuflüsse verstanden.

Daraus, dass sich keine entsprechende Vorschrift findet, wird teilweise[35] zudem abgeleitet, dass § 8 EStG vorwiegend deklaratorischen Charakter habe und nur einer abstrakten Begriffsbestimmung diene. Konkrete Zurechnungen (sachlich: §§ 19-23 EStG; zeitlich: § 11 EStG; persönlich: §§ 1, 2 I, 19) seien aus den jeweils einschlägigen Vorschriften zu entnehmen.

Die Wohnung ist eine Sachzuwendung und damit eine Einnahme mit Geldeswert.

Der Wert dieser Sachzuwendung ist nach § 8 II und III EStG zu ermitteln.

Gemäß § 8 II S. 1 EStG ist der Wert der geldwerten Zuwendung grundsätzlich nach den üblichen Endpreisen zu bestimmen.

Dem Althügler wurde die Wohnung angeboten, um ihn enger an das Unternehmen zu binden.

Aus diesem Grunde wurde auch der erhebliche Nachlass bezüglich des Mietzinses gewährt. Einnahmen i.S.d. § 8 EStG liegen mithin vor.

Die ortübliche Miete hätte 1.250 € monatlich betragen. Althügler zahlte hingegen nur 250 €. Hieraus ergibt sich eine durch das Arbeitsverhältnis veranlasste monatliche Bereicherung des Althügler in Höhe von (1.250 - 250 =) 1.000 €. Diese übersteigt die monatliche Freigrenze gemäß § 8 II 11 EStG i.H.v. 44 € und ist daher in voller Höhe steuerbar.

Da Althügler zum 01.01.2016 umgezogen ist, ist ihm diese Bereicherung zwölfmal zugeflossen. Es ergeben sich hieraus daher Einnahmen aus nichtselbständiger Tätigkeit in Höhe von (12 x 1.000 € =) 12.000 €.

b) Die Umzugskosten

Fraglich ist, wie die Umzugskosten steuerrechtlich zu berücksichtigen sind. Es könnte sich hierbei um Werbungskosten i.S.d. § 9 EStG handeln, wenn diese durch das Arbeitsverhältnis veranlasst sind. § 9 EStG wird § 4 IV EStG entsprechend entgegen seiner finalen Formulierung kausal ausgelegt.

Fraglich ist, ob die Kosten für den Umzug beruflich oder (auch) privat veranlasst waren. Der BFH geht bei der Anerkennung von Umzugskosten sehr restriktiv vor. Nur dann, wenn eine private Mitveranlassung nahezu ausgeschlossen oder von völlig untergeordneter Bedeutung ist, werden die Aufwendungen als Werbungskosten zum Abzug zugelassen. Anderenfalls sollen sie nicht berücksichtigt werden.

Eine nahezu ausschließliche berufliche Veranlassung soll auch ohne einen Arbeitsplatzwechsel dann anzunehmen sein, wenn sich die Fahrzeit des Arbeitnehmers zu seiner Arbeitsstätte erheblich verringert.

Eine erhebliche Verringerung wird in etwa ab einer Zeitersparnis von einer Stunde je Arbeitnehmer angenommen.

hemmer-Methode: Eine Stunde je Arbeitnehmer bedeutet, dass auch die Zeitersparnisse von Ehegatten nicht zusammengerechnet werden dürfen. Spart z.B. der Ehemann 45 Min. und die Ehefrau 30 Min. Fahrzeit durch einen Umzug ein, so genügt dies im Regelfall nicht für eine Zulassung zum Werbungskostenabzug.

[35] So z.B. SCHMIDT/DRENSECK, § 8 Rn. 1.

Die Fahrstrecke von der neuen Wohnung zur Arbeitsstätte ist identisch mit der von der alten Wohnung. Eine Zeitersparnis ergibt sich für den Althügler daher überhaupt nicht. Eine berufliche Veranlassung des Umzugs muss vor diesem Hintergrund verneint werden.

Auch die Tatsache, dass Althügler eine firmeneigene Wohnung bezogen hat, reicht für die berufliche Veranlassung nicht aus. Anders wäre dies nur dann zu beurteilen, wenn Althügler einer Weisung seines Arbeitgebers gefolgt wäre und die Dienstwohnung hätte beziehen müssen. Vorliegend wurde ihm jedoch nur ein günstiges Angebot unterbreitet, dessen Annahme dem Althügler frei stand.

hemmer-Methode: Anders ist dies auch bei dem Auszug aus einer betrieblichen Wohnung, die nur ganz bestimmten Arbeitnehmern vorbehalten ist, und auf deren Benutzung z.B. durch Versetzung der Anspruch weggefallen ist. Dann ist der Umzug in jedem Fall beruflich veranlasst.

Die Umzugskosten sind nicht als Werbungskosten anzuerkennen. Sie haben daher keinerlei steuerliche Auswirkung.

hemmer-Methode: Sind Umzugskosten einmal anzuerkennen, so beachten Sie, dass nur Aufwendungen als Werbungskosten anerkannt werden können.
Verluste, die etwa bei der Veräußerung einer Wohnung entstehen, die der Arbeitnehmer am alten Arbeitsplatz gekauft hatte und wegen eines Arbeitsplatzwechsels zu veräußern gezwungen war, stellen keine Aufwendungen dar. Solche Verluste können daher nicht als Werbungskosten anerkannt werden.

3. Das Präsent für die Verbesserungsvorschläge

Auch bei dem Präsent für die Verbesserungsvorschläge könnte es sich um geldwerte Leistungen i.S.d. § 8 EStG handeln, die durch das Arbeitsverhältnis veranlasst und daher als Einkünfte aus nichtselbständiger Arbeit zu qualifizieren sind.

Die Zuwendung des Präsents ist abzugrenzen von bloßen Annehmlichkeiten, die der Arbeitgeber im überwiegend eigenbetrieblichen Interesse erbringt.

Hierin ist dann keine Gegenleistung für die geschuldete Arbeitskraft zu sehen, da die Leistung beispielsweise der Förderung des Betriebsklimas dient.

Annehmlichkeiten können indes nur dann angenommen werden, wenn die Vorteile der gesamten Belegschaft oder zumindest einem funktional abgrenzbarem Teil (z.B. einer Abteilung) zu Gute kommen. Im vorliegenden Fall waren einige wenige Mitarbeiter ausgewählt, die im Laufe des Jahres Verbesserungsvorschläge gemacht haben. Von einer Annehmlichkeit kann daher nicht ausgegangen werden.

hemmer-Methode: Lesen Sie hierzu Hemmer/Wüst/Hölzle, Basics Steuerrecht, Rn. 313 ff. und Hemmer/Wüst/Hölzle, Einkommensteuerrecht, Rn. 229.

Durch die Zuwendung des Kugelschreibers, die unzweifelhaft durch das Arbeitsverhältnis veranlasst war, ist Althügler um deren Wert bereichert. Einnahmen i.S.d. § 8 EStG liegen mithin vor.

Die Einkünfte des Althügler aus nichtselbständiger Arbeit erhöhen sich um 425 €.

4. Der Betriebsausflug

a) Der Ausflug

Bei den Aufwendungen, die der Arbeitgeber je Arbeitnehmer für den Betriebsausflug getätigt hat, könnte es sich ebenfalls um geldwerte Zuwendungen handeln, die die Arbeitnehmer bereichern und durch das Arbeitsverhältnis veranlasst sind, § 8 EStG. Dann wäre der Wert der Zuwendung von den Arbeitnehmern als Einkünfte aus nichtselbständiger Arbeit zu versteuern.

Während die Rechtsprechung früher bei Sachbezügen, die sich als bloße Annehmlichkeiten darstellen (Bsp.: Freibier für den Brauereiarbeiter, Freikohle für den Kumpel), zwar von einer Steuerpflichtigkeit der Bezüge ausging, von einer Besteuerung jedoch abgesehen hatte[36], hat der BFH die Akzente heute verschoben.

Liegt die Zuwendung im ausschließlich eigenbetrieblichem Interesse des Arbeitgebers oder betrifft sie nur die Art und Weise der Ausübung der Arbeit (z.B. Vorkehrungen i.R.d. betrieblichen Fürsorgepflicht), so stellt sie sich nicht als Gegenleistung für die geschuldete Arbeitskraft dar, ist daher nicht durch das Dienstverhältnis veranlasst. Es entsteht schon kein steuerpflichtiger Arbeitslohn.

hemmer-Methode: Diese „dogmatische Neueinkleidung" des Problems war deshalb nötig, da sich im Gesetz keinerlei Grundlage dafür fand, steuerpflichtige Annehmlichkeiten steuerfrei zu stellen. Soweit die Befreiungstatbestände aus § 3 EStG nicht greifen, ist steuerpflichtiger Lohn auch zu versteuern. Die alte Rechtsprechung erging somit contra legem.

Der BFH begrenzt diese Zuwendungen im vornehmlich betrieblichen Interesse aber nach oben auf bestimmte Höchstbeträge je Arbeitnehmer und Jahr. Alles was den Höchstbetrag von 110 € je Arbeitnehmer übersteigt ist dann als steuerpflichtiger Arbeitslohn auch zu versteuern[37].

Für den Betriebsausflug hat die Hammer AG pro Person 75 € verausgabt. Könnte der Ausflug als vornehmlich im eigenbetrieblichem Interesse durchgeführt anzusehen sein, so wäre von steuerpflichtigem Arbeitslohn nicht auszugehen, da es an der Veranlassung durch das Arbeitsverhältnis fehlt und die (str., s.u.) Jahreshöchstbeträge unterschritten sind.

hemmer-Methode: Die Begrenzung von Aufwendungen im eigenbetrieblichen Interesse auf bestimmte Höchstbeträge ist nicht unumstritten. Stellt man auf die Veranlassung ab und kommt zu dem Ergebnis, dass Aufwendungen, die der Arbeitgeber im eigenen Interesse tätigt, sich gerade nicht als Gegenleistung für die Arbeitsleistung des Arbeitnehmers darstellen, so kann eine solche Veranlassung nicht allein durch die Überschreitung gewisser Höchstbeträge begründet werden. Auch höhere Aufwendungen können allein der Förderung des Betriebsklimas oder der Wahrung der betrieblichen Fürsorgepflicht dienen.
Nichts desto weniger sollten Sie in der Klausur dem BFH folgen.

Betriebsausflüge stellen den klassischen Fall für Aufwendungen dar, die zur Förderung des Betriebsklimas und damit zu einem überwiegenden Teil im Eigeninteresse des Arbeitgebers getätigt werden.

[36] Vgl. SCHMIDT/DRENSECK, § 8 Rn. 41.

[37] Vgl. auch 19.5 Abs. 4 S. 2 LStR 2015.

Die Kosten für den Ausflug sind hier nicht als Arbeitslohn zu versteuern.

b) Der Unfall

Die 2.000 € Reparaturkosten für den Unfallschaden an dem eigenen Pkw könnten als Werbungskosten bei den Einkünften aus nichtselbständiger Arbeit anzusetzen sein.

Hierzu müssten die getätigten Aufwendungen durch das Arbeitsverhältnis veranlasst sein. Eine solche Veranlassung ist dann anzunehmen, wenn objektiv ein Zusammenhang mit der auf Einnahmeerzielung gerichteten Tätigkeit besteht und subjektiv die Aufwendungen zur Förderung dieser Tätigkeit gemacht werden.

Der objektive Zusammenhang ist nach der überwiegenden Ansicht im Schrifttum und nach dem BFH zwingend.

Auf den subjektiven Zusammenhang kann indessen verzichtet werden.

So fallen auch unfreiwillige Aufwendungen, wie z.B. Unfallschäden unter den Werbungskostenbegriff, wenn die Unfallfahrt betrieblich veranlasst war.

Althügler befand sich auf der Fahrt zu einem Firmenkunden. Die Fahrt war daher betrieblich veranlasst.

Allein die Tatsache, dass es aufgrund des hektischen Fahrmanövers, das auf grobe Fahrlässigkeit des Althügler zurückzuführen ist, zu dem Unfall kam, vermag die betriebliche Veranlassung nicht zu durchbrechen. Ein schuldhafter Verstoß gegen Rechtsvorschriften macht aus einer betrieblichen Handlung keine private. Das Steuerrecht ist wertneutral ausgestaltet. Dies kommt insbesondere durch § 40 AO zum Ausdruck, der normiert, dass es für die Verwirklichung eines Steuertatbestandes nicht darauf ankommt, ob gegen ein Gesetz oder die guten Sitten verstoßen worden ist.

Etwas anderes könnte jedoch wegen des Alkoholkonsums des Althügler gelten.

Grds. durchbricht auch der Genuss von Alkohol nicht den betrieblichen Veranlassungszusammenhang. Anders sieht dies der BFH allerdings dann, wenn der Unfall ursächlich auf den Alkoholkonsum zurückzuführen ist.

Diese Ansicht ist in der Rechtslehre zu Recht auf Widerstand gestoßen. Die Wertneutralität des Steuerrechts wird nicht ab einem bestimmten Grad der Vorwerfbarkeit aufgehoben. Zudem wird der Alkohol nicht getrunken, um nach Hause zu fahren. Dies bedeutet, dass durch den Alkoholkonsum keine private causa geschaffen wird.

Auch die schuldhafte Unfallherbeiführung durch Alkoholkonsum ist daher nach Ansicht von weiten Teilen der Literatur[38] nicht geeignet, ein Abzugsverbot zu begründen.

Ob der Alkohol oder das Fahrmanöver kausal für den Unfall war, lässt sich im vorliegenden Fall nicht mehr nachweisen. Es fragt sich daher, wen die Beweislast für das Vorliegen des Kausalzusammenhanges trifft. Die Finanzverwaltung oder den Steuerpflichtigen.

Im Steuerrecht gilt gem. § 88 AO der Amtsermittlungsgrundsatz. Die Finanzbehörden haben grds. den gesamten Sachverhalt zu ermitteln. Hieraus kann indes nicht geschlossen werden, dass die Beweislast für alle Tatsachen grundsätzlich das Finanzamt trifft.[39]

Vielmehr legt der BFH bei der Verteilung der Beweislast allgemeine Grundsätze des Verfahrensrechts zugrunde.

[38] Tiedtke, S.468; Schmidt/Drenseck, § 12 Rn. 14 und § 9 Rn. 23 m.w.N.

[39] Jakob, § 6, Rn. 19.

Hiernach gilt im Regelfall, dass die Finanzbehörden steuerbegründende und steuererhöhende Tatsachen zu beweisen haben, der Steuerpflichtige steuermindernde Tatsachen.[40]

Die berufliche Veranlassung von Aufwendungen wird - wie oben dargestellt - durch das Verschulden des Althügler grundsätzlich nicht durchbrochen. Die Voraussetzungen für den Abzug von Werbungskosten liegen daher zunächst vor. Will das Finanzamt nun eine Ausnahme von der Abzugsfähigkeit geltend machen, so handelt es sich hierbei im Ergebnis um eine steuererhöhende Tatsache. Für diese trifft die Beweislast die Finanzbehörde.

Lässt sich aber die Kausalität des Alkoholkonsums für den Unfall nicht beweisen, so geht dies zu Lasten der Finanzbehörde.

Geht es also um die Ausnahme von einem steuermindernden Tatbestand, so trifft die Beweislast hierfür die Finanzbehörde.[41]

Auch nach der Ansicht des BFH ist vorliegend ein Werbungskostenabzug zuzulassen, da sich die Ursächlichkeit des Alkoholkonsums für die unfallbedingten Aufwendungen nicht beweisen lässt. Einer Entscheidung zwischen der Literaturansicht und der Ansicht des BFH bedarf es nicht.

Althügler kann die 2.000 € als Werbungskosten bei seinen Einkünften aus nichtselbständiger Arbeit abziehen.

hemmer-Methode: Die Abzugsfähigkeit von Werbungskosten und Betriebsausgaben bei unfreiwilligen Aufwendungen nach Alkoholkonsum ist ein absoluter Klassiker.

Hierbei handelt es sich um eine Frage, bei der Sie sich mit guten Gründen auch einmal gegen den BFH entscheiden können.
Zu der Frage des Alkoholkonsum lesen Sie Hemmer/Wüst/Hölzle, Basics Steuerrecht, Rn. 114 und Hemmer/Wüst/Hölzle, Einkommensteuerrecht, Rn. 67.

Zu prüfen bleibt weiterhin, ob auch der entstandene merkantile Minderwert an dem Auto als Werbungskosten steuerlich berücksichtigt werden kann.

Werbungskosten i.S.d. § 9 EStG sind alle Aufwendungen, die durch eine Überschusseinkunftsart veranlasst sind. Bei dem Minderwert des Kfz infolge eines Unfalls handelt es sich jedoch nicht um Aufwendungen, die der Steuerpflichtige getätigt hat. Eine Aufwendung setzt voraus, dass ein Abfluss von Mitteln stattfindet. Ein solcher liegt bei einer Werteinbuße hingegen nicht vor.

Der merkantile Minderwert kann daher nicht als Werbungskosten bei den Einkünften aus nichtselbständiger Arbeit berücksichtigt werden.

Möglicherweise kommt aber eine Berücksichtigung des merkantilen Minderwertes über die Verweisungsvorschrift des § 9 I S. 3 Nr. 7 EStG und die Vorschriften über die Absetzung für außergewöhnliche Abnutzung (AfaA), § 7 I S. 7 EStG, in Betracht.

Die AfaA setzt voraus, dass ein ungewöhnliches Ereignis eingetreten ist, dass die bisherige Verteilung der Anschaffungs- oder Herstellungskosten nicht mehr vertretbar erscheinen lässt.[42] Dies ist dann der Fall, wenn das betreffende Wirtschaftsgut in seiner Nutzungsfähigkeit beeinträchtigt ist. Eine bloße Wertminderung genügt hierzu nicht.

40 Jakob, a.a.O.; Klein-Brockmeyer, § 88, 4.

41 Klein-Brockmeyer, § 88, 4. m.w.N. aus der Rspr.

42 Schmidt/Kulosa, § 7 Rn. 123.

hemmer-Methode: In Hemmer/Wüst/Hölzle, Basics Steuerrecht, Rn. 151 haben wir dargestellt, dass - nach richtiger Ansicht - der Zweck der AfA in der Verteilung des Aufwandes auf die betriebsgewöhnliche Nutzungsdauer zu sehen ist (Aufwandsverteilungsthese). Wird die Nutzungsdauer aber durch das außergewöhnliche Ereignis nicht eingeschränkt bzw. verkürzt, sondern nur der Wert des Wirtschaftsgutes bei gleich bleibender Nutzungsfähigkeit gemindert, so ist kein Grund ersichtlich, den Aufwand in anderer Weise als nach den Grundsätzen der „gewöhnlichen" AfA zu verteilen.

Das Fahrzeug des Althügler ist vollständig repariert worden. Eine Einschränkung der Nutzungsfähigkeit liegt nicht vor. AfaA kann daher nicht geltend gemacht werden.

Der nach der Reparatur verbleibende merkantile Minderwert findet keine steuerliche Berücksichtigung.

hemmer-Methode: Zur AfaA lesen Sie Hemmer/Wüst/Hölzle, Einkommensteuerrecht, Rn. 111 ff.

5. Der wohlwollende Wein

Bei der Zuwendung des Weines von Seiten des Handauf könnte es sich erneut um Einnahmen i.S.d. § 8 EStG handeln, die zu Einkünften aus nichtselbständiger Tätigkeit i.S.d. § 19 EStG führen.

Unschädlich ist zunächst, dass die Einnahmen nicht von Seiten des Arbeitgebers, sondern von dritter Seite zugeflossen sind. Auch solche Leistungen, die nicht unmittelbar durch den Vertragspartner des Arbeitnehmers gewährt werden, können Arbeitslohn darstellen.[43]

hemmer-Methode: Ein klassisches Beispiel für Drittzuwendungen, die Arbeitslohn darstellen, sind Trinkgelder des Gastes. Bitte auf die Terminologie achten. Trinkgelder sind steuerbar (steuerbare Verstrickung des EStG), aber nach § 3 Nr. 51 EStG steuerfrei.

Von Einnahmen kann aber nur dann ausgegangen werden, wenn die Bereicherung des Arbeitnehmers, die hier augenscheinlich vorliegt, durch das Arbeitsverhältnis veranlasst ist. Hieran bestehen Zweifel.

Um von einer Veranlassung durch das Arbeitsverhältnis sprechen zu können, muss die Zahlung des Arbeitslohnes als Gegenleistung für die erbrachte Arbeitsleistung getätigt werden.

Mit der Annahme von Schmiergeldern wendet sich der Arbeitnehmer aber gerade gegen die Arbeitgeberinteressen. Weder wünscht der Arbeitgeber noch billigt er die Bestechung seiner Arbeitnehmer.

Die als Folge der Bestechung erbrachte Arbeits- oder Dienstleistung ist im Verhältnis zum Arbeitgeber gerade nicht mehr durch das Arbeitsverhältnis veranlasst.

Hinzu kommt, dass der Arbeitgeber gemäß §§ 42d, 38 EStG für alle Zahlungen, die als Arbeitslohn zu qualifizieren sind, einer Lohnsteuerhaftung ausgesetzt wäre. Das würde bedeuten, dass der Arbeitgeber bei der verdeckten Annahme von Bestechungsgeldern auf die zu entrichtende Einkommensteuer (Lohnsteuer) haften müsste.

Die Zahlung von Schmier- und Bestechungsgeldern führt daher nach weitgehend einhelliger Ansicht nicht zu Einkünften aus § 19 EStG.[44]

In Betracht kommen aber Einkünfte aus sonstiger Leistung gemäß § 22 Nr. 3 EStG.

---

[43] SCHMIDT/DRENSECK, § 9, Rn. 25.

[44] Vgl. SCHMIDT/DRENSECK, § 19 Rn. 50 „Schmiergeld".

Unter einer Leistung in diesem Sinne wird jedes Tun, Dulden oder Unterlassen verstanden, das um einer Gegenleistung Willen erbracht wird.

Dies ist vorliegend der Fall. Die Zuwendung des Weines erfolgte, um eine nochmalige „Prüfung" des Angebotes herbeizuführen. Der Tatbestand des § 22 Nr. 3 EStG ist erfüllt.

Althügler hat daher weitere Einkünfte aus sonstigen Leistungen in Höhe von 2.250 €.

Damit wird die Freigrenze des § 22 Nr.3 S.2 EStG von 256 € überschritten und Althügler muss auch die Einkünfte i.H.v. 210 € versteuern, die durch die Mitnahme der Kollegin angefallen sind.

6. Zwischenergebnis

Althügler hat 2016 einen Barlohn in Höhe von 60.000 € erhalten. Dieser stellt Einkünfte aus nichtselbständiger Arbeit nach § 19 EStG dar.

Darüber hinaus sind i.R.d. § 19 EStG die folgenden Vorgänge zu berücksichtigen:

Barlohn:	**60.000 €**
Tz.I: Werbungskosten für die Benutzung des eigenen Pkw:	**./. 2.625 €**
Tz.II: Der geldwerte Vorteil für die verbilligte Wohnung:	**12.000 €**
Tz.III: Das Präsent für den Verbesserungsvorschlag	**425 €**
Tz.IV: Die Reparaturaufwendungen	**./. 2.000 €**
Gesamteinkünfte aus § 19 EStG	**67.800 €**

Althügler hat 2016 Einkünfte aus §§ 2 I S. 1 Nr. 4, 19 I Nr. 1 EStG in Höhe von 67.800 € erzielt. Die geltend gemachten Werbungskosten (2.625 € + 2.000 € = 4.625 €) übersteigen den Pauschbetrag des § 9a 1 Nr. 1 EStG (1.000 €). Dieser findet daher keine Berücksichtigung.

Hierneben hat Althügler die folgenden Einkünfte aus sonstigen Leistungen erzielt:

Tz.I: Einnahmen durch die Mitnahme der Kollegin	**300 €**
Tz.I: Werbungskosten aus der Mitnahme	**./. 90 €**
Tz.V: Der wohlwollende Wein	**2.250 €**
Gesamteinkünfte aus § 22 Nr. 3 EStG:	**2.460 €**

III. Summe und Gesamtbetrag der Einkünfte, § 2 III EStG

Die Summe der positiven Einkünfte des Althügler beträgt (67.800 € aus § 19 EStG + 2.460 € aus § 22 Nr. 3 EStG =) 70.260 €.

Althügler hatte vor dem Beginn des Kalenderjahres 2016 sein 64. Lebensjahr noch nicht vollendet. Ein Altersentlastungsbetrag ist ihm nicht zu gewähren, § 24a S. 3 EStG.

Der Gesamtbetrag der Einkünfte beträgt 70.260 €.

IV. Das Einkommen, § 2 IV EStG

Althügler sind 2016 abzugsfähige Sonderausgaben in Höhe von 1.260 € entstanden. Für die Berücksichtigung von außergewöhnlichen Belastungen ist nichts ersichtlich.

Das Einkommen des Althügler beträgt daher (70.260 € - 1.260 € =) 69.000 €.

V. Zu versteuerndes Einkommen, § 2 V EStG und Gesamtergebnis.

Für Abzüge nach § 2 V EStG ist aus dem Sachverhalt nichts ersichtlich.

Das zu versteuernde Einkommen des Peter Althügler beträgt 2016 69.000 €.

B) TEIL B: Der zweite Änderungsbescheid

Der Erlass des zweiten Änderungsbescheides war dann rechtmäßig, wenn die Festsetzungsfrist noch nicht abgelaufen ist und eine Rechtsgrundlage für die Änderung besteht.

I. Festsetzungsfrist, §§ 169, 170 AO

Die Geschwister Althügler erzielen aus dem gemeinsamen Mietgrundstück Einkünfte aus Vermietung und Verpachtung gemäß §§ 2 I Nr. 6, 21 I Nr. 1 EStG. Da für eine abweichende Vereinbarung nichts ersichtlich ist, sind ihnen die Einkünfte im Verhältnis ihrer Miteigentumsanteile gemäß § 743 I BGB zuzurechnen.

Die Feststellung der Einkünfte durch das Finanzamt erfolgte daher zu Recht nach den Vorschriften der §§ 179 I, 180 I Nr. 2 lit. a) AO (einheitliche und gesonderte Feststellung).

Für das Verfahren der einheitlichen und gesonderten Feststellung gelten gemäß § 181 I S. 1 AO die Vorschriften über die Durchführung der Besteuerung sinngemäß. Dies sind insbesondere die §§ 155 ff. AO. Demgemäß ist auch eine Änderung, Festsetzung oder Aufhebung eines Feststellungsbescheides nicht mehr zulässig, wenn die nach §§ 181 I S. 1, 169 I S. 1 AO zu bestimmende Festsetzungsfrist abgelaufen ist.

Der Beginn der Festsetzungsfrist richtet sich nach §§ 181 I S. 1 AO i.V.m. § 170 AO. Da gemäß § 181 II S. 1 AO eine Pflicht zur Abgabe einer Erklärung über die gesonderte Feststellung besteht, beginnt die Festsetzungsfrist gemäß §§ 181 I S. 1, 170 II Nr.1 AO mit Ablauf des Jahres 2011 zu laufen.

Die Dauer der Festsetzungsfrist bei Feststellungsbescheiden bestimmt sich, da weder die §§ 179 ff. AO noch § 169 AO eine ausdrückliche Regelung enthält, nach der Frist für die Steuer, für die Feststellung erfolgen soll. Vorliegend werden Einkünfte aus Vermietung und Verpachtung einheitlich und gesondert festgestellt. Es ist daher die Festsetzungsfrist des § 169 II Nr. 2 AO anzuwenden. Sie beträgt vier Jahre.

Die Festsetzungsfrist endet daher gemäß §§ 108 I AO, 188 II BGB mit dem 31.12.2015.

Da der zweite Änderungsbescheid erst am 09.05.2016 erlassen wurde, steht die Festsetzungsverjährung dem Erlass des Bescheides damit grundsätzlich entgegen.

Etwas anderes könnte sich jedoch daraus ergeben, dass Tami Althügler gegen den Änderungsbescheid vom 20.04.2014 Einspruch eingelegt hat. Dass dieser nicht als solcher bezeichnet wurde, ist unerheblich.

Es ist auf das eindeutig feststellbare Begehren der Tami abzustellen, aus dem die Anfechtung des Änderungsbescheides unzweifelhaft hervorgeht.

Bis zur unanfechtbaren Entscheidung über den Einspruch könnte gemäß §§ 181 I S. 1, 171 IIIa S.1 AO[45] eine Ablaufhemmung eingetreten sein. Tami hat den Einspruch vor Ablauf der Festsetzungsfrist eingelegt. Auch ist über diesen bisher nicht entschieden.

Es fragt sich aber, ob dem Einspruch der Tami überhaupt ablaufhemmende Wirkung beigemessen werden kann. Dies wäre dann nicht der Fall, wenn sich der Einspruch gegen einen unwirksamen Steuerverwaltungsakt richtet. Ein unwirksamer Verwaltungsakt stellt ein rechtliches nullum dar. Der gegen ein rechtliches nullum gerichtete Einspruch kann dann aber nicht Rechtswirkung dergestalt entfalten, dass eine Ablaufhemmung eintritt.

Auch geht der Wortlaut des § 171 IIIa 1 AO augenscheinlich von einem wirksamen Ausgangsbescheid aus.

Die Wirksamkeit ist aber sowohl hinsichtlich des Feststellungsbescheides vom 15.11.2012, wie auch bezüglich des ersten Änderungsbescheides vom 20.04.2014 fraglich.

Ein Verwaltungsakt wird gemäß § 124 I S. 1 AO dann wirksam, wenn er demjenigen, für den er bestimmt ist, bekannt gegeben worden ist. Da die einheitliche und gesonderte Feststellung von Besteuerungsgrundlagen jeden der Gemeinschaft als Feststellungsbeteiligten betrifft, ist der Feststellungsbescheid grundsätzlich auch jedem der Beteiligten bekannt zu geben. Zu fragen ist daher hier, ob eine wirksame Bekanntgabe erfolgte.

Gemäß § 122 I S. 1 AO hat die Bekanntgabe an denjenigen zu erfolgen, für den der Verwaltungsakt bestimmt, oder der von ihm betroffen ist.

Im Falle einer Gesamtrechtsnachfolge gehen alle Rechte und Pflichten aus dem Steuerschuldverhältnis auf den Gesamtrechtsnachfolger über, § 45 I AO.

Der ursprüngliche Feststellungsbescheid, wie auch der erste Änderungsbescheid hätten daher nicht an die Witwe des Walter Althügler, sondern an seinen Sohn Erwin adressiert und bekannt gegeben werden müssen. Dieser ist der wahre Erbe des Walter. Zu prüfen bleibt aber, ob die falsche Adressierung zur Unwirksamkeit des Bescheides führt.

Nach § 124 I S. 1 AO hängt die Wirksamkeit des Verwaltungsaktes von der Bekanntgabe an den Inhaltsadressaten ab. Der Inhaltsadressat ist gemäß § 122 I AO grundsätzlich auch der Bekanntgabeadressat. Die Person des Inhaltsadressaten bestimmt sich hierbei nach dem Willen der Finanzbehörde.

[45] § 171 IIIa AO ist anwendbar, da die Festsetzungsverjährungsfrist nicht vor Inkrafttreten dieses Gesetzes abgelaufen ist, Art. 97 § 10 IX EGAO.

Bildet diese ihren Willen fehlerhaft, so ist der Bescheid zwar materiell rechtswidrig, aber doch wirksam an den Inhalts- und Bekanntgabeadressaten bekannt gegeben, §§ 122 I, 124 I S. 1 AO.

Die wirksame Bekanntgabe könnte jedoch daran scheitern, dass Udo Althügler als einer der Inhalts- und Bekanntgabeadressaten keine Ausfertigung erhalten hat.

Die Bekanntgabe eines Verwaltungsaktes ist dann erfolgt, wenn der Verwaltungsakt derart in den Machtbereich des Empfängers gelangt ist, dass unter gewöhnlichen Umständen mit der Kenntnisnahme gerechnet werden kann.

Dies ist bezüglich des Udo Althügler nicht erfolgt. Der Feststellungsbescheid ist daher nicht gegenüber jedem Inhalts- und Bekanntgabeadressaten wirksam bekannt gegeben worden.

Auch bezüglich des ersten Änderungsbescheides bestehen Bedenken. Es fragt sich, ob die Adressierung und Zustellung des Bescheides an Udo Althügler noch möglich war. Dieser ist vor Erlass des ersten Änderungsbescheides verstorben. Die Bekanntgabe kann jedoch nicht gegenüber einer nicht mehr existenten Person erfolgen. Eine Adressierung und Bekanntgabe hätte an die Gesamtrechtsnachfolgerin, die Tochter Tami erfolgen müssen, § 45 I AO.

Der Tami wurde keine Ausfertigung des Bescheides bekannt gegeben, weshalb auch die Bekanntgabe dieses Bescheides fehlerhaft und eine wirksame Feststellung nicht erfolgt ist.

Es fragt sich, ob sich aus § 183 I AO ein anderes Ergebnis herleiten lässt.

Hiernach ist die Bekanntgabe gegenüber einem Feststellungsbeteiligten mit Wirkung für und gegen die übrigen möglich, wenn dieser als Empfangsbevollmächtigter bestellt oder zur Vertretung der übrigen Feststellungsbeteiligten ermächtigt ist. Hierbei müssen die übrigen Feststellungsbeteiligten aber in dem Bescheid korrekt bezeichnet sein. Dies wäre bezüglich des Feststellungsbescheides vom 15.11.2012 der Fall.

Die Feststellungsbeteiligten haben jedoch keinen der Gemeinschafter als Empfangsbevollmächtigten i.S.d. § 183 I S. 1 AO bestellt. Auch kommt eine Annahme der Empfangsbevollmächtigung nach § 183 I S. 2 AO nicht in Betracht. Eine Gemeinschaft im Sinne der §§ 741 ff. BGB wird gemäß § 744 I BGB durch alle Gemeinschafter gemeinschaftlich verwaltet. Einen vertretungsberechtigten Gemeinschafter gibt es nicht.

Das Finanzamt war daher gezwungen, den Feststellungsbescheid an jeden der Gemeinschafter als Feststellungsbeteiligte bekannt zu geben.

Weiter zu prüfen bleibt jedoch, ob nicht aus anderen Gründen für die Wirksamkeit des Feststellungsbescheides auf die Bekanntgabe an alle Feststellungsbeteiligten gemäß § 124 I S. 1 AO verzichtet werden kann.

Zwar entspricht es einem gefestigten Grundsatz des Steuerfestsetzungsverfahrens, dass Verwaltungsakte allen Beteiligten wirksam bekannt zu geben sind. Aus den Besonderheiten der einheitlichen und gesonderten Gewinnfeststellung und der nur sinngemäßen Anwendungen der Vorschriften über die Besteuerung, vgl. § 181 I S. 1 AO, könnte sich jedoch eine Modifikation dieses Grundsatzes ergeben.

Der Feststellungsbescheid enthält, anders als zusammengefasste Bescheide, nur einen Steuerverwaltungsakt, der lediglich Rechtswirkungen gegen mehrere Beteiligte entfaltet.

Hieraus wird zum Teil geschlossen, dass es für die rechtliche Existenz des Bescheides ausreichen muss, wenn dieser auch nur an einen der Feststellungsbeteiligten wirksam bekannt gegeben wurde.

Eine Gegenauffassung lehnt dies unter Hinweis auf § 124 I S. 1 AO ab.

Das Verfahren der einheitlichen und gesonderten Gewinnfeststellung dient dazu, widersprüchlichen und mehrfachen Entscheidungen vorzubeugen. Bei der Beteiligung mehrerer an einer Einkunftsquelle sollen diese auch nach einheitlichen Besteuerungsgrundlagen verbeschieden werden.

Diesem Zweck wird unzweifelhaft dann vollends Rechnung getragen, wenn man der Ansicht folgt, die für die wirksame Bekanntgabe die wirksame Bekanntgabe an alle verlangt. Es fragt sich aber, ob eine solch weitreichende Abkehr von § 124 I AO zur Erreichung dieses Zieles tatsächlich erforderlich ist. Der Feststellungsbescheid enthält nur einen Steuerverwaltungsakt, der auch für denjenigen bestimmt ist, dem der Bescheid bekannt gegeben wurde. Dies ist unabhängig davon, ob auch eine Bekanntgabe an die übrigen Feststellungsbeteiligten erfolgte. Zudem wird bei einem Abstellen auf nur eine wirksame Bekanntgabe die Rechtsunsicherheit bezüglich des Zeitpunktes der letzten Bekanntgabe, der für die Bindungswirkung des § 182 AO entscheidend ist, vermieden.

Der Zweck des einheitlichen und gesonderten Gewinnfeststellungsverfahrens lässt sich ebenso gut verwirklichen, wenn auf nur eine wirksame Bekanntgabe abgestellt wird, der Bescheid aber erst dann Bindungswirkung nach § 182 AO entfaltet, wenn er allen Feststellungsbeteiligten gegenüber wirksam bekannt gegeben wurde.

Den anderen Feststellungsbeteiligten gegenüber ist der Bescheid dann zwingend mit dem gleichen Inhalt der ersten wirksamen Bekanntgabe bekannt zu geben.

Gegenüber dem Peter und der Eva Althügler sind sowohl der Feststellungs- wie auch der erste Änderungsbescheid wirksam bekannt gegeben worden. Dies reicht nach den oben angestellten Erwägungen für eine wirksame Feststellung gemäß §§ 181 I, 171 IIIa S. 2 AO aus.

Hiermit ist jedoch noch nicht festgestellt, dass der Einspruch der Tami tatsächlich ablaufhemmende Wirkung hat. Es bleibt nämlich zu fragen, ob § 171 IIIa S. 2 AO voraussetzt, dass derjenige der Feststellungsbeteiligten den Einspruch einlegt, dem gegenüber der Bescheid wirksam bekannt gegeben worden ist.

Mit anderen Worten: Reicht es für § 171 IIIa S. 2 AO aus, dass der Einspruch von einem Feststellungsbeteiligten eingelegt worden ist, dem gegenüber keine wirksame Feststellung erfolgte?

Wollte man dies verlangen, würde sich hieraus jedoch die Folge ergeben, dass die Festsetzungsfrist nur bei diesem Rechtsbehelfsführers nicht abläuft und diesem gegenüber eine von den übrigen Feststellungsbeteiligten abweichende Entscheidung erfolgen könnte. Gerade solche Ergebnisse will das Verfahren über die einheitliche und gesonderte Feststellung aber verhindern. Die Festsetzungsfrist muss für alle Feststellungsbeteiligten einheitlich laufen, um eine einheitliche Feststellung und Besteuerung zu erreichen. Die Bemessung der Festsetzungsfrist hat daher unabhängig davon zu erfolgen, welcher der Feststellungsbeteiligten den Einspruch eingelegt hat.

Der Einspruch der Tami wurde innerhalb der Festsetzungsfrist, nämlich vor dem 31.12.2015 eingelegt.

II. Rechtsgrundlage für die Änderung

Damit die Änderung rechtmäßig ist, muss sich das Finanzamt jedoch auf eine Rechtsgrundlage für die Änderung stützen können.

Da die Tami Einspruch eingelegt hat, kommen als Rechtsgrundlage die §§ 367 II S. 3, 132 S. 1 i.V.m. 172 I Nr. 2 lit. a) AO in Betracht. Das Finanzamt könnte dem Einspruch teilweise abgeholfen haben.

Teilweise wird als Rechtsgrundlage für die Teilabhilfe unmittelbar § 367 II S. 3 AO herangezogen.

Diese Vorschrift regelt indessen nur, inwieweit es einer Einspruchsentscheidung überhaupt bedarf. Sie setzt damit nur die Möglichkeit des Erlasses einer Abhilfeentscheidung voraus. Eine solche kann die Finanzbehörde, wie sich aus dem Wortlaut des § 132 S. 1 AO ausdrücklich ergibt, auf die Korrekturvorschriften der §§ 129, 172 ff. AO stützen. Auf die Zulässigkeit und die Begründetheit des Einspruchs kommt es dann überhaupt nicht an.

hemmer-Methode: Wie im allgemeinen Verwaltungsrecht auch, müssen Sie im Steuerrecht immer zwischen einer Abhilfeentscheidung, § 367 AO bzw. § 72 VwGO und der Änderung nach §§ 172 ff. AO bzw. der Rücknahme oder dem Widerruf nach §§ 48, 49 VwVfG unterscheiden.

Gemäß § 181 I AO sind die §§ 172 ff. AO auch auf Feststellungsbescheide anwendbar. In Betracht kommt § 172 I Nr. 2 lit. a) AO.

Der Feststellungsbescheid betrifft Besteuerungsgrundlagen zur Feststellung der Einkommensteuer und mithin eine andere Steuer i.S.d. § 172 I Nr. 2 AO.

Für die Anwendung des § 172 I Nr. 2 AO müsste die Tami jedoch einen Änderungsantrag gestellt, oder einem solchen Antrag zugestimmt haben. Ein Änderungsantrag oder die Zustimmung zur Änderung könnte in dem Einspruch zu sehen sein. Für einen solchen Antrag ist eine bestimmte Form nicht erforderlich. Es muss jedoch eindeutig zum Ausdruck kommen, dass eine Änderung begehrt wird.

Der Änderungswille des Steuerpflichtigen ist durch Auslegung zu ermitteln.

Durch die Einlegung des Einspruchs bringt die Tami klar zum Ausdruck, dass sie eine Änderung des in Streit stehenden Bescheides begehrt. Ein Änderungsantrag i.S.d. § 172 I Nr. 2 lit. a) AO liegt mithin vor.

Das Finanzamt hat den festgestellten Betrag auf 66.250 € herabgesetzt. Es fragt sich ob hierin eine Änderung zu Gunsten der Tami zu sehen ist. Dann müsste der Änderungsantrag gemäß § 172 I Nr. 2 lit. a) 2. HS. AO innerhalb der Einspruchsfrist gestellt worden sein.

Ob der Bescheid zu Gunsten oder zu Ungunsten des Steuerpflichtigen geändert wurde, kann nicht allein durch die Betrachtung des Feststellungsbescheides ermittelt werden. Durch diesen wird unmittelbar keine Steuer festgesetzt. Vielmehr muss der Bescheid betrachtet werden, für den die Feststellung erfolgt. Damit führt eine niedrigere Feststellung typischerweise auch zu einer niedrigeren Steuer. Damit liegt eine Änderung zu Gunsten der Tami vor. Der Änderungsantrag müsste innerhalb der Einspruchsfrist gegen den Änderungsbescheid vom 20.04.2014 gestellt worden sein.

Die Einspruchsfrist ist in § 355 I AO geregelt und beträgt einen Monat seit der Bekanntgabe des Verwaltungsaktes.

Da der Bescheid der Tami gegenüber nie bekannt gegeben wurde, ist das fristauslösende Ereignis nicht eingetreten. Die Einspruchsfrist hat noch gar nicht zu laufen begonnen. Der mit dem Einspruch verbundene Antrag auf Änderung des Steuerbescheides vom 21.04.2014 ist daher innerhalb der Einspruchsfrist des § 355 I AO eingelegt worden. Eine Änderung zu Gunsten der Tami konnte somit erfolgen, § 172 I Nr. 2 lit. a) 2. HS. AO.

III. Ergebnis

Da der erste Änderungsbescheid mit der Festsetzung der Einkünfte aus Vermietung und Verpachtung in Höhe von 76.250 € materiell falsch war, war die Berichtigung des Bescheides auf den materiell richtigen Betrag von 66.250 € durch das Finanzamt gemäß § 172 I Nr. 2 lit. a) AO rechtmäßig.

hemmer-Methode: Während früher nur rudimentäre Kenntnisse des Verfahrensrechts verlangt wurden, wird heute auch sehr spezielles Wissen abgefragt und erwartet. Dies auch gerade in der mündlichen Prüfung.
Zu der Adressierung und der Bekanntgabe von Steuerverwaltungsakten lesen Sie Hemmer/Wüst, Abgabenordnung, Rn. 75 ff. Zu den Änderungsvorschriften lesen Sie Hemmer/Wüst, Abgabenordnung, Rn. 288 ff.

Fall 5

Sachverhalt:

<u>Teil A</u>

Der in einer Großkanzlei angestellte Rechtsanwalt Tim Taler verstarb am 20.12.2015. Er hatte seine Frau Theresie Taler testamentarisch zur Alleinerbin eingesetzt. Im Wesentlichen hinterließ Tim Taler ein Zweifamilienhaus in Köln mit einem Verkehrswert von 1,2 Mio. € wovon 300.000 € auf den Grund und Boden entfielen und ein Sparkonto mit einem Guthaben in Höhe von 250.000 €, das zur Abdeckung der Pflichtteile seiner Kinder Bonny und Clyde dienen sollte. Das Grundstück hatte Tim Taler 1985 für 1 Mio. € mit einem Neubauhaus erworben. Auf den Grund und Boden entfielen damals 100.000 €.

***I.** Da sich Theresie nicht mehr mit der Bewirtschaftung des Hauses belasten wollte, traf sie zum 01.01.2016 folgende vorweggenommene Erbregelung:*

***1.** Das Gebäude wird der Bonny gegen Erbringung der folgenden Leistungen übereignet:*

***a)** Der Theresie Taler wird ein dingliches Wohnrecht an der Wohnung im Obergeschoss eingeräumt (Größe 55 qm, Wert des Wohnrechts 200.000 €).*

***b)** Bonny übernimmt die krankheitsbedingte Pflege der Theresie (Wert der Eigenleistung mtl. 300 €).*

***c)** Daneben zahlt Bonny der Theresie zur Deckung des Lebensbedarfs monatlich auf Lebenszeit 2.000 € (Barwert 550.000 €).*

***d)** Bonny übernimmt die auf dem Hausgrundstück lastende Hypothek in Höhe von 150.000 €.*

***e)** Des Weiteren leistet Bonny eine Zahlung an den Bruder Clyde in Höhe von 350.000 €.*

***2.** Der Übergang von Nutzen und Lasten erfolgt zum 01.02.2016.*

Bonny wurde am 04.02.2016 als Eigentümerin in das Grundbuch eingetragen. Gleichzeitig erfolgte die Eintragung des dinglichen Wohnrechts. Ferner übernahm Bonny die Hypothek und leistete zum 02.03.2016 die Zahlung an ihren Bruder Clyde. Zur Finanzierung dieser Ausgleichszahlung nahm Bonny bei der Städtischen Sparkasse einen zu 7% verzinslichen Kredit in Höhe von 250.000 € auf.

Die Wohnung im Erdgeschoss war bereits von Theresie Taler an den Arzt Dr. Hackeberg für einen monatlichen Mietzins in Höhe von 2.750 € vermietet worden.

***II.** Hauptberuflich ist Bonny als Abteilungsleiterin bei einem Finanzdienstleistungsunternehmen beschäftigt. Im Dezember 2015 wurde zwischen Bonny und der Firma Abzock GmbH folgender Vertrag geschlossen:*

§ 1 Die Firma Abzock GmbH gewährt Frau Bonny Taler für das Jahr 2015 eine einmalige Gratifikation in Höhe von 21.000 €.

§ 2 Die Gratifikation wird bis spätestens 31.12.2015 gutgeschrieben. Der Betrag hat aber für mindestens fünf Jahre in der Firma zu verbleiben. Er wird marktüblich mit jährlich 7% verzinst. Die Zinsen sind zum Ende eines jeden Wirtschaftsjahres zahlbar.

§ 3 Die Firma behält von den zu zahlenden Zinsen Lohn- und Kirchensteuer ein und führt diese ab.

2016 zahlte die Abzock GmbH aufgrund dieses Vertrages 1.470 € Zinsen an Bonny aus. Lohn- und Kirchensteuer wurden nicht einbehalten. Die Abzock GmbH war nämlich der Ansicht, dass es sich um Darlehenszinsen handele, die nicht lohnsteuerpflichtig seien.
Das zuständige Finanzamt sah Bonny als Mitunternehmerin der Abzock GmbH an und setzte dementsprechend für 2016 die 1.470 € als Einkünfte aus gewerblicher Tätigkeit fest. Bonny hingegen war der Ansicht, dass es sich doch allenfalls um eine nachträgliche Entlohnung aus nichtselbständiger Arbeit handeln könne, die bei der Abzock GmbH im Wege eines Lohnsteuerbescheides zu erfassen sei.

Teil B

Auch im Bekanntenkreis von Bonny und Clyde war ein Todesfall zu betrauern. Susi und Strolch Treulos, beide Volljuristen und als Anwälte zugelassen, waren Miterben nach ihrem am 01.04.2016 verstorbenen Vater Rex Treulos zu je 1/2. Bei der Erbauseinandersetzung mit Beschluss vom 02.05.2016, die auf den Tag des Todesfalles zurückwirken sollte, übernahm Strolch die im Nachlass befindliche Anwaltskanzlei mit einem Verkehrswert von 2 Mio. € und einem Nettobuchwert von 0,9 Mio. €. Das ebenfalls zum Nachlass gehörende Mietwohngrundstück im Wert von 1 Mio. € erhielt die Susi. Strolch zahlte an Susi darüber hinaus 250.000 € und übernahm eine auf dem Hausgrundstück lastende Hypothek in Höhe von 0,5 Mio. €.

Das Grundstück war bisher für 3.000 € monatlich an den Einzelhändler Schlitz vermietet worden. Rex treulos hatte von seiner Bemessungsgrundlage in Höhe von 400.000 € jährliche AfA in Höhe von 2% geltend gemacht. Zinsen aus der Hypothek sind 2016 insgesamt 40.000 € angefallen. Die sonstigen Aufwendungen (Steuern, Versicherungen, Erhaltungsaufwand) beliefen sich 2016 vor dem Erbfall auf 1.000 € und nach dem Erbfall auf 2.000 €.

Bearbeitervermerk:

Frage 1:

In einem Gutachten ist das zu versteuernde Einkommen der Bonny Taler für VZ 2016 zu ermitteln. Hierbei ist auf alle aufgeworfenen Rechtsfragen einzugehen.

Es ist dabei davon auszugehen, dass Bonny aus Vereinfachungsgründen etwaige AfA-Beträge linear ansetzen möchte. Aus ihrer Tätigkeit bei der Abzock GmbH hat sie 2016 nach Abzug aller Werbungskosten 55.000 € Lohn bezogen. Bonny ist in der gesetzlichen Rentenversicherung pflichtversichert und hat 2016 749 € in ihre Altersvorsorge (eine Riester-Rente) investiert.

Zur Vereinfachung ist davon auszugehen, dass in den von Bonny für den Erwerb des Hauses getätigten und beschriebenen Leistungen keine Grund-und-Boden-Anteile enthalten sind.

Frage 2:

Die Einkünfte der Susi Treulos sind zu ermitteln.

Lösung

FRAGE 1: Bonny Taler

A. Persönliche Verhältnisse

I. Persönliche Steuerpflicht

Bonny Taler ist als natürliche Person mit Wohnsitz im Inland, § 8 AO, in Deutschland unbeschränkt einkommensteuerpflichtig, § 1 I EStG.

II. Veranlagung

Da Bonny nicht verheiratet ist, ist sie gemäß § 25 I EStG einzeln zu veranlagen.

B. Sachliche Steuerpflicht

Damit Bonny Taler sachlich zur Einkommensteuer heranzuziehen ist, müsste sie eine Einkunftsart i.S.d. § 2 I S. 1 Nrn. 1-7 EStG verwirklicht haben.

I. Zu I: Das übertragene Haus

Durch die Vermietung des Erdgeschosses des Zweifamilienhauses in Köln könnte Bonny Einkünfte aus Vermietung und Verpachtung gemäß §§ 2 I S. 1 Nr. 6, 21 I Nr. 1 EStG erzielen.

1. Einnahmen

Durch die Mietzinszahlungen erzielt Bonny Einnahmen i.S.d. § 8 I EStG. Einnahmen in diesem Sinne sind alle durch die Einkunftsart veranlassten Zuflüsse in Geld oder Geldeswert. Die Einnahmen beliefen sich 2016 auf (11 x 2.750 € =) 30.250 €.

2. Werbungskosten

Gemäß § 2 II Nr. 2 EStG ermitteln sich die Einkünfte aus einer Gegenüberstellung der Einnahmen über die Werbungskosten.

a) AfA

Zu den Werbungskosten gehört nach § 9 I S. 3 Nr. 7 EStG auch die AfA nach § 7 EStG. Die AfA für Gebäude richtet sich hierbei nach den Vorschriften des § 7 IV EStG (lineare Gebäude-AfA) und § 7 V EStG (degressive Gebäude-AfA).

Laut Bearbeitervermerk wünscht Bonny der Einfachheit halber die Geltendmachung der linearen AfA. Für die Berechnung ist daher § 7 IV EStG zugrunde zu legen.

Bemessungsgrundlage für die AfA sind gemäß § 7 IV S. 1 HS 1 EStG die Anschaffungs- oder Herstellungskosten.

Als problematisch erweist sich hier, dass der Bonny das Gebäude im Wege der vorweggenommenen Erbfolge grundsätzlich unentgeltlich übertragen wurde.

Sie hat sich jedoch im Gegenzug verpflichtet, gewisse Aufwendungen zu tragen. Es liegt daher ein teilentgeltlicher Erwerb vor. Wie dieser sich im Rahmen der Berechnung der AfA auswirkt, ist in einer Dreischrittprüfung zu ermitteln:

hemmer-Methode: Diese Prüfung vollzieht sich in den Schritten (1) Anschaffungskosten, (2) Aufteilungsmaßstab gegebenenfalls für steuerlich zu nicht steuerlich relevant genutztem Anteil und jedenfalls für entgeltlich und unentgeltlich erworbenen Anteil, (3) Berechnung der konkreten AfA.
Führen Sie diese Prüfung sauber durch, und machen Sie die einzelnen Schritte durch Überschriften deutlich, so erleichtern Sie dem Korrektor erstens die Arbeit und zeigen ihm zweitens, dass Sie das System verstanden haben.

aa) Anschaffungskosten

Zunächst ist zu ermitteln, in welcher Höhe Bonny Anschaffungskosten zur Erlangung des Wirtschaftsgutes aufgewendet hat.

Der Begriff der Anschaffungskosten ist im EStG nicht normiert. Es kann insoweit aber auf die Definition in § 255 I S. 1 HGB abgestellt werden, wonach Anschaffungskosten alle Aufwendungen sind, die getätigt werden, um das Wirtschaftsgut zu erlangen und in einen betriebsbereiten Zustand zu versetzen.

Als Anschaffungskosten kommen hier in Betracht: Der Wert der monatlichen Pflegeleistung gegenüber der Theresie Taler, die monatliche Zahlung 2.000 € Unterhalt, die Übernahme der Hypothek in einer valutierten Höhe von 150.000 € und die Ausgleichszahlung an Clyde in Höhe von 350.000 €.

Anschaffungskosten sind Aufwendungen, die geleistet werden, um einen Vermögensgegenstand zu erwerben, § 255 I S. 1 HGB. Von Anschaffungskosten kann demnach immer dann gesprochen werden, wenn die zu erbringenden Leistungen nach kaufmännischen Gesichtspunkten gegeneinander abgewogen wurden, weil nur dann davon ausgegangen werden kann, dass die Zahlungen konkret geleistet wurden, um das Wirtschaftsgut zu erlangen.

Bezüglich der monatlich zu erbringenden Pflege- und Unterhaltsleistung spricht bei Verträgen zwischen nahen Angehörigen nach der Rechtsprechung und der Finanzverwaltung jedoch eine widerlegliche Vermutung dafür, dass die Leistung und die Gegenleistung nicht nach kaufmännischen Gesichtspunkten gegeneinander abgewogen wurden.

Dann liegen aber auch keine Anschaffungskosten vor. Dogmatisch wird dies damit begründet, dass sich der Vermögensübergeber lediglich Erträge aus dem übertragenen Wirtschaftsgut vorbehält, die nun allerdings von dem Übernehmer zu erwirtschaften sind.

Handelt es sich aber um vorbehaltene Erträge, so kann es sich nicht um Zahlungen des Übernehmers handeln, die zur Erlangung des Wirtschaftsgutes getätigt werden. Ob es sich dann um Versorgungs- oder Unterhaltsleistungen handelt, ist im Rahmen der Frage nach der steuerlichen Berücksichtigung bei dem Übernehmer und dem Übergeber zu klären. Anschaffungskosten liegen in Höhe der Leistungen jedenfalls nicht vor.

Weder der Wert der Pflege noch die monatliche Unterhaltsleistung führen zu Anschaffungskosten für das Haus.

Bonny könnte jedoch durch die Übernahme der Hypothek Anschaffungskosten auf das Haus getätigt haben.

Die Hypothek war zum Zeitpunkt der Übernahme mit 150.000 € valutiert. Die Übernahme erfolgte ausschließlich, um das Eigentum an dem Haus zu erhalten. Es handelt sich daher um Aufwendungen, die getätigt werden, um den Vermögensgegenstand zu erwerben. Anschaffungskosten in Höhe dieser 150.000 € liegen vor.

Des Weiteren könnte Bonny Anschaffungskosten in Höhe von 350.000 € aufgewendet haben, als sie die Ausgleichszahlung an ihren Bruder leistete. Auch diese Zahlung erfolgte nur, um das Haus zu Alleineigentum erwerben zu können. Auch insoweit ist daher von Anschaffungskosten auszugehen.

Bonny hat daher insgesamt eigene Anschaffungskosten in Höhe von (150.000 € + 350.000 € =) 500.000 € aufgewendet.

hemmer-Methode: Wäre nach dem Bearbeitervermerk nicht davon auszugehen, dass in den Anschaffungskosten keine G.u.B.-Anteile enthalten sind, so wären diese hier herauszurechnen, da AfA nur auf den abnutzbaren Teil des Wirtschaftsguts geltend gemacht werden kann und davon auszugehen ist, dass die Anschaffungskosten auch gezahlt wurden, um den G.u.B. zu erhalten.

bb) Aufteilungsmaßstab

Das Obergeschoss wird von Bonnys Mutter bewohnt. Als Wirtschaftsgut, dessen Wert als Bemessungsgrundlage für die AfA herangezogen werden kann, kommt also nur das Erdgeschoss in Betracht.

Dieses stellt aufgrund des eigenen Nutzungs- und Funktionszusammenhanges ein eigenes Wirtschaftsgut dar, § 7 Va EStG.

Das gesamte Gebäude hatte bei der Übertragung einen Verkehrswert von 1,2 Mio. €, wovon 300.000 € auf den Grund und Boden entfielen. Es bleibt daher ein Gebäudeanteil von 0,9 Mio. €.

Hiervon entfallen je 50% auf das einkommensteuerrechtlich relevant genutzte Erdgeschoss und auf das privat genutzte Obergeschoss. Es fragt sich aber, wie das vorbehaltene dingliche Wohnrecht zu berücksichtigen ist.

Denkbar wäre es, die Einräumung des Wohnrechts als Gegenleistung der Bonny für den Erwerb des Hauses anzusehen. Der BFH[46] geht indes einen anderen Weg: Der Wert des dinglichen Wohnrechts mindert von vornherein den Wert des übertragenen Wirtschaftsgutes, da der Erwerber insoweit nie etwas erhalten hat. Von dem Verkehrswert des Gebäudes ist also der Wert des dinglichen Wohnrechts abzuziehen.[47] Da sich das dingliche Wohnrecht aber allein auf den privaten genutzten Gebäudeanteil erstreckt, ist der Abzug auch von den auf diesen Anteil entfallenden 50%igen Anschaffungskosten abzuziehen.

---

[46] BFH, BStBl 1991, II, 793; 1991, II, 791.

[47] BMF, BStBl 2000, I, 918.

Es ergibt sich daher ein Aufteilungsmaßstab wie folgt:			
	Gesamt	**Dachgeschoss**	**Erdgeschoss**
Verkehrswert	1,2 Mio. €	600.000 €	600.000 €
./. Nutzungsrecht	./. 200.000 €	./. 200.000 €	-
Gesamt	**1 Mio. €**	**400.000 €**	**600.000 €**
%-Anteil	**100%**	**40%**	**60%**
Anschaffungskosten	**500.000**	**200.000**	**300.000**

Von dem Wert des Gebäudes entfallen nach Abzug des Wohnrechts 60% auf den einkommensteuerrechtlich relevant genutzten Anteil. Demgemäß sind auch 60% der aufgewendeten Anschaffungskosten im Rahmen der AfA als Bemessungsgrundlage einzustellen.

Bonny hat Anschaffungskosten in Höhe von 500.000 € aufgewendet. 60% hiervon entfallen auf den steuerlich relevant genutzten Teil des Gebäudes. Für die AfA sind daher (60% x 500.000 € =) 300.000 € als Bemessungsgrundlage heranzuziehen.

cc) Konkrete AfA

In dem dritten und letzten Schritt ist dann aus dem ermittelten Aufteilungsmaßstab die konkrete AfA zu berechnen.

(1) Eigene AfA der Bonny

Zu berücksichtigen ist jedoch noch, dass Bonny das Wirtschaftsgut Erdgeschoss nur teilweise entgeltlich erworben hat.

Um das Grundstück im Wert von 0,6 Mio. € (nach Abzug des dinglichen Wohnrechts) zu erlangen, hat sie 300.000 € eigene Anschaffungskosten aufgewendet. Sie hat das Gebäude daher zu 50% entgeltlich und zu 50% unentgeltlich erworben (sog. „gemischte Schenkung").

Eigene AfA kann nur in Höhe des entgeltlich erworbenen Anteils geltend gemacht werden. Die eigene AfA bemisst sich daher aus 300.000 € Anschaffungskosten.

hemmer-Methode: Ein sehr schwieriges und spezielles Problem, das in dieser Form schon Gegenstand von Examensklausuren war. Es galt zu erkennen, dass hier zweimal aufgeteilt werden musste: Zunächst war zu ermitteln, welchen Anteil die steuerlich relevante Nutzung am Gesamtgebäudewert hat und dann war noch in den entgeltlich und den unentgeltlich erworbenen Anteil aufzuteilen, was häufig übersehen wurde. Dabei handelt es sich gerade bei diesem letzten Problem der teilentgeltlichen Gebäudeübertragung um ein immer wiederkehrendes Problem bei der Gebäude-AfA, das hier nur etwas versteckter eingekleidet war.

Merken Sie sich, dass stets ein teilentgeltlicher Erwerb in Betracht kommt, wenn die Anschaffungskosten mehr als 10% unter dem Verkehrswert liegen.

Das Nebeneinandertreten von zwei AfA-Reihen (s. dazu sogleich) in diesen Fällen, sollte Ihnen als Examenskandidat bekannt sein. Wenn nicht, lesen Sie Hemmer/Wüst/Hölzle, Basics Steuerrecht, Rn. 376 und Hemmer/Wüst/Hölzle, Einkommensteuerrecht, Rn. 296 f.

Die AfA-Rate ergibt sich aus § 7 IV S. 1 Nr. 2 lit. a) EStG, da das Gebäude nicht zu einem Betriebsvermögen gehört, zu Wohnzwecken dient und nach dem 31. Dezember 1924 fertig gestellt wurde. Die AfA-Rate beträgt daher jährlich 2% der ermittelten Bemessungsgrundlage. Bonny kann daher jährlich (2% x 300.000 € =) 6.000 € AfA geltend machen.

Der Übergang der Nutzen und Lasten erfolgte am 01.02.2016. Bonny kann daher nur 11/12 der Jahres-AfA geltend machen, da das Gebäude nur 11 Monate in ihrem Eigentum stand.

Daraus ergibt sich für 2016 eine eigene AfA der Bonny, die im Rahmen des Werbungskostenabzuges geltend gemacht werden kann (§§ 9 I S. 3 Nr. 7, 7 I S. 4 EStG) in Höhe von (6.000 € : 12 x 11 =) 5.500 €.

(2) Fortgeführte AfA

Fraglich ist noch, inwieweit AfA auf den unentgeltlich erworbenen Gebäudeanteil geltend gemacht werden kann. Anschaffungskosten, die als Bemessungsgrundlage herangezogen werden könnten, hat Bonny insoweit nicht getätigt.

§ 11d EStDV bestimmt jedoch, dass bei unentgeltlich übertragenen Wirtschaftsgütern, die nicht zu einem Betriebsvermögen gehören, die AfA nach den Anschaffungs- oder Herstellungskosten des Rechtsvorgängers bemessen werden kann. Der Rechtsnachfolger kann demgemäß die AfA seines Rechtsvorgängers fortführen.

hemmer-Methode: Hier sehen Sie, dass zwei AfA-Reihen nebeneinander treten: zum einen die eigene AfA in Höhe des entgeltlich erworbenen Anteils und zum anderen die fortgeführte AfA nach § 11d EStDV in Höhe des unentgeltlich erworbenen Anteils.

Tim Taler hatte das gesamte Grundstück mit Haus 1985 für 1 Mio. € erworben. Hierbei entfielen auf den Grund und Boden 100.000 €. AfA kann jedoch nur für abnutzbare Gegenstände geltend gemacht werden, also für das Haus im Wert von damals 900.000 €. Auf das Erdgeschoss entfallen davon 50%, also 450.000 €.

Das Erdgeschoss erwarb Bonny zu 50% entgeltlich, sodass von den 450.000 € als Bemessungsgrundlage des unentgeltlichen Erwerbs noch 50% verbleiben, also 225.000 €.

Die AfA-Rate ist auch hier § 7 IV S. 1 Nr. 2 lit. a) EStG zu entnehmen. Sie beträgt 2% der Anschaffungskosten jährlich, also (225.000 € x 2% =) 4.500 €.

Die Nutzen und Lasten des Gebäudes sind erst am 01.02.2016 auf Bonny übergegangen, sodass von dem Betrag der jährlichen AfA für 2016 11/12 geltend gemacht werden können.

Es ergibt sich daher für 2016 ein AfA-Betrag aus § 11d EStDV in Höhe von (4.500 € : 12 x 11 =) 4.125 €.

dd) Zwischenergebnis

Bonny kann 2016 im Rahmen des Werbungskostenabzuges bei ihren Einkünften aus Vermietung und Verpachtung gemäß §§ 9 I S. 3 Nr. 7 i.V.m. 7 IV S. 1 Nr. 2 lit. a) EStG eigene AfA in Höhe von 5.500 € und gemäß §§ 9 I S. 3 Nr. 7 EStG i.V.m. 11d EStDV i.V.m. 7 IV S. 1 Nr. 2 lit. a) EStG fortgeführte AfA in Höhe von 4.125 € geltend machen.

b) Sonstige Werbungskosten

Über die AfA hinaus könnten der Bonny weitere abzugsfähige Werbungskosten entstanden sein.

Zur Finanzierung der Ausgleichzahlung an ihren Bruder Clyde, die sich als Anschaffungskosten darstellte, nahm Bonny ein zu 7% verzinsliches Darlehen in Höhe von 250.000 € auf. Die im Jahr 2016 angefallenen Zinsen könnten Werbungskosten sein.

Werbungskosten sind in einer dem § 4 IV EStG angeglichenen kausalen Auslegung des § 9 I EStG alle Aufwendungen, die durch die Einkunftsart veranlasst sind. Ohne die Übernahme des Gebäudes wäre der Kredit nicht aufgenommen worden und die Zinsen daher nicht entstanden. Sie sind daher durch die Einkunftsart veranlasst.

Zu fragen ist allerdings, ob die Finanzierungszinsen nicht zu den Anschaffungs- oder Herstellungskosten zu zählen sind, da sich mit der Anschaffung des Gebäudes in Zusammenhang stehen. Dann könnten sie nur als Rechengröße in die AfA-Bemessungsgrundlage einfließen.

Zu bedenken ist jedoch, dass Schuldzinsen nicht geleistet werden, um das Gebäude zu erwerben. Der nur mittelbare Zusammenhang der Finanzierung der Anschaffungskosten reicht nicht aus, damit die Zinszahlungen selbst auch Anschaffungs- oder Herstellungskosten sind.

Schuldzinszahlungen sind daher, soweit sie durch eine Einkunftsart veranlasst sind, als Werbungskosten sofort abzugsfähig.

hemmer-Methode: Zu der Behandlung von Finanzierungskosten im Rahmen der Einkünfte aus Vermietung und Verpachtung lesen Sie Hemmer/Wüst/Hölzle, Einkommensteuerrecht, Rn. 300.

2016 sind für die Finanzierung der Anschaffungskosten (250.000 € x 7% =) 17.500 € Schuldzinsen angefallen.

Hiervon entfallen nach dem oben ermittelten Aufteilungsmaßstab 60% auf den einkommensteuerrechtlich relevant genutzten Gebäudeanteil. Bonny hat demnach weitere Werbungskosten bei ihren Einkünften aus Vermietung und Verpachtung in Höhe von (17.500 € x 60% =) 10.500 €.

3. Zwischenergebnis

Bonny hat 2016 Einkünfte aus Vermietung und Verpachtung gemäß §§ 2 I S. 1 Nr. 6, 21 I Nr. 1, 8 I EStG in Höhe von 30.250 € erzielt.

Von diesen Einnahmen können Werbungskosten in folgender Höhe abgezogen werden:	
Tz. I 2 a) cc) (1): Eigene AfA	**5.500 €**
Tz. I 2 a) cc) (2): Fortgeführte AfA	**4.125 €**
Tz. I 2 b): sonstige Werbungskosten	**10.500 €**
Werbungskosten gesamt:	**20.125 €**
Bonny hat 2016 Einkünfte aus Vermietung und Verpachtung in Höhe von (30.250 € - 20.125 € =) 10.125 € erzielt.	

II. Zu II.: Die Gratifikation

Es fragt sich, wie die 1.470 € Zinszahlungen von der Abzock GmbH an Bonny einkommensteuerrechtlich zu beurteilen sind.

Es kommen drei Möglichkeiten in Betracht:

Es könnte sich um Darlehenszinsen handeln, die einkommensteuerrechtlich gemäß § 20 I Nr. 7 EStG zu Einkünften aus Kapitalvermögen führen.

Hierneben kommen Einkünfte gemäß § 15 I S. 1 Nr. 2 EStG aus einer gewerblichen Mitunternehmerschaft in Betracht.

Letztlich besteht die Möglichkeit, dass es sich um Arbeitslohn und mithin um Einkünfte aus nichtselbständiger Arbeit gemäß § 19 EStG handelt.

1. Gewerbliche Einkünfte aus Mitunternehmerschaft

Voraussetzung dafür, dass die Zahlungen der GmbH an Bonny gemäß § 15 I S. 1 Nr.2 EStG in gewerbliche Einkünfte umqualifiziert werden, ist, dass Bonny als Mitunternehmerin der GmbH anzusehen wäre.

Eine Mitunternehmerstellung setzt Mitunternehmerinitiative und Mitunternehmerrisiko voraus.

Dass Bonny als Abteilungsleiterin Mitunternehmerinitiative innehat, erscheint nicht völlig ausgeschlossen. Voraussetzung wäre jedoch zwingend, dass sie auch ein Mindestmaß an Mitunternehmerrisiko trägt. Dies wäre dann der Fall, wenn sie an den stillen Reserven des Unternehmens beteiligt ist.

Vorliegend erhält Bonny Zinszahlungen aus einer fest bestimmten Summe, die einmalig gezahlt worden ist. Eine Beteiligung an den stillen Reserven des Unternehmens wird hierdurch nicht erreicht.

Bonny trägt daher kein Mitunternehmerrisiko. Eine Mitunternehmerstellung kann daher nicht angenommen werden.

Einkünfte aus § 15 I S. 1 Nr. 2 EStG scheiden aus.

2. Einkünfte aus Kapitalvermögen oder nichtselbständiger Arbeit

Bei den Zahlungen könnte es sich sowohl um Einkünfte aus Kapitalvermögen handeln, da sich die Zinszahlungen als Erträge aus einer Kapitalforderung i.S.d. § 20 I Nr. 7 EStG darstellen, als auch um Einkünfte aus nichtselbständiger Arbeit, da die Zinszahlungen durch das Arbeitsverhältnis veranlasst sind und im weitesten Sinne als Gegenleistung für die bereits erbrachte Arbeit zu zahlen sind.

Das Verhältnis von § 20 EStG zu § 19 EStG ist streitig. Zwar enthält § 20 VIII EStG eine Subsidiaritätsregelung. § 19 EStG ist hier jedoch gerade nicht genannt. Eine gesetzliche Regelung, die ein Vorrangverhältnis anordnet, besteht daher nicht.

Nach dem BFH[48] ist eine Gesamtbetrachtung danach vorzunehmen, durch welche der in Betracht kommenden Einkunftsarten die Zuflüsse eher veranlasst sind. Es ist danach abzugrenzen, welche Einkunftsart mit den Zahlungen in größerem Zusammenhang steht.

Im vorliegenden Fall ist die Gratifikationszahlung in Höhe von 21.000 €, die unzweifelhaft durch das Arbeitsverhältnis veranlasst ist, von den Zinszahlungen zu trennen. Die Zinsen werden nicht mehr aufgrund des Arbeitsverhältnisses, sondern aufgrund der Vereinbarung gezahlt, dass die Gratifikation der GmbH wieder als Darlehen zur Verfügung zu stellen ist.

hemmer-Methode: Da die Darlehensvaluta der Bonny bisher nicht zugeflossen ist, § 11 I S. 1 EStG, liegen bisher auch keine Einkünfte aus nichtselbständiger Tätigkeit i.S.d. § 19 EStG in Höhe dieser 21.000 € vor. Diese sind erst mit dem Zufluss, also nach Ablauf der vereinbarten Laufzeit und der Rückzahlung als Einkünfte zu versteuern.

Liegt der Schwerpunkt der Zinszahlung aber auf der Vereinbarung der Überlassung als Darlehen, so besteht der größere Zusammenhang zu den Einkünften aus Kapitalvermögen, § 20 I Nr. 7 EStG.

Die Zahlungen sind daher bei dieser Einkunftsart zu erfassen.

3. Werbungskostenpauschbetrag

Bei den Einkünften aus Kapitalvermögen ist gemäß § 20 IX 1 EStG ein Werbungskostenpauschbetrag von 801 € abzuziehen.

Mithin hat Bonny 2016 nur zu versteuernde Einkünfte in Höhe von (1.470 € - 801) 669 € aus §§ 20 I Nr. 7, 2 I S. 1 Nr. 5 EStG erzielt.

C. Summe und Gesamtbetrag der Einkünfte, § 2 III EStG

Neben ihren Einkünften aus nichtselbständiger Tätigkeit gemäß §§ 2 I S. 1 Nr. 4, 19 I Nr. 1 EStG in Höhe von 55.000 € hat Bonny Einkünfte aus Vermietung und Verpachtung in Höhe von 10.125 € und Einkünfte aus Kapitalvermögen von 669 €.

Die Summe der positiven Einkünfte beträgt daher (55.000 € + 10.125 € + 669 € =) 65.794 €.

Bonny hat vor Beginn des Jahres 2016 ihr 64. Lebensjahr nicht vollendet, weshalb ihr der Altersentlastungsbetrag nach § 24a EStG nicht zu gewähren ist. Der Gesamtbetrag der Einkünfte beträgt 65.794 €.

---

48 BFH, BStBl 1990, II, 532.

D. Einkommen, § 2 IV EStG

Gemäß § 2 IV EStG ist das Einkommen der um die Sonderausgaben und die außergewöhnlichen Belastungen verminderte Gesamtbetrag der Einkünfte.

Für den Abzug von außergewöhnlichen Belastungen ist nichts ersichtlich.

I. Die monatlichen Zahlungen an Theresie

Es fragt sich aber, ob die monatlichen Zahlungen in Höhe von 2.000 € bei Bonny als Sonderausgaben erfasst werden können.

Dies wäre dann der Fall, wenn es sich um eine Vermögensübertragung im Rahmen der vorweggenommenen Erbfolge handelt, und die Zahlungen von Theresie als Versorgungsbezüge nach § 22 Nr. 1a EStG zu versteuern sind, § 10 Ia Nr. 2 EStG (sog. Korrespondenzprinzip).

Nach dem Korrespondenzprinzip sind die Vorschriften der §§ 12 Nr. 2, 22 Nr. 1a und 10 Ia Nr. 2 EStG immer im Zusammenhang zu lesen. Nach § 22 Nr. 1 S. 2 EStG sind Zahlungen, die freiwillig oder aufgrund einer freiwillig begründeten Rechtspflicht geleistet werden, bei dem Berechtigten nicht zu versteuern. Dementsprechend kann der Verpflichtete diese auch nicht steuerlich geltend machen, § 12 Nr. 2 EStG. Hieraus und aus dem Wortlaut des § 12 Nr. 2 EStG, der von „Zuwendungen" spricht, folgt, dass auch in § 22 Nr. 1a EStG Zuwendungen gemeint sein müssen.

Wie eingangs bereits festgestellt, vollzog sich die Übereignung des Wohngrundstücks im Wege der vorweggenommenen Erbfolge, ohne eine Abwägung nach kaufmännischen Gesichtspunkten vorzunehmen.

Dementsprechend müsste es sich eigentlich um eine Zuwendung im Sinne der §§ 12 Nr. 2, 22 Nr. 1 S. 2 EStG handeln, die weder zu einer Besteuerung bei Theresie noch zu Sonderausgaben i.S.d. § 10 Ia Nr. 2 EStG bei Bonny führt.

Anders sieht dies aber der BFH: Bei Geschäften im Wege der Versorgungsleistungen geht er davon aus, dass es sich bei den Zahlungen um Erträge handeln kann, die sich der Übergeber vorbehalten und die nun der Übernehmer zu erwirtschaften hat.

Nach alter Rechtsprechung war für Abgrenzung Versorgungs- zu Unterhaltsleistungen entscheidend, ob der Wert des übernommenen Vermögens dem Wert der kapitalisierten Versorgungsverpflichtung zu mindestens 50% entspricht.

Vorliegend gestaltet sich die Abgrenzung unproblematisch, da eine Gesamtschau im Einzelfall aufgrund des Barwertes von 550.000 € gegen eine Unentgeltlichkeit spricht.

Nach neuer Rechtsprechung liegen Versorgungsleistungen vor, wenn das übertragene Wirtschaftsgut weder über einen positiven Ertragswert verfügt noch die durchschnittlichen Nettoerträge der übertragenen Wirtschaftseinheit die wiederkehrenden Leistungen abdecken.

hemmer-Methode: Dieses Ergebnis ist stimmig. Denn wirft die übergebene Wirtschaftseinheit nicht die entsprechenden Erträgnisse zur Abdeckung der wiederkehrenden Zahlungen ab, dann muss der Übernehmende die Beträge erstmals erwirtschaften. Der Ursprung ist dann nicht beim Übergeber zu sehen, sondern originär beim Übernehmenden.

Im vorliegenden Fall handelt es sich um eine ausreichend ertragbringende Wirtschaftseinheit, da die auf den übertragenden Gebäudeanteil entfallenden Erträge ausreichen, um die jährlichen Versorgungsleistungen zu erbringen (2.750 € zu 2.000 €).

Zu beachten ist jedoch, dass seit 01.01.2008 nur noch die Übertragung bestimmter Wirtschaftsgüter steuerlich relevant ist. Dies ergibt sich aus der Neufassung des § 10 Ia EStG. Die Übertragung einer Immobilie ist seither nicht mehr steuerlich begünstigt.

Mithin kann Bonny die Zahlungen nicht als Sonderausgaben abziehen.

hemmer-Methode: Zu einem anderen Ergebnis wäre man freilich gekommen, wenn Bonny die Zahlungen geleistet hätte im Zusammenhang mit der Übertragung

- ⇨ eines Mitunternehmeranteil an einer Personengesellschaft, die eine Tätigkeit i.S.d. §§ 13, 15 I S. 1 Nr. 1 EStG oder des § 18 I EStG,
- ⇨ eines Betriebs oder Teilbetriebs oder
- ⇨ eines mindestens 50% betragenden Anteils an einer Gesellschaft mit beschränkter Haftung, wenn der Übergeber als Geschäftsführer tätig war und Bonny als Übernehmerin diese Tätigkeit nach der Übertragung übernimmt.

Denn dann wäre einer der nunmehr begünstigten Fälle eingetreten, vgl. § 10 Ia EStG.

Vgl. hierzu auch Hemmer/Wüst/Hölzle, Einkommensteuerrecht Rn. 369 ff.

Zur Behandlung wiederkehrender Bezüge lesen Sie Hemmer/Wüst/Hölzle, Einkommensteuerrecht, Rn. 339 ff.

II. Riester-Rente

Die Ausgaben für die Riester-Rente i.H.v. 749 € kann Bonny gemäß § 10a I S. 1 EStG abziehen.

III. Einkommen

Das Einkommen der Bonny beträgt im VZ 2016 daher (65.794 € - 749 € =) 65.045 €.

E. Zu versteuerndes Einkommen, § 2 V EStG und Gesamtergebnis

Da für Abzüge gemäß § 2 V EStG nichts ersichtlich ist, beträgt das zu versteuernde Einkommen der Bonny im VZ 2016 65.045 €.

FRAGE 2: Einkünfte der Susi Treulos

Susi Treulos könnte aufgrund des Erbfalles und der Erbauseinandersetzung einen steuerpflichtigen Veräußerungsgewinn aus der Veräußerung eines Mitunternehmeranteils gem. §§ 18 III S. 2, 16 I Nr. 2, 34 EStG, laufende Einkünfte aus freiberuflicher Tätigkeit als Mitunternehmer gemäß §§ 18 I Nr. 1 S. 2, IV S. 2, 15 I Nr. 2 EStG und Einkünfte aus Vermietung und Verpachtung gemäß § 21 I Nr. 1 EStG erzielt haben.

A. Veräußerungsgewinn

I. Mitunternehmerschaft

Damit bei der Susi ein steuerpflichtiger Veräußerungsgewinn nach §§ 18 III S. 2, 16 I Nr. 2 EStG entstehen kann, müsste diese gemeinsam mit Strolch eine freiberufliche Mitunternehmerschaft an der im Nachlass befindlichen Anwaltskanzlei gebildet haben.

Diese käme dann in Betracht, wenn Susi als Mitunternehmerin an der Erbengemeinschaft anzusehen wäre, auf die die Anwaltskanzlei übergegangen ist.

Dies erscheint jedoch deswegen problematisch, weil die Kanzlei zunächst im Wege der Gesamtrechtsnachfolge, § 1922 I BGB, übergangen ist und dann durch Erbauseinandersetzung auf Strolch übertragen wurde. Der Strolch könnte die Kanzlei daher unmittelbar unentgeltlich vom Erblasser, Rex Treulos, erworben haben.

1. Einheitstheorie

Dies wurde von der älteren Rechtsprechung unter Anwendung der sog. Einheitstheorie vertreten. Hiernach stellen der Erbfall und die Erbauseinandersetzung insgesamt nur einen Vorgang dar. Demgemäß wäre Susi nicht Mitunternehmerin der Anwaltskanzlei geworden.

2. Trennungstheorie

Dieser Rspr. ist der Große Senat des BFH[49] jedoch entgegengetreten, da sie sich in Widerspruch zu zivilrechtlichen Grundsätzen gesetzt hätte, die im Allgemeinen auch für das Steuerrecht maßgebend sind.

Gemäß § 2032 I BGB fallen Nachlassgegenstände, also auch die Anwaltskanzlei, in die Miterbengemeinschaft und werden Teil deren gemeinschaftlichen Vermögens. Erbfall und Erbauseinandersetzung sind daher zwei getrennt voneinander zu behandelnde Vorgänge.

Bei der Erbengemeinschaft handelt es sich zwar um keine Gesellschaft i.S.d. § 15 I Nr. 2 EStG. Jedoch haben die Miterben aufgrund ihrer gemeinschaftlichen Haftung Mitunternehmerrisiko und aufgrund ihres Stimmrechts auch Mitunternehmerinitiative.

Die Erbengemeinschaft stellt daher eine der Gesellschaft vergleichbare Gemeinschaft dar, die eine Anwendung des § 15 I Nr. 2 EStG rechtfertigt. Man spricht von einer sog. „geborenen Mitunternehmerschaft".

hemmer-Methode: Ganz entsprechend wird dies auch bei Unternehmen gehandhabt, die sich im Gesamtgut zweier in Gütergemeinschaft lebender Ehegatten befinden. Auch hier liegt keine Gesellschaft vor.
Aufgrund der vergleichbaren Lage aber wird § 15 I Nr. 2 EStG entsprechend angewendet.

II. Veräußerung des Mitunternehmeranteils durch Erbauseinandersetzung

Susi müsste ihren Mitunternehmeranteil an der freiberuflichen Mitunternehmerschaft veräußert haben. Die Veräußerung ist eine entgeltliche oder teilentgeltliche Übertragung der Verfügungsmacht auf einen Anderen. Die Susi müsste für die Übertragung ihres Miterbenanteils an der Kanzlei auf Strolch demgemäß ein Entgelt erhalten haben.

Die Miterben haben die Miterbengemeinschaft auseinandergesetzt, indem sie die Wirtschaftsgüter auf beide Miterben verteilt haben. Der Nachlass wurde real geteilt.

[49] Großer Senat des BFH, Beschluss vom 05.07.1990, Az.: GrS 2/89.

Die Realteilung stellt aber lediglich die Erfüllung des gesetzlichen Auseinandersetzungsanspruchs, also einen unentgeltlichen Vorgang dar. Ein Tausch eines Gesamthandsanteils beispielsweise gegen Alleineigentum kann nicht angenommen werden. Im Rahmen der Realteilung als unentgeltlichem Vorgang kann daher keine Veräußerung stattgefunden haben.

III. Veräußerung des Mitunternehmeranteils durch Übernahme der Hypothek

Ein Veräußerungsvorgang könnte jedoch insoweit angenommen werden, wie Strolch über seine Erbquote hinaus die auf dem Haus lastende Hypothek übernommen hat. Dies könnte deshalb anzunehmen sein, weil die Übernahme der Hypothek, deren Tilgung zu Aufwendungen führt, nur deshalb erfolgte, um Aktivwerte aus dem Nachlassvermögen zu erwerben.

Damit dieser Ansicht gefolgt werden kann, wäre indes erforderlich, dass alle sich im Nachlass befindlichen Wirtschaftsgüter getrennt voneinander zu betrachten sind. Man spricht von der sog. Trennungsthese.

Der BFH[50] ist dieser Ansicht nicht gefolgt.

Nach seiner Ansicht fließen Verbindlichkeiten allein als Rechnungsposten für die Ermittlung der Erbquote in eine Gesamtsaldierung des Aktiv- und Passivvermögens ein, sog. Saldothese.

Verbindlichkeiten haben daher allein die Funktion, einen wertmäßigen Ausgleich bei der Realteilung des Nachlasses und damit einen unentgeltlichen Vorgang zu ermöglichen.

hemmer-Methode: Beachten Sie den Unterschied zu zuvor besprochenen Fällen der vorweggenommenen Erbfolge bestimmter Wirtschaftsgüter, bei der die Übernahme von Verbindlichkeiten grundsätzlich zu Anschaffungskosten führt. Der Unterschied begründet sich darin, dass der Übertragung im Rahmen der vorweggenommenen Erbfolge ein rechtsgeschäftlicher Vorgang zugrunde liegt und nicht die Auseinandersetzung von Gesamthandsvermögen als grundsätzlich unentgeltlicher Vorgang.

Die Übernahme der Hypothek führt daher auf Seiten des Strolch nicht zu Anschaffungskosten und auf Seiten der Susi nicht zu einem Veräußerungsentgelt. Es handelt sich um einen unentgeltlichen Vorgang.

IV. Veräußerung des Mitunternehmeranteils durch Zahlung der 250.000 €

Anders könnte dies aber bezüglich der 250.000 € zu beurteilen sein, die Strolch zusätzlich aufwendet, um die Kanzlei zu erwerben. Es handelt sich um eine Abfindungszahlung. Diese Zahlung verlässt den Bereich der Auseinandersetzung durch Realteilung. Strolch wendet vielmehr Anschaffungskosten auf.

Dieses Entgelt bezieht sich allerdings nur auf das, was Strolch über seine Erbquote hinaus als „Mehr" erhält. Die Realteilung mit Abfindungszahlung ist ein teilentgeltlicher Vorgang.

[50] BStBl 1991, II, 791.

V. Steuerrechtliche Behandlung der Realteilung mit Abfindungszahlung

Fraglich ist, ob dieser Vorgang einheitlich als unentgeltliches oder entgeltliches Geschäft zu behandeln ist (Einheitstheorie), oder in einen voll unentgeltlichen (Erwerb in Höhe der Erbquote) und in einen voll entgeltlichen Vorgang (Mehrerwerb) aufzuteilen ist (Trennungstheorie).

1. Trennungstheorie

Die Trennungstheorie wird darauf gestützt, dass die §§ 6 III (= § 7 I EStDV a.F.), 16 II EStG, in denen die Einheitstheorie zugrunde gelegt ist, leges speciales für die Betriebsveräußerung sind.

Die Auseinandersetzung einer Erbengemeinschaft ist jedoch dem Wesen nach gerade keine Veräußerung, sondern Realteilung als unentgeltlicher Vorgang. Nur für die entgeltliche Komponente der Abfindungszahlung findet § 16 II EStG Anwendung.

Der Vorgang ist daher nach der Trennungstheorie aufzuteilen. Maßstab hierfür sind die jeweiligen Verkehrswerte.

Strolch erhält die Anwaltskanzlei mit einem Verkehrswert von 2 Mio. €. Strolch hat jedoch zusätzlich die mit 0,5 Mio. € valutierte Hypothek übernommen. Diese Übernahme erfolgte als Teil des unentgeltlichen Auseinandersetzungsvorganges und mindert daher die erhaltenen Werte. Strolch hat daher insgesamt 1,5 Mio. € erhalten.

Der Erbanteil des Strolch beträgt unter Berücksichtigung seiner Erbquote von 50% (2 Mio. € Kanzleiwert + 1 Mio. € Grundstück - 0,5 Mio. € Hypothek = 2,5 Mio. € x 50% =) 1,25 Mio. €.

Strolch leistete die 250.000 € Ausgleichzahlung daher zum Erwerb der seinen Erbteil übersteigenden Werte. In dieser Höhe liegen demgemäß Anschaffungskosten und ein Veräußerungsentgelt vor.

Strolch hat daher 1,25 Mio. € der erhaltenen 1,5 Mio. € unentgeltlich erlangt. Es ergibt sich hieraus ein Verhältnis des unentgeltlichen zu dem entgeltlichen Anteil von 25/30 = 5/6 unentgeltlicher Anteil zu 5/30 = 1/6 entgeltlicher Anteil.

2. Ermittlung des Veräußerungsgewinns

Der Veräußerungsgewinn ermittelt sich gemäß §§ 18 III S. 2, 16 II EStG durch Gegenüberstellung des Veräußerungsentgelts und des Anteils der Susi am Betriebsvermögen. Fraglich ist daher, ob ihr Anteil am Betriebsvermögen entsprechend ihrer Erbquote mit ½ oder nur mit 1/6 anzusetzen ist.

Gegenstand der Realteilung ist der Nachlass und nicht die Eigentumsanteile an den Vermögensgegenständen. Entsprechend erwirbt ein Miterbe in Höhe seines Auseinandersetzungsanspruchs (= seiner Erbquote) unentgeltlich. Daraus folgt, dass auch nur derjenige Anteil am Betriebsvermögen Gegenstand der Veräußerung sein kann, der entgeltlich erworben wird. Dies entspricht einer Beteiligung von 1/6 am Unternehmen.

Es ergibt sich daraus folgender Veräußerungsgewinn:	
Veräußerungserlös:	**250.000 €**
1/6 des Nettobuchwertes i.H.v. 0,9 Mio. €	**./. 150.000 €**
= Veräußerungsgewinn	**100.000 €**

Da Susi das 55. Lebensjahr noch nicht vollendet hat und sie auch nicht dauernd berufsunfähig ist, kommt die Gewährung eines Freibetrages nach § 16 IV EStG nicht in Betracht.

Es bleibt daher bei einem steuerpflichtigen Veräußerungsgewinn in Höhe von 100.000 €. Dieser wird privilegiert nach § 34 I EStG versteuert.

B. Laufender Gewinn als Mitunternehmer

Susi könnte als Mitunternehmerin einer freiberuflichen Mitunternehmerschaft nach §§ 18 IV S. 2, 15 I Nr. 2 EStG bis zur Auseinandersetzung Gewinnanteile aus einer anderen Gesellschaft bezogen haben.

Dass Susi bis zur Auseinandersetzung als Mitunternehmerin anzusehen ist, ist oben bereits dargelegt worden. Ebenso, dass die Erbengemeinschaft als „geborene Mitunternehmerschaft" nach § 15 I Nr. 2 EStG zu behandeln ist.

Fraglich ist jedoch, wie sich die Rückbeziehung der Auseinandersetzung auf den Erbfall auswirkt.

Aus dem in § 38 AO niedergelegten Grundsatz der Tatbestandsmäßigkeit der Besteuerung folgt, dass Rechtsgeschäfte steuerliche Wirkung grundsätzlich nur ex nunc entfalten können. Eine Rückwirkung wäre daher steuerrechtlich grundsätzlich unbeachtlich.

Allerdings macht die Finanzverwaltung von diesem Grundsatz bei der zum Erbfall zeitnahen Auseinandersetzung von Erbengemeinschaften eine Ausnahme. Demnach können Einkünfte so zugerechnet werden, als sei die Erbengemeinschaft unmittelbar nach dem Erbfall auseinander gesetzt worden. Die zeitliche Nähe soll hierbei so lange gewahrt sein, wie zwischen dem Erbfall und der Erbauseinandersetzung nicht mehr als sechs Monate verstrichen sind. Als Anknüpfungsmaßstab genügt eine bindende und rechtlich klare Auseinandersetzungsvereinbarung (vgl. BMF, BStBl 1997, I, 62).

Die Auseinandersetzung erfolgte am 02.05.2016, somit innerhalb der Sechsmonatsfrist. Eine Rückbewirkung ist daher nach der Vereinfachungsregelung der Finanzverwaltung zulässig.

Laufende Einkünfte aus einer freiberuflichen Mitunternehmerschaft erzielt Susi daher nicht.

C. Einkünfte aus Vermietung und Verpachtung

Susi erzielt durch die Vermietung des Mietwohngrundstückes Einkünfte gemäß §§ 2 I S. 1 Nr. 6, 21 I Nr. 1 EStG aus Vermietung und Verpachtung.

In Anwendung der Vereinfachungsregel, die eine Rückbewirkung zum Tag des Erbfalls zulässt, sind Susi die Einkünfte vom Tage des Erbfalles an zuzurechnen.

Susi erzielt daher 2016 Einnahmen in Höhe des Mietzinses von (9 x 3.000 € =) 27.000 €. Die Einnahmen und Werbungskosten, die vor dem Erbfall geflossen und angefallen sind, sind dem Erblasser zuzurechnen.

Die Aufwendungen für die Hypothek kann Susi nicht geltend machen, da diese mit Erbfall als von Strolch übernommen gilt. Die sonstigen Werbungskosten sind ihr jedoch für den Zeitraum seit dem Erbfall also in Höhe von 2.000 € zuzurechnen.

Problematisch stellt sich noch die Frage nach der Höhe der AfA dar.

Susi hat mit dem Mietwohngrundstück im Werte von 1 Mio. € weniger als ihre Erbquote erhalten.

Der Erwerb des Gebäudes stellt sich daher als einheitlich unentgeltlicher Erwerb dar. Im Falle des unentgeltlichen Erwerbs kann der Erwerber gemäß § 11d EStDV die AfA des Rechtsvorgängers fortführen.

Rex Treulos hatte von einer Bemessungsgrundlage in Höhe von 400.000 € jährlich 2% AfA geltend gemacht, § 7 IV S. 1 Nr. 2 lit. a) EStG. Diese kann Susi fortführen. Es ergibt sich hieraus eine jährliche AfA-Rate von (400.000 € x 2% =) 8.000 €.

Da Susi das Gebäude jedoch erst zum 01.04.2016 erhalten hat, kann sie die AfA nur pro rata temporis in Anspruch nehmen.

Susi kann daher 2016 AfA in Höhe von (8.000 € : 12 x 9 =) 6.000 € geltend machen.	
Daraus ergeben sich Einkünfte aus Vermietung und Verpachtung in Höhe von:	
Einnahmen	**27.000 €**
Werbungskosten: AfA	**./. 6.000 €**
Werbungskosten: sonstige	**./. 2.000 €**
Gesamt:	**19.000 €**

D. Ergebnis zu Frage 2:

Aus dem genannten Sachverhalt ergeben sich für Susi 2016 die folgenden Einkünfte:

Ein nach § 34 I EStG privilegiert zu versteuernder Veräußerungsgewinn gemäß §§ 18 III S. 2, 16 II EStG in Höhe von 100.000 € sowie Einkünfte aus Vermietung und Verpachtung gemäß § 21 I Nr. 1 EStG in Höhe von 19.000 €.

Fall 6

Sachverhalt:

I. *Dr. Dipl.-Ing. Karl Krumm ist Bausachverständiger. Mit seinem Büro, in dem er vier Angestellte beschäftigt, hat er sich auf die Begutachtung von Schadensursachen und mangelnder Standfestigkeit von Gebäuden spezialisiert. „Gewöhnliche" Gutachten über die Schadenshöhe in Mängelgewährleistungsprozessen nimmt er nicht vor. Um aber das gesamte Dienstleistungssegment in diesem Bereich anbieten zu können, gründete er zum 01.01.2015 gemeinsam mit Stefan Schief die Krumm & Schief Gesellschaft bürgerlichen Rechts. Stefan Schief ist gelernter Betonbauermeister, der sich zum Bausachverständigen fortgebildet und gerade auf Gutachten zur Schadenshöhe in Gewährleistungsfragen spezialisiert hat. Beide Gesellschafter sind zu 50% an der Krumm & Schief GbR beteiligt und brachten ihre jeweiligen Betriebe ein.*

II. *Neben seiner Gutachtertätigkeit bezog Krumm Einkünfte aus Lizenzgebühren. Er hatte von seinem Vater ein Patent für ein Betondichte-Prüfgerät geerbt. Die Geräte, von denen auch Krumm eines besitzt und im Einsatz hat, da es für seine Tätigkeit praktisch unverzichtbar ist, werden von der Firma Basch als ausschließlicher Lizenznehmerin im Alleinvertrieb vermarktet.*

III. *Wie schon sein Vater ist auch Krumm selbst seit 2005 als Erfinder tätig. Er hat ein neues Stahlträgersystem entwickelt, mit dem freischwebende Stahl- und Glaskonstruktionen mit Spannweiten von über 150 m kostengünstiger zu produzieren sind. Die Erfindung erforderte einen erheblichen finanziellen Aufwand für die Anschaffung von Material, Maschinen und Projektflächen. 2010 konnte Krumm seine Erfindung dann als Patent anmelden. Das Prüfungsverfahren nahm weitere drei Jahre in Anspruch. Nachdem das Patent erteilt war, verhandelte Krumm über die Verwertung ausschließlich mit dem bundesweit tätigen Bauunternehmen Philipp Waldmann AG, das die Exklusivität der Verhandlungen zur Bedingung gemacht hatte. Als das Unternehmen Ende 2015 in Insolvenz zu fallen drohte und nur durch erhebliches Engagement der Bundesregierung gerettet werden konnte, begann Krumm auch mit anderen interessierten Unternehmen zu verhandeln.*

IV. *Krumm hatte jeweils pünktlich Einkommensteuererklärungen abgegeben. Das für Krumm zuständige Finanzamt hatte für die vergangenen Jahre folgende Einkommensteuerbescheide erlassen:*

Einkommensteuerbescheide für die Jahre 2005 bis 2010, in denen die Aufwendungen für die Erfindertätigkeit des Krumm, unter dem Vorbehalt der Nachprüfung erlassen, steuermindernd berücksichtigt wurden. Auch die Einkommensteuerbescheide für die Jahre 2011 bis 2014 ergingen insoweit unter einem Vorläufigkeitsvermerk und im Übrigen unter dem Vorbehalt der Nachprüfung.

V. *2015 wurde bei Krumm eine Betriebsprüfung durchgeführt. Im Anschluss hieran wurden 2016 folgende Bescheide erlassen:*

__1.__ Für die Veranlagungszeiträume 2005 bis 2014 erging ein Einkommensteueränderungsbescheid, in dem die Einkünfte des Krumm aus seiner Bausachverständigentätigkeit wie auch die Lizenzeinnahmen aus dem ererbten Patent als Einkünfte aus Gewerbebetrieb besteuert wurden. Die Einkünfte aus der Sachverständigentätigkeit seien keine aus freiberuflicher Tätigkeit.

Im Übrigen nutze er ein auf der Grundlage seines Patentes entwickeltes Gerät und damit das Patent selbst. Auch die Lizenzeinnahmen gehörten daher zu den Einkünften aus Gewerbebetrieb.

__2.__ In dem Einkommensteueränderungsbescheid wurde zudem die bisher vorläufige Anerkennung der Verluste aus der Erfindertätigkeit versagt. Diese müssten wegen der andauernden Erfolglosigkeit als Liebhaberei angesehen werden und könne somit keine steuerliche Wirkung entfalten. Ein elfjähriger Verlustzeitraum sei hierfür Beweisanzeichen genug, um auf die fehlende Gewinnerzielungsabsicht zu schließen.

__3.__ Für 2015 wurde gegen die GbR ein einheitlicher Gewinnfeststellungsbescheid erlassen, in dem die Einkünfte des Krumm und des Schief als Einkünfte aus Gewerbebetrieb qualifiziert und die Lizenzeinnahmen des Krumm als Sonderbetriebseinnahmen behandelt wurden.

__VI.__ Krumm hat gegen alle Bescheide form- und fristgerecht Einspruch eingelegt. Die Einkommensteuerbescheide 2005 bis 2014 hätten nicht vorläufig ergehen dürfen, da die Frage, ob Liebhaberei vorliege, nach den Gegebenheiten des jeweiligen Veranlagungszeitraumes zu entscheiden sei. Darüber hinaus sei er niemals gewerblich, sondern immer freiberuflich tätig gewesen. Gleiches gelte für die GbR. Die Einkommensteuerbescheide seien also materiell falsch.

__VII.__ 2016 hatten Krumm und Schief Pläne, neben der Sachverständigentätigkeit ein weiteres Unternehmen zu gründen, das auf die Planung, Organisation und Baubetreuung von Großprojekten spezialisiert ist. Um die Erfolgsaussichten einer solchen Betriebsgründung prüfen zu lassen, gaben sie bei einer örtlichen Unternehmensberatung ein Rentabilitätsgutachten in Auftrag. Sollte dieses positiv ausfallen, wollten sie das Unternehmen in jedem Falle gründen. Das Gutachten kam zu dem Ergebnis, dass ein solches Unternehmen in der hart umkämpften Baubranche kaum Chancen hätte, Gewinn zu erwirtschaften. Daraufhin verzichteten Krumm und Schief auf die Gründung eines entsprechenden Unternehmens. Das Gutachten hatte 5.000 € gekostet, von denen jeder der beiden Gesellschafter die Hälfte trug.

Bearbeitervermerk:

Frage 1:

Sind die 2016 erlassenen Bescheide rechtmäßig?

Frage 2:

Wie sind die Aufwendungen für das Rentabilitätsgutachten einkommensteuerrechtlich zu beurteilen?

Lösung

FRAGE 1: Die Bescheide aus 2016

Die Bescheide aus 2016 sind dann rechtmäßig, wenn die Festsetzungsverjährung jeweils noch nicht eingetreten ist, die jeweiligen Änderungen auf eine Rechtsgrundlage gestützt werden können und materiell rechtmäßig sind.

A) Zu V 1: Die Einkommensteueränderungsbescheide für 2005 bis 2014 hinsichtlich der Gutachtertätigkeit und der Lizenzeinnahmen

I. Festsetzungsverjährung

1. Grundsatz

Die Änderung der Einkommensteuerbescheide 2005 bis 2014 durfte nur dann erfolgen, wenn die Festsetzungsfrist noch nicht abgelaufen ist, § 169 I S. 1 AO.

Gemäß § 169 II Nr. 2 AO beträgt die Festsetzungsfrist bei der Einkommensteuer grundsätzlich vier Jahre. Das fristauslösende Ereignis ist in § 170 II AO bestimmt. Ist, wie bei der Einkommensteuer gemäß §§ 149 I AO, 25 III EStG, 56 EStDV eine Steuererklärung abzugeben, so beginnt die Festsetzungsfrist mit Ablauf des Jahres, in dem die Erklärung abgegeben wird, spätestens jedoch mit Ablauf des Kalenderjahres, das auf das Kalenderjahr folgt, in dem die Steuer entstanden ist, es sei denn, die Festsetzungsfrist beginnt nach § 170 I AO später (§ 170 II Nr. 1 AO). Gemäß § 149 II S. 1 AO sind Steuererklärungen, die sich auf ein Kalenderjahr beziehen, bis spätestens fünf Monate nach Beendigung des Jahres abzugeben. Vorliegend hat Krumm seine Erklärungen immer innerhalb der Frist abgegeben.

Für den Bescheid über die Einkommensteuer aus dem Jahr 2010 begann die Festsetzungsverjährung gemäß § 170 II Nr. 1 AO daher mit Ablauf des 31.12.2011 zu laufen und endete gemäß §§ 169 II Nr. 2, 108 I AO, 188 II BGB mit Ablauf des 31.12.2013.

2016 hätte dem gemäß grundsätzlich kein Änderungsbescheid für den Veranlagungszeitraum 2010 mehr ergehen dürfen.

Gleiches gilt erst recht für die älteren Bescheide der VZ 2005 bis 2009. Auch hier wäre die Festsetzungsverjährung bei Erlass der Änderungsbescheide 2016 grundsätzlich bereits eingetreten.

2. Vorläufigkeit und Vorbehalt der Nachprüfung

Eine Änderung der Bescheide aus den Jahren 2005 bis 2010 könnte aber deshalb möglich sein, weil sie unter dem Vorbehalt der Nachprüfung erlassen wurden.

Bescheide, die gemäß § 164 AO unter dem Vorbehalt der Nachprüfung erlassen wurden, können vollumfänglich geändert werden. § 164 AO gestattet die Gesamtaufrollung des Steuersachverhaltes.

Gemäß § 164 IV AO entfällt der Vorläufigkeitsvermerk jedoch mit Ablauf der Festsetzungsfrist. Auch der Vorläufigkeitsvermerk kann eine Änderung nach Ablauf der Festsetzungsfrist nicht rechtfertigen.

Anders ist dies jedoch bei der vorläufigen Steuerfestsetzung nach § 165 AO zu beurteilen. Die Änderung eines Bescheides, der mit einem Vorläufigkeitsvermerk versehen ist, ist nicht an die Festsetzungsverjährung geknüpft. Gemäß § 171 VIII AO ist eine Änderung nur an die Ablaufhemmung gebunden.

Anders als die Steuerfestsetzung unter dem Vorbehalt der Nachprüfung erlaubt die vorläufige Steuerfestsetzung nach § 165 AO keine Gesamtaufrollung des Sachverhaltes, sondern nur eine punktuelle Änderung.[51] Dies kommt im Wortlaut der Vorschrift dadurch zum Ausdruck, dass das Finanzamt den „Umfang der Vorläufigkeit“ anzugeben hat.

Der Ablauf der Festsetzungsverjährung für die Einkommensteuerbescheide 2005 bis 2010 wäre daher nur dann unerheblich, wenn sich der Vorläufigkeitsvermerk auf die Einkünfte des Krumm aus seiner Tätigkeit als Bausachverständiger bezieht.

Der Vorläufigkeitsvermerk bei den Einkommensteuerbescheiden 2005 bis 2010 bezog sich allein auf die Erfindertätigkeit des Krumm. Die Einkünfte aus seiner Tätigkeit als Bausachverständiger sind hiervon nicht erfasst.

Die Änderung der Bescheide wegen dieser Tätigkeit kommt somit auf der Grundlage der vorläufigen Steuerfestsetzung nach § 165 AO nicht in Betracht. Die Festsetzungsverjährung ist eingetreten.

Für die Einkommensteuerbescheide 2011 bis 2014 war die Festsetzungsverjährung 2016 noch nicht eingetreten. Für den frühesten dieser Bescheide über die Einkommensteuer 2011 endet diese gemäß §§ 169 II Nr. 2, 170 II Nr. 1, 108 I AO, 188 II BGB mit Ablauf des 31.12.2016. Die Festsetzungsverjährung der anderen Bescheide endet ohnehin noch später. Die Änderung dieser Bescheide war demgemäß noch möglich, wenn sie auf eine Rechtsgrundlage gestützt werden konnte und materiell rechtmäßig war.

3. Zwischenergebnis

Eine Änderung der Einkommensteuerbescheide 2005 bis 2010 kommt wegen des Eintritts der Festsetzungsverjährung nach § 169 AO und der insoweit endgültigen Steuerfestsetzung nicht in Betracht. Die Änderung dieser Bescheide war rechtswidrig.

Für die Bescheide 2011 bis 2014 ist eine Änderung noch möglich, da die Festsetzungsverjährung nicht eingetreten ist.

II. Rechtmäßigkeit der Änderung der Einkommensteuerbescheide 2011 bis 2014

Die Änderung der Einkommensteuerbescheide 2011 bis 2014 war dann rechtmäßig, wenn die Änderung auf eine Rechtsgrundlage gestützt werden kann und deren Voraussetzungen erfüllt sind.

Die Bescheide ergingen unter dem Vorbehalt der Nachprüfung, § 164 AO. Dies gestattet eine Gesamtaufrollung des Sachverhaltes. Die §§ 164, 165 AO sind vorrangig gegenüber den Korrekturvorschriften der §§ 129, 172 ff. AO. Auf diese kommt es daher nicht an. Ergeht ein Bescheid unter dem Vorbehalt der Nachprüfung kann dieser innerhalb der Festsetzungsfrist jederzeit auf Veranlassung beider Seiten geändert werden.

hemmer-Methode: Wichtig ist, dass Sie die §§ 129, 172 ff. AO nicht prüfen, solange der Vorbehalt der Nachprüfung wirksam ist. Es bedarf keiner besonderen Korrekturvorschriften, wenn §§ 164, 165 AO greifen. § 164 AO verhindert den Eintritt der materiellen Bestandskraft des Steuerbescheids.

---

[51] KLEIN-RÜSKEN, § 165 Anm. 1.

Deshalb ermöglicht § 164 AO eine Änderung auch zu Gunsten des Steuerpflichtigen auf dessen Antrag hin. Hat der Steuerpflichtige also z.B. vergessen einige Rechnungen, die zum Werbungskostenabzug berechtigen, einzureichen, so kann er dies nachholen. Auf ein Verschulden kommt es nicht an.

1. Die Einkünfte aus der Sachverständigentätigkeit

Das Finanzamt hat die Tätigkeit des Krumm als Einkünfte aus Gewerbebetrieb gemäß §§ 2 I S. 1 Nr. 2, 15 EStG qualifiziert.

Es ist zu prüfen, ob dies zu Recht geschah. Gemäß § 15 II EStG ist jede selbständige, nachhaltige Betätigung, die mit der Absicht Gewinn zu erzielen, unternommen wird, und sich als Beteiligung am allgemeinen wirtschaftlichen Verkehr darstellt Gewerbebetrieb, wenn die Betätigung weder als Ausübung von Land- und Forstwirtschaft noch als Ausübung eines freien Berufs noch als eine andere selbständige Arbeit anzusehen ist. Über den Gesetzeswortlaut hinaus darf sich die Tätigkeit auch nicht als rein private Vermögensverwaltung darstellen, vgl. § 14 S. 3 AO.

Der Einordnung der Betätigung als gewerbliche Tätigkeit i.S.d. § 15 II EStG könnte hier entgegenstehen, dass es sich bei der Tätigkeit als diplomierter Bausachverständiger um die Ausübung eines freien Berufs handelt.

Gemäß § 18 I Nr. 1 S. 2 EStG gehört die Tätigkeit der Ingenieure zu den Katalogberufen. Ist die Tätigkeit in § 18 I Nr. 1 S. 2 EStG aber ausdrücklich genannt, so bedarf es einer weiteren Spezifizierung nicht mehr. Krumm ist Diplomingenieur und übt seine Tätigkeit als solcher aus.

Bei den Einkünften handelt es sich daher um Einkünfte aus freiberuflicher Tätigkeit. Eine gewerbliche Betätigung gemäß § 15 II EStG liegt nicht vor.

Etwas anderes kann sich auch nicht aus § 15 III Nr. 1 EStG (sog. Abfärberegelung) wegen des Zusammenschlusses zu der Krumm und Schief GbR ergeben, da dieser erst 2015 erfolgte, für die Einkommensteuerbescheide bis 2014 daher keinerlei Rechtswirkungen entfalten kann.

Der Änderungsbescheid von 2016 ist insoweit materiell rechtswidrig.

2. Die Lizenzeinnahmen

Auch die Lizenzeinnahmen wurden von dem Finanzamt als Einkünfte aus Gewerbebetrieb qualifiziert.

Dies kann schon deshalb materiellrechtlich nicht richtig sein, weil Krumm - wie gesehen - nicht gewerblich tätig ist.

Bei den Einnahmen könnte es sich aber um Einkünfte aus freiberuflicher Tätigkeit handeln, wenn Krumm das Patent in seinen Betrieb eingelegt hat. Dies könnte durch die Nutzung eines nach seinem Patent gebauten Gerätes geschehen sein. Krumm könnte hierdurch das Patent selbst betrieblich nutzen.

Nach den Angaben im Sachverhalt ist der Besitz eines solchen Gerätes für die von Krumm ausgeübte Gutachtertätigkeit nahezu unumgänglich. Das Gerät wird in Lizenz nur von einem Hersteller gebaut und vertrieben. Durch den Kauf eines solchen Gerätes wird das Patent selbst nicht in das Betriebsvermögen eingelegt. Dieses verbleibt vielmehr im Privatvermögen. Anders wäre dies zu beurteilen, wenn Krumm ein Gerät gerade nur für den Gebrauch in seinem eigenen Betrieb entwickelt hätte. Dies ist indes nicht der Fall.

Durch die vereinnahmten Lizenzgebühren werden weder Einkünfte aus Gewerbebetrieb noch aus selbständiger Arbeit verwirklicht.

Krumm könnte insoweit aber Einkünfte aus Vermietung und Verpachtung gemäß §§ 2 I S. 1 Nr. 6, 21 I Nr. 3 EStG wegen der Überlassung von Rechten erzielen.

Auch das Patent stellt ein Recht i.S.d. § 21 I Nr. 3 EStG dar. Die durch die Überlassung veranlassten Einnahmen, § 8 EStG, stellen Einkünfte aus Vermietung und Verpachtung dar.

Soweit das Finanzamt die Einkünfte als Einkünfte aus Gewerbebetrieb qualifiziert hat, ist der Bescheid ebenfalls materiell rechtswidrig.

III. Zwischenergebnis

Die Änderung der Einkommensteuerbescheide 2005 bis 2010 war wegen des Eintritts der Festsetzungsverjährung und der insoweit endgültigen Steuerfestsetzung rechtswidrig.

Bezüglich der Bescheide 2011 bis 2014 war die Festsetzungsverjährung noch nicht eingetreten. Die Änderung der Bescheide ist indes materiell rechtswidrig, da sich die Gutachtertätigkeit des Krumm als Ausübung eines freien Berufs darstellt und die Lizenzeinnahmen zu Einkünften aus Vermietung und Verpachtung führen. Eine Einlage des Patents in den Betrieb hat nicht stattgefunden.

B) Zu V. 2.: Anerkennung der Verluste aus der Erfindertätigkeit

Es fragt sich, ob das Finanzamt die Verluste aus der Erfindertätigkeit zu Recht wegen der Einordnung als Liebhaberei nicht anerkannt und die Einkommensteuerbescheide geändert hat.

I. Festsetzungsverjährung

Für die Einkommensteuerbescheide 2005 bis 2010 könnte die Festsetzungsverjährung eingetreten und die Änderung daher nicht mehr zulässig gewesen sein.

Es ist jedoch zu beachten, dass die Einkommensteuerbescheide seit 2006 bezüglich der Erfindertätigkeit mit einem Vorläufigkeitsvermerk versehen wurden. Die vorläufige Steuerfestsetzung nach § 165 AO ist nicht an die Festsetzungsverjährung gebunden, § 171 VIII AO.

II. Vorläufigkeitsvermerk

Sofern die vorläufige Steuerfestsetzung zu Recht erfolgt ist, war auch eine Änderung der Steuerbescheide grundsätzlich noch möglich.

Gemäß § 165 I AO darf die Steuerfestsetzung unter einem Vorläufigkeitsvermerk dann erfolgen, wenn ungewiss ist, ob die Voraussetzungen für die Entstehung einer Steuer vorliegen.

Es müssen daher tatsächliche, keine rechtlichen Ungewissheiten gegeben sein. Diese dürfen gegenwärtig nicht behebbar sein.[52]

Die Steuerfestsetzung unter Vorbehalt für die Einkommensteuerbescheide 2005 bis 2014 wäre dann rechtmäßig, wenn sich zum Zeitpunkt des Erlasses der Steuerbescheide nach der subjektiven[53] Auffassung des Finanzamtes die tatsächlichen Voraussetzungen für die Verwirklichung eines Steuertatbestandes nicht feststellen lassen.

[52] KLEIN-RÜSKEN, § 165 Anm. 1.
[53] KLEIN-RÜSKEN, a.a.O.

In den Jahren 2005 bis 2014 hätte daher nach Ansicht des Finanzamtes nicht feststellbar sein dürfen, ob Krumm seine Erfindertätigkeit mit Gewinnerzielungsabsicht verfolgt oder nicht.

Diese subjektive Voraussetzung wird anhand objektiver Kriterien ermittelt.

hemmer-Methode: Lesen Sie zu dem Problemkreis der Liebhaberei Hemmer/Wüst, Basics Steuerrecht, Rn. 89 ff. und Hemmer/Wüst/Hölzle, Einkommensteuerrecht, Rn. 44.

Als maßgebliches Kriterium für die Beurteilung, ob Liebhaberei vorliegt, können insbesondere die Reaktionen des Steuerpflichtigen auf Anfangsverluste herangezogen werden. Unternimmt der Steuerpflichtige Maßnahmen, die der Erwirtschaftung von Verlusten entgegenwirken sollen, so kann davon ausgegangen werden, dass Gewinnerzielungsabsicht vorliegt. Hierbei kommt es nicht darauf an, ob diese Maßnahmen auch erfolgreich waren.

Bei der Beurteilung ist aber - anders als nach der Auffassung des Krumm - von einer Totalperiode, also von der Gesamtlebensdauer des Betriebes, bzw. der Betätigung auszugehen und nicht von jeweils nur einem Veranlagungszeitraum. In den einzelnen Veranlagungszeiträumen konnte daher eine abschließende Beurteilung, ob Liebhaberei oder selbständige Betätigung vorliegt, noch nicht getroffen werden.

Der Erlass der Einkommensteuerbescheide unter einem Vorläufigkeitsvermerk war rechtmäßig.

III. Rechtmäßigkeit der Änderung

Zunächst ist zu prüfen, ob sich die Erfindertätigkeit nicht im Rahmen der freiberuflichen Gutachtertätigkeit vollzieht und die Verluste daher schon bei den Einkünften aus freiberuflicher Tätigkeit zu berücksichtigen sind.

Zu bedenken ist allerdings, dass die Entwicklung des Stahlträgersystems zur kostengünstigeren Produktion nichts mit der Ursachenbegutachtung von Schadensfällen zu tun hat. Die Erfindertätigkeit steht daher in keinem direkten Zusammenhang mit der freiberuflichen Tätigkeit als Gutachter.

Krumm könnte aber durch die Tätigkeit als Erfinder neben seiner Gutachtertätigkeit ebenfalls freiberuflich tätig sein. Die beiden freiberuflichen Tätigkeiten stünden dann selbständig nebeneinander. In Betracht kommt eine wissenschaftliche Tätigkeit nach § 18 I Nr. 1 S. 2 EStG oder eine Tätigkeit nach dem Katalogberuf des Ingenieurs.[54]

Für beide Tätigkeiten wäre, was sich aus der negativen Abgrenzung in § 15 II EStG ergibt, Voraussetzung, dass Krumm die Erfindertätigkeit mit Gewinnerzielungsabsicht ausübt. Fehlt die Absicht Gewinn zu erzielen, so ist von Liebhaberei auszugehen, die steuerlich in keiner Weise berücksichtigt werden kann.

hemmer-Methode: § 15 II EStG bestimmt gewisse positive Kriterien, die erforderlich sind, damit von Einkünften aus Gewerbebetrieb ausgegangen werden kann. Hierzu gehört auch die Gewinnerzielungsabsicht. Daneben stellt § 15 II EStG aber auch Negativvoraussetzungen auf, die nicht erfüllt sein dürfen. So darf sich die Tätigkeit nicht als selbständige Tätigkeit oder als Land- und Forstwirtschaft darstellen.

---

[54] Nach SCHMIDT/WACKER, § 18 Rn. 64 ist die Erfindertätigkeit i.d.R. wissenschaftliche Tätigkeit; hier a.A. wegen der einschlägigen Ausbildung gut vertretbar.

Hieraus ergibt sich, dass die Positivmerkmale allen Gewinneinkünften gemeinsam sein müssen, da anderenfalls §§ 13 und 18 EStG nicht explizit hätten ausgeschlossen werden müssen.

Wie oben bereits ausgeführt bemisst sich die Beurteilung, ob von Liebhaberei auszugehen ist, nach einer Totalperiode. Gewisse Anlaufverluste sind hierbei unschädlich.

Solange die wirtschaftliche Nutzung der Erfindung nicht ausgeschlossen erscheint, kann die Gewinnerzielungsabsicht nicht versagt werden.[55] Von Liebhaberei ist erst dann auszugehen, wenn der Steuerpflichtige die Aussichtslosigkeit seines Unternehmens erkannt hat, es aber dennoch weiterverfolgt.

Krumm hat vorliegend Anlaufverluste über elf Jahre erzielt. Dies hing maßgeblich damit zusammen, dass das Bauunternehmen Waldmann die Exklusivität der Verhandlungen zur Bedingung gemacht hatte. Nachdem ein Vertragsschluss mit der Waldmann AG nicht mehr zu erwarten war, hat Krumm sich unverzüglich um andere Interessenten bemüht. Er hat daher zunehmend Maßnahmen getroffen, um seine Erfindung zur Verwertung zu bringen. Die Verwertung war auch keinesfalls aussichtslos, was das Interesse verschiedener Firmen belegt.

Die Finanzverwaltung ging daher zu Unrecht von einer fehlenden Gewinnerzielungsabsicht aus.

IV. Zwischenergebnis

Die Änderungsbescheide für 2005 bis 2014 konnten bezüglich der Erfindertätigkeit zwar auf den Vorläufigkeitsvermerk gemäß § 165 AO gestützt werden, waren aber materiell rechtswidrig, da aufgrund der Bemühungen des Krumm von Liebhaberei nicht ausgegangen werden kann.

hemmer-Methode: Mit guten Argumenten ist an dieser Stelle natürlich eine andere Ansicht vertretbar. Dies insbesondere vor dem Hintergrund, dass sich die Anlaufverluste über den relativ langen Zeitraum von elf Jahren erstrecken.

C) Zu V. 3.: Der Gewinnfeststellungsbescheid gegen die GbR für 2015

Der Gewinnfeststellungsbescheid für die GbR durfte ergehen, wenn die Festsetzungsfrist noch nicht abgelaufen war.

I. Festsetzungsverjährung

Die Einkünfte aus einer Gesellschaft bürgerlichen Rechts unterliegen bei den Gesellschaftern der Einkommensteuer.

Die Festsetzungsfrist für die Einkommensteuer 2015 ist 2016 offensichtlich noch nicht abgelaufen.

Der Gewinnfeststellungsbescheid durfte daher noch ergehen.

II. Materielle Rechtmäßigkeit

1. Qualifizierung der Einkünfte als Einkünfte aus Gewerbebetrieb

Das Finanzamt hat die Einkünfte aus der GbR einheitlich als Einkünfte aus Gewerbebetrieb, § 15 EStG, festgestellt.

Dies könnte in Anwendung der Vorschrift des § 15 III Nr. 1 EStG (sog. Abfärberegelung) zu Recht erfolgt sein.

---

[55] BFH, BStBl 1985, II, 424.

Nach dieser Vorschrift ist die Tätigkeit einer „anderen Personengesellschaft", zu der auch die Gesellschaft bürgerlichen Rechts gehört, dann insgesamt gewerblich einzustufen, wenn die Gesellschaft auch eine Tätigkeit i.S.d. § 15 I S. 1 Nr. 1 EStG ausübt.

Krumm war vor der Einlegung seines Unternehmens in die GbR freiberuflich tätig. Aus diesem Vorgang kann sich keine „auch" gewerbliche Tätigkeit der Krumm & Schief GbR ergeben. Es fragt sich aber, wie die Einkünfte des Schief vor der Einlegung seines Unternehmens in die GbR zu qualifizieren waren. War der Schief mit seiner in der GbR fortgeführten Tätigkeit vor der Gründung der Gesellschaft gewerblich tätig, so kommt eine Abfärbung auf die gesamte GbR nach § 15 III Nr. 1 EStG in Betracht.

Schief hat einfache Schadensgutachten für Mängelgewährleistungsprozesse erstellt.

Hierdurch könnte er einen den Katalogberufen ähnlichen Beruf i.S.d. § 18 I Nr. 1 S. 2 EStG ausüben. Für die Feststellung, ob ein ähnlicher Beruf vorliegt, ist als Vergleichsgruppe nicht die Gesamtheit aller Katalogberufe heranzuziehen, sondern einer der Katalogberufe herauszunehmen, der schon größtmögliche Ähnlichkeit aufweist, und zum Vergleich dem in Frage stehenden Beruf gegenüberzustellen.

In Betracht kommt hier als Vergleichsberuf der Beruf des Ingenieurs. Damit die Tätigkeit des Schief jedoch einen ähnlichen Beruf i.S.d. § 18 EStG darstellt, müsste Schief in Ausbildungsstand und Spektrum sowie Tiefe der Tätigkeit in vergleichbarer Weise tätig sein. Schief erstellt reine Schadensgutachten, ohne die Gründe für die Schäden zu untersuchen.

Die fachliche Befähigung, die Schadensursache untersuchen zu können, stellt aber gerade eine typische Qualifikation des Diplomingenieurs dar.

Zudem geht der BFH in ständiger Rechtsprechung davon aus, dass dann, wenn für die Ausübung eines Berufs eine Lizenz erforderlich ist, ein ähnlicher Beruf nur angenommen werden kann, wenn die Voraussetzungen für die Erteilung der Lizenz vorliegen.

Ein dem Ingenieur ähnlicher Beruf kann mithin nur dann angenommen werden, wenn der Steuerpflichtige ein Hochschulstudium abgeschlossen hat. Dieses ist nach den Landes-Ingenieursgesetzen Voraussetzung für die Führung des Titels „Dipl.-Ing."

hemmer-Methode: Zu der Behandlung „ähnlicher Berufe" i.S.d. § 18 EStG vgl. Sie den Einführungsfall 1 in diesem Skript und Hemmer/Wüst, Basics Steuerrecht, Rn. 268 und Hemmer/Wüst/Hölzle, Einkommensteuerrecht, Rn. 212.

Schief ist Betonbauer-Meister; er hat kein Hochschulstudium absolviert. Er ist daher nicht berechtigt, den Titel des „Dipl.-Ing." zu führen, weshalb auch ein ähnlicher Beruf i.S.d. § 18 I Nr. 1 S. 2 EStG nicht angenommen werden kann.

Die GbR übt daher sowohl freiberufliche, als auch gewerbliche Tätigkeiten aus. Es fragt sich daher, ob die Qualifikation der Einkünfte nun für jeden Gesellschafter gesondert vorzunehmen, oder die Einkünfte einheitlich zu bestimmen sind.

Für die letztere Ansicht spricht mit dem BFH[56], dass § 15 III Nr. 1 EStG seinem Wortlaut nach eindeutig anordnet, dass die „auch" gewerbliche Tätigkeit übrige Tätigkeiten infiziert, und einheitlich von einer gewerblichen Betätigung auszugehen ist.

---

56 BFH, BStBl 1990, II, 797.

Hiergegen wenden sich Teile der Literatur[57] mit dem Argument, dass § 18 EStG in seinem IV S. 2 zwar auf § 15 I S. 1 Nr. 2 EStG verweise, nicht aber auf § 15 III Nr. 1 EStG.

Diese Kritik verkennt jedoch, dass ein Verweis von § 18 EStG auf § 15 III Nr. 1 EStG nicht notwendig ist, um der Ansicht des BFH beizupflichten. § 15 III EStG regelt den Fall, dass die Personengesellschaft neben der gewerblichen Tätigkeit auch eine nichtgewerbliche ausübt, die z.B. in einer freiberuflichen Tätigkeit bestehen kann. Hierzu ist § 15 III EStG originäre Regel, die bei Vorliegen einer Personengesellschaft auch ohne die Inbezugnahme durch § 18 EStG greift. Schließen sich ein Gewerbetreibender und ein Freiberufler zu einer Personengesellschaft zusammen, so ist § 15 III EStG aus sich heraus anwendbar.

hemmer-Methode: Mit guten Gründen können Sie hier natürlich auch der Literaturansicht folgen, wobei m.E. die besseren Argumente für den BFH sprechen. Hierbei ist jedoch - was wichtig ist - nicht zu der Frage Stellung bezogen, ob § 15 III EStG mit dem Grundgesetz zu vereinbaren ist. Dies nehmen mit guten Gründen z.B. Seer in FR 1999, 1022 und der IV. Senat des FG Niedersachsen (BB 1999, 1453 mit einer Vorlage an das BVerfG, die als unzulässig zurückgewiesen wurde, DStR 99, 109) an.
Selbst wenn die Vorschrift aber verfassungswidrig sein sollte, haben Sie sie bei der Beurteilung der steuerrechtlichen Lage anzuwenden - Art.100 GG! Anders wäre dies natürlich, wenn Sie die Verfassungsmäßigkeit z.B. in der mündlichen Prüfung zu beurteilen haben.

Im vorliegenden Fall ist daher mit dem BFH davon auszugehen, dass die gewerbliche Betätigung des Schief auf die gesamte GbR abfärbt, bzw. diese infiziert (Abfärbe- oder Infektionstheorie).

Liegen aber tatsächlich Einkünfte aus Gewerbebetrieb gemäß §§ 2 I S. 1 Nr. 2, 15 EStG vor, so ist der Gewinnfeststellungsbescheid für 2015 rechtmäßig.

2. Qualifizierung der Lizenzeinnahmen als Sonderbetriebseinnahmen

Gemäß § 15 I S. 1 Nr. 2 EStG werden alle Vergütungen, die der Gesellschafter von der Gesellschaft für die Überlassung von Wirtschaftsgütern oder für Tätigkeiten im Dienste der Gesellschaft erhält in Einkünfte aus Gewerbebetrieb umqualifiziert.

Bei den Lizenzeinnahmen könnte es sich dann um Sonderbetriebseinnahmen handeln, wenn Krumm das Patent der Gesellschaft überlassen hätte.

Oben ist bereits festgestellt worden, dass Krumm das Patent nicht in seinen vor Gründung der GbR freiberuflich geführten Betrieb eingelegt hat.

Auch nach der Gründung der GbR ist für eine Einlage des Patentes nichts ersichtlich. Vielmehr erzielt Krumm durch die Lizenzgebühren nach wie vor Einkünfte aus §§ 2 I S. 1 Nr. 6, 21 I Nr. 3 EStG, die ohne jeden Zusammenhang neben den Einkünften aus § 15 EStG stehen.

Sonderbetriebsvermögen I, also Wirtschaftsgüter, die der Gesellschaft überlassen werden, liegt nicht vor.

Auch von Sonderbetriebsvermögen II kann aber nicht ausgegangen werden, da das Patent und die Lizenzeinnahmen nicht der Beteiligung des Krumm an der Gesellschaft dienen.

---

[57] Nachweise bei Schmidt/Wacker, § 15 Rn. 185.

Die Qualifikation der Lizenzeinnahmen als Sonderbetriebseinnahmen im Rahmen der Einkünfte aus Gewerbebetrieb war daher materiell rechtswidrig.

III. Zwischenergebnis

Die einheitliche Feststellung der Einkünfte aus der GbR als Einkünfte aus Gewerbebetrieb i.S.d. § 15 EStG erfolgte zu Recht.

Zu Unrecht erfolgte jedoch die Einordnung der Lizenzeinnahmen als Sonderbetriebseinnahmen im Rahmen dieser Einkünfte. Insoweit ist der Bescheid rechtswidrig.

G) Endergebnis zu Frage 1:

Die Einkommensteueränderungsbescheide 2005 bis 2010 durften wegen Eintritt der Festsetzungsverjährung nicht mehr ergehen und waren rechtswidrig.

Die Einkommensteueränderungsbescheide 2008 bis 2011 waren materiell rechtswidrig, da die Tätigkeit des Krumm als freiberufliche Tätigkeit zu qualifizieren ist. Die Lizenzeinnahmen führen zu Einkünften aus Vermietung und Verpachtung, da das Patent nicht in den Betrieb eingelegt wurde.

Die Versagung der Anerkennung der Verluste aus der Erfindertätigkeit ist zu Unrecht erfolgt. Der Änderungsbescheid ist rechtswidrig.

Die Tätigkeit wurde mit Gewinnerzielungsabsicht durchgeführt und stellt sich insoweit nicht als Liebhaberei dar.

Der Gewinnfeststellungsbescheid 2015 gegen die GbR war rechtmäßig.

FRAGE 2: Das Rentabilitätsgutachten

A) Behandlung nach dem EStG

Die Kosten für das Rentabilitätsgutachten könnten sich als Betriebsausgaben i.S.d. § 4 IV EStG darstellen.

Betriebsausgaben sind alle Aufwendungen, die durch den Betrieb veranlasst sind.

Problematisch ist hier, dass die Aufwendungen für einen Betrieb getätigt wurden, der niemals tatsächlich entstanden ist. Es könnte sich insoweit um vorweggenommene Betriebsausgaben in Form der vergeblichen Betriebsausgaben handeln.[58]

Des Instituts der vorweggenommen Betriebsausgaben bedarf es aber nur dann, wenn nicht schon durch die Inauftraggabe des Rentabilitätsgutachtens ein Gewerbebetrieb i.S.d. § 15 II EStG anzunehmen ist.

Entsteht nämlich schon mit dieser ersten Vorbereitungshandlung ein Gewerbebetrieb, so sind die Ausgaben im Rahmen dieses Gewerbebetriebs unproblematisch als Betriebsausgaben i.S.d. § 4 IV EStG verlustwirksam anzusetzen.

Eine Ansicht stellt hier auf das nach § 15 II EStG notwendige Kriterium der Teilnahme am allgemeinen Wirtschaftsverkehr ab.

Bevor der Betrieb nicht in die werbende Phase eingetreten sei, sei das Kriterium der Teilnahme am allgemeinen Wirtschaftsverkehr nicht erfüllt. Ein Gewerbebetrieb i.S.d. § 15 II EStG könne nicht angenommen werden.

[58] Vgl. SCHMIDT/HEINICKE, § 4 Rn. 484, 520 „Anlaufkosten".

Die Fälle, in denen schon vor Eintritt in die werbende Phase Aufwendungen getätigt würden, seien gerade über das Institut der vorweggenommenen und der vergeblichen Betriebsausgaben zu lösen. Anderenfalls wären diese Institute unnötig.

Anders sieht dies der BFH[59] jedenfalls dann, wenn es zu einer tatsächlichen Betriebsgründung kommt.

Dann können auch die mit konkreter Gewinnerzielungsabsicht getätigten Vorbereitungs- und Anlaufkosten als Betriebsausgaben angesetzt werden.

Ein Gewerbebetrieb sei ab dem Zeitpunkt der ersten Vorbereitungshandlung anzunehmen. Der Konstruktion vorweggenommener Betriebsausgaben bedarf es dann nicht.

Voraussetzung ist hierfür jedoch, dass der Steuerpflichtige bereits endgültig beschlossen hat, einen Gewerbebetrieb zu eröffnen.

Krumm und Schief hatten beschlossen, das Unternehmen in jedem Falle zu eröffnen, falls das Rentabilitätsgutachten zu einem positiven Ergebnis komme. Wäre dies der Fall gewesen, wäre nach Ansicht des BFH schon mit der Inauftraggabe, die eine erste Vorbereitungshandlung darstellt, ein Gewerbebetrieb anzunehmen gewesen.

Es fragt sich jedoch, wie es sich auswirkt, dass der Betrieb niemals zur Gründung gelangte. Damit auch hier mit der ersten Vorbereitungshandlung von einem Gewerbebetrieb ausgegangen werden kann, müsste die Rechtsprechung des BFH für vorweggenommene Betriebsausgaben auch auf vergebliche Betriebsausgaben anwendbar sein.

Für den gewerblichen Grundstückshandel hat der BFH[60] bereits entschieden, dass es nach typischen Vorbereitungshandlungen, wie z.B. der Beauftragung eines Architekten, durch die ein Gewerbebetrieb begründet wird, unerheblich ist, ob das Unternehmen im Anschluss tatsächlich durchgeführt wird.

Dies erscheint auch sachgerecht. Die Vorbereitungshandlungen werden in der konkreten Absicht, Gewinn zu erzielen, ausgeführt.

Ergibt es sich aber, aus welchen Gründen auch immer, dass der Betrieb nicht gewinnbringend geführt werden kann, oder unterbleibt die bereits beschlossene Betriebsgründung aus anderen Gründen, so gebietet es das objektive Nettoprinzip, die getätigten Aufwendungen steuermindernd zu berücksichtigen.

Die Begründung eines Gewerbebetriebes durch Vorbereitungshandlungen kann nicht davon abhängig gemacht werden, ob der Betrieb nachträglich tatsächlich in die werbende Phase eintritt. Dies stellte eine sachliche nicht gerechtfertigte Ungleichbehandlung dar, die dazu nötigen würde, die Beurteilung der Vorbereitungshandlungen hinsichtlich der Begründung eines Gewerbebetriebes aus einer ex-post Sicht vorzunehmen.

Dies wäre aber mit der Einkommensteuer als Jahres- oder Abschnittssteuer nur schwerlich zu vereinbaren, da Anlauf- und Gründungskosten sich durchaus über mehrere Jahre erstrecken können.[61]

---

59 BFH, BB 1996, 861 m.w.N.

60 BFH, BStBl 1983, II, 451.

61 Vgl. hierzu SCHMIDT/HEINICKE, § 4 Rn. 520 „Anlaufkosten".

Es ist daher festzuhalten, dass es für die Einordnung der Vorbereitungshandlungen als betriebsbegründend nicht darauf ankommt, ob der Gewerbebetrieb anschließend tatsächlich in die werbende Phase eintritt.

Die Aufwendungen für das Rentabilitätsgutachten können daher als Betriebsausgaben nach § 4 IV EStG angesetzt werden.

B) Ergebnis zu Frage 2:

Nach Einkommensteuerrecht ist von einem Gewerbebetrieb auszugehen. Die Aufwendungen sind entsprechend zu berücksichtigen, als handelte es sich um einen werbenden Gewerbebetrieb.

Fall 7

Sachverhalt:

Teil A

Carsten Carlo, geboren am 01.08.1953, lebt mit seiner 28-jährigen Freundin Michi Maus, österreichische Staatsangehörige, seit einigen Jahren in Hamburg. Als sich bei der Steuererklärung für 2016 Probleme ergaben, suchten sie die Anwalts- und Steuerberaterkanzlei Weiß & Wußtnix auf. Sie schilderten folgenden Sachverhalt:

I. *Carsten Carlo repariert hauptberuflich Kraftfahrzeuge, ohne ein Gewerbe angemeldet zu haben. Die Halle, die er hierzu nutzt, gehört seiner Freundin Michi. Während diese das Gebäude vor der Überlassung an Carsten im Januar 2016 noch für 425 € monatlich vermietet hatte, zahlte Carsten keinerlei Miete für das Gebäude.*

1. *Nachdem Rechtsanwalt Weiß den Carlo auf die Vertraulichkeit des Gespräches hinwies, offenbarte dieser, dass er den Teil seines Umsatzes durch den Handel mit alten, nicht mehr verkehrstauglichen Fahrzeugen erzielt, von denen er weiß, dass sie von seinem Verkäufer - einem Freund des Carsten - gestohlen wurden. Diese „schlachtet" Carsten aus und nutzt die Ersatzteile für die von ihm durchgeführten Reparaturen oder zum Verkauf als „neuwertig". Für den Ankauf der Fahrzeuge hatte Carsten 2016 6.250 € bezahlt. Für den Einbau der noch brauchbaren Einzelteile in von ihm zu reparierende Kfz erhielt Carlo 2016 ausweislich seiner eigenen Rechnungsposten „Material" 5.650 € in bar. Durch den Verkauf einiger Einzelteile als „neuwertig" erlöste Carlo 2016 insgesamt 3.820 €. Die auch von Carlo nicht mehr verwertbaren Karossen verkaufte er an eine Altmetallverwertungsstelle, die für die Autos 2016 an Carlo 600 € zahlte.*

2. *Nach den von Carlo ausgestellten Rechnungen hat er 2016 für die Reparatur von Kfz 22.500 € Arbeitslohn eingenommen.*

3. *In einem der gestohlenen Kfz fand Carlo einen exklusiven To-Tchibo-Laptop im Wert von 3.250 € samt Tasche und Adresse des Eigentümers. Den Computer verkaufte Carlo noch am gleichen Tag in seiner Stammkneipe. Den Erlös in Höhe von 1.500 € verfeierten er und Michi im Laufe der folgenden zwei Wochen.*

4. *Bei dem Abtransport der gestohlenen Kfz erhielt Carlo regelmäßig Hilfe von Michis Bruder, dem er für diese Unterstützung 2016 „Lohn" in Höhe von 1.630 € zahlte. Er selbst hatte 2016 - dies ergaben seine Aufzeichnungen - 1760 Stunden gearbeitet. Üblicherweise berechnet Carlo eine Arbeitsstunde mit 17,50 €.*

5. *Für die Anschaffung von Werkzeugen (insgesamt 46 Geräte zu Kaufpreisen zwischen 50 und 160 € brutto) hatte Carlo 2016 4.669 € ausgegeben. Den Kaufpreis für die Anschaffung der letzten drei Geräte zu 160 €, 75 € und 65 € hatte er erst am 09.01.2017 durch verbindlichen Überweisungsauftrag an seine Bank beglichen. Die Gutschrift beim Händler erfolgte am 13.01.2017.*

6. *Für die Anschaffung eines dringend benötigten, gebrauchten Diagnosegerätes zahlte Carlo im September 2016 745 €. Aufgrund des Alters des Gerätes geht Carlo von einer voraussichtlichen Nutzungsdauer von 11 Monaten aus.*

7. Die Geschäfte des Carlo liefen nicht während des gesamten Jahres 2016 gut. Vielmehr wurde er im Oktober 2016 der Hehlerei beschuldigt und von der Staatsanwaltschaft ein Ermittlungsverfahren eingeleitet. An seinen Anwalt zahlte Carlo im November 2016 einen Gebührenvorschuss in Höhe von 1.276 €. Ein Verhandlungstermin wurde für 2016 nicht mehr festgesetzt. Neben der Frage, wie der Gebührenvorschuss bei der Einkommensteuererklärung zu berücksichtigen ist, möchte Carlo auch wissen, ob er im Falle der Verurteilung zu einer Geldstrafe diese steuermindernd berücksichtigen könne.

***II.** Carlo hatte sich im Januar 2010 von seiner damaligen Frau Daisy getrennt. Die Scheidung erfolgte einvernehmlich durch Urteil von Juli 2011.*

Seit diesem Zeitpunkt zahlte Carlo an Daisy einen monatlichen Unterhalt in Höhe von 750 €. Der Sonderausgabenabzug war vereinbart worden. Nachdem Carlo im Januar 2016 erfuhr, dass Daisy wieder eine halbtägige Arbeitsstelle als Serviceberaterin bei der Lufthansa angetreten hatte, klagte er auf Herabsetzung des Unterhalts. Das stattgebende Urteil erging im Oktober 2016. Carlo zahlte seit November 2016 nur noch 250 € monatlichen Unterhalt. Für 2015 erhielt er von Daisy eine Rückzahlung in Höhe von 6.000 €, für 2016 eine Rückzahlung in Höhe von 5.000 €.

***III.** Für die Steuerberatung 2015 stellten Weiß & Wustnix im Januar 2016 ein Rechnung in Höhe von 825 €, die Carlo auch umgehend in bar beglich. Davon entfielen 600 € auf die Zusammenstellung der betrieblichen Einnahmen und Ausgaben.*

***IV.** Michi ist als Komplementärin an der KG ihres Vaters in Köln beteiligt. Den auf sie entfallenden Gewinnanteil schätzt sie unter Zugrundelegung eines 1,5%igen Zuwachses gegenüber dem Vorjahr auf etwa 60.000 €.*

Carsten Carlo und Michi Maus möchten gemeinsam zur Einkommensteuer veranlagt werden. Zudem ist Carlo der Ansicht, dass der Staat, falls in dem schwebenden Verfahren zu einer Verurteilung komme, ihn nicht einerseits bestrafen und andererseits für die gleiche Handlung Steuern erheben könne.

Teil B

Auch der Bruder des Carsten Carlo, Donald, hat Probleme mit dem Finanzamt. Mit der Abgabe seiner Steuererklärung für 2015 am 11.04.2016, hatte er die Anwalts- und Steuerberatungskanzlei Weiß & Wußtnix als Vertreter benannt und zum Empfang aller Schriftstücke ermächtigt.

Dennoch wurde der Steuerbescheid für 2015 dem Donald zugestellt. Der Brief erreichte Donald am 07.07.2016. Donald schenkte dem Brief keinerlei Beachtung, da er ihn wegen der erteilten Vertretungs- und Empfangsvollmacht nur für ein Duplikat hielt. Am 08.08.2016 fiel dem Donald das Schreiben beim Aufräumen seines Schreibtisches erneut in die Hände. Diesmal öffnete er den Brief und stellte fest, dass es sich um seinen Steuerbescheid für 2015 handelte.

Donald verschickte den Bescheid am nächsten Tag an die Kanzlei Weiß & Wußtnix, wo er am 11.08.2016 einging. Der zuständige Bearbeiter, RA Flott, - wegen der Urlaubszeit stark überlastet - bekam Akte und Bescheid am 12.08. vorgelegt. Er las den Bescheid nur oberflächlich und ging, weil der Bescheid keinerlei Begründung enthielt, davon aus, dass das Finanzamt der Steuererklärung entsprechend veranlagt hatte.

Als Donald die Steuerschuld durch Zahlung begleichen wollte, stellte er fest, dass es sich um einen höheren Betrag handelte, als RA Flott ihm ursprünglich vorgerechnet hatte. Er rief daraufhin in der Kanzlei an und es stellte sich heraus, dass das Finanzamt Werbungskosten des Donald nicht anerkannt hatte.

Donald war im Jahr 2015 an 15 Tagen nicht mit seinem Pkw zur Arbeit gefahren (12 km), sondern hatte sich, weil sein schon recht altes Auto mehrfach in Reparatur war, ein Taxi genommen. Hierfür waren Kosten in Höhe von 450 € angefallen, die Donald als Werbungskosten geltend gemacht hatte.

RA Flott überlegt am 16.09.2016, ob ein Einspruch gegen den Steuerbescheid für 2015 Aussicht auf Erfolg hätte.

Bearbeitervermerk:

Zu Teil A:

Erstellen Sie ein Gutachten in dem zu allen angesprochenen steuerrechtlichen Fragen Stellung bezogen wird. Auf umsatzsteuerliche Fragen ist hierbei nicht einzugehen.

Zu Teil B:

Hätte ein Einspruch gegen den Steuerbescheid 2015 Aussicht auf Erfolg?

Lösung

A) Zu Teil A: Die steuerliche Auswirkungen der genannten Vorfälle

I. Persönliche Verhältnisse

1. Persönliche Steuerpflicht

Gem. § 1 I S. 1 EStG ist jede natürliche Person, die im Inland einen Wohnsitz oder ihren natürlichen Aufenthalt hat, in Deutschland unbeschränkt einkommensteuerpflichtig. Carsten Carlo und Michi Maus wohnen in Hamburg. Sie haben daher einen Wohnsitz i.S.d. § 8 AO im Inland. Darauf, dass Michi österreichische Staatsbürgerin ist, kommt es insoweit nicht an.

hemmer-Methode: Es kommt für die unbeschränkte Einkommensteuerpflicht weder auf die Nationalität noch darauf an, wo die Einkünfte erzielt werden. Es gilt das sog. Welteinkommensprinzip. Wer in Deutschland aufgrund seines Wohnsitzes, § 8 AO, oder seines ständigen Aufenthaltes, § 9 AO, unbeschränkt einkommensteuerpflichtig ist, hat seine weltweit bezogenen Einkünfte in Deutschland zu versteuern.
Lesen Sie hierzu Hemmer/Wüst/Hölzle, Basics Steuerrecht, Rn. 45 und Hemmer/Wüst/Hölzle, Einkommensteuerrecht, Rn. 22.

2. Zusammenveranlagung

Carsten Carlo und Michi Maus wollen zusammenveranlagt werden. Die Zusammenveranlagung ist in § 26 EStG geregelt.

Gemäß § 26 I S. 1 EStG steht Ehegatten, die nicht dauernd getrennt leben und beide unbeschränkt einkommensteuerpflichtig sind, ein Wahlrecht zu, ob sie zusammen oder einzeln veranlagt werden wollen.

Voraussetzung für die Zusammenveranlagung ist also eine bürgerlich-rechtlich wirksame Ehe (SCHMIDT/SEEGER, § 26 Rn. 5) zumindest an einem Tag im Veranlagungszeitraum.

Carsten und Michi sind nicht verheiratet. Eine direkte Anwendung des § 26 EStG scheidet daher aus.

Es fragt sich aber, ob § 26 EStG nicht auf eheähnliche Lebensgemeinschaften analog angewendet werden kann. Hierfür könnte sprechen, dass sich die wirtschaftliche Belastung und Aufwandsverteilung für Güter des täglichen Bedarfs in vielen nichtehelichen Lebensgemeinschaften der der Ehe ganz vergleichbar darstellt.

Dennoch haben BFH[62] und BVerfG[63] eine analoge Anwendung des § 26 EStG abgelehnt.

Dies erscheint vor dem Hintergrund des Art. 6 I GG, der gerade Ehe und Familie unter einen besonderen Schutz stellt, nicht aber eheähnliche Lebensgemeinschaften, auch sachgerecht. Darüber hinaus ist eine Gleichbehandlung von nichtehelichen und ehelichen Lebensgemeinschaften auch nicht nach Art. 3 I GG geboten. Die Tatsache, dass ein Paar verheiratet ist, lässt für gewöhnlich auf eine auf Lebenszeit beabsichtigte Lebensgemeinschaft schließen, in der gemeinschaftliche Werte geschaffen, verwaltet und ein gemeinschaftliches Leben gestaltet werden soll. Dies stellt eine ausreichende sachliche Rechtfertigung einer Ungleichbehandlung dar. Bei nichtehelichen Lebensgemeinschaften wäre zudem äußerst schwierig zu bestimmen, wo die Grenze zu ziehen wäre. Würde eine seit zwei Jahren bestehende Gemeinschaft ausreichen, oder müssten es fünf Jahre sein?

Um solche rechtlichen Ungewissheiten zu vermeiden, ist eine Regelung wie die des § 26 EStG nötig und als Sondervorschrift nicht analogiefähig.

Carsten und Michi sind gemäß § 25 EStG je einzeln zu veranlagen.

hemmer-Methode: Sprechen Sie in diesem Fall nicht von der getrennten Veranlagung. Diese stellte bis 31.12.2012 gerade eine Option für Ehegatten dar, die nicht zusammen veranlagt werden sollen.
Seit 01.01.2013 werden auch Ehegatten zusammen oder getrennt veranlagt. Unterschiede zur einzeln Veranlagung bestehen insbesondere bei der Zurechnung von Sonderausgaben, den außergewöhnlichen Belastungen und der Steuerermäßigung nach § 35a EStG.

hemmer-Methode: Seit einem Urteil des BVerfG vom 06.06.2013 (2 BvR 909/06) werden die Regelungen über die Ehegattenveranlagung auch auf die Partner einer (gleichgeschlechtlichen) **eingetragenen Lebenspartnerschaft** angewendet. Das Bundesverfassungsgericht sah keine gewichtigen Sachgründe zur Ungleichbehandlung. Die entsprechenden Regelungen sollten rückwirkend bis 01.08.2001 (dem Einführungsdatum der eingetragenen Partnerschaft) geändert werden. Dies ist mittlerweile geschehen. Lesen Sie zu diesem Thema im Skript hemmer/wüst/hölzle, Einkommensteuerrecht, Rn. 554a und sehen Sie sich das oben genannte Urteil an.

[62] BStBl 1990, II, 294.
[63] BStBl 1982, II, 717.

II. Sachliche Steuerpflicht des Carsten Carlo

1. Einkünfte

Damit Carsten Carlo sachlich einkommensteuerpflichtig ist, müsste er Einkünfte i.S.d. § 2 I EStG aus einer der in § 2 I S. 1 EStG genannten Einkunftsarten realisieren.

a) Gewerbebetrieb, §§ 2 I S. 1 Nr. 2, 15 EStG

In Betracht kommt die Erzielung von Einkünften aus Gewerbebetrieb im Sinne der §§ 2 I S. 1 Nr. 2, 15 EStG.

Gemäß § 15 II EStG ist Gewerbebetrieb jede selbständige nachhaltige Betätigung, die mit der Absicht, Gewinn zu erzielen, unternommen wird und sich als Beteiligung am allgemeinen wirtschaftlichen Verkehr darstellt.

Die Tätigkeit darf sich jedoch nicht als freiberufliche oder sonst selbständige Tätigkeit i.S.d. § 18 EStG, nicht als Land- und Forstwirtschaft i.S.d. § 13 EStG und nicht als lediglich private Vermögensverwaltung (vgl. § 14 S. 3 AO) darstellen.

aa) Positivmerkmale

Durch den eigenverantwortlichen Betreib der Kfz-Reparaturwerkstatt ist Carlo selbständig und nachhaltig tätig. Ferner hat Carlo die Absicht, Gewinn zu erzielen.

Es fragt sich jedoch, ob bei einem Handel mit gestohlenen Gütern von einer Beteiligung am allgemeinen wirtschaftlichen Verkehr gesprochen werden kann. Diese liegt dann vor, wenn für Dritte erkennbar aufgetreten und am allgemeinen Waren- und Dienstleistungsaustausch teilgenommen wird.

Dies ist bei Carlo der Fall. Er bietet nach außen erkennbar den Verkauf von Ersatzteilen und die Reparatur von Kfz an.

Die Tatsache, dass die verkauften Teile gestohlen sind, ändert an der äußeren Erkennbarkeit des Auftretens auf dem freien Markt nichts.

Die positiven Merkmale der Definition des § 15 II EStG sind erfüllt.

bb) Negativmerkmale

Durch den Betrieb der Kfz-Werkstatt ist Carlo nicht freiberuflich oder sonst selbständig tätig. Weder entspricht die Tätigkeit einer in § 18 I Nr. 1 S. 2, 1. Gruppe EStG genannten Berufsbildern noch ist einer der Katalogberufe des § 18 I Nr. 1 S. 2, 2. Gruppe EStG erfüllt. § 13 EStG kommt nicht in Betracht.

Der Umfang des Handeltreibens lässt eine private Vermögensverwaltung ausscheiden.

cc) Zwischenergebnis

Die Definitionsmerkmale für das Vorliegen eines Gewerbebetriebes aus § 15 II EStG sind mithin erfüllt. Auch liegt keine private Vermögensverwaltung vor. Carlo würde damit grundsätzlich Einkünfte gemäß §§ 2 I S. 1 Nr. 2, 15 EStG aus Gewerbebetrieb erzielen.

hemmer-Methode: Zu den Definitionsmerkmalen des § 15 II EStG und den sich hierzu ergebenden Problemen lesen Sie Hemmer/Wüst/Hölzle, Basics Steuerrecht, Rn. 195 ff., 224 ff. und Hemmer/Wüst/Hölzle, Einkommensteuerrecht, Rn. 133 ff.

b) Nichteintragung

Es fragt sich jedoch, wie sich die Nichteintragung des Betriebes auswirkt.

Gemäß § 14 I GewO ist der Betrieb eines Gewerbes anzumelden und einzutragen. Dies ist vorliegend nicht erfolgt. Hätte die Eintragung aber konstitutive Bedeutung für die Begründung eines Gewerbebetriebes, so könnte man an der Verwirklichung eines Steuertatbestandes zweifeln.

Zu prüfen ist also, ob die Anforderungen der GewO für die Verwirklichung des Steuertatbestandes nach § 15 EStG maßgeblich sind. In § 15 EStG wird auf die GewO nicht Bezug genommen. Vielmehr ist davon auszugehen, dass der Gesetzgeber die Kriterien, nach denen die Verwirklichung eines Steuertatbestandes anzunehmen ist, abschließend bestimmt hat.

Dieses Ergebnis wird auch durch den Grundsatz der Wertneutralität des Steuerrechts, der in § 40 AO zum Ausdruck kommt, gestützt. Hiernach ist es für die Besteuerung unerheblich, wenn bei der Verwirklichung eines Steuertatbestandes gegen ein Gesetz, ein Verbot oder gegen die guten Sitten verstoßen wurde. Demnach ist auch dann ein Gewerbebetrieb i.S.d. § 15 EStG anzunehmen, wenn die nach der GewO erforderliche Eintragung nicht erfolgt ist.

Carlo erzielt daher mit seinem Kfz-Betrieb Einkünfte aus Gewerbebetrieb im Sinne der §§ 2 I S. 1 Nr. 2, 15 EStG.

hemmer-Methode: Der Grundsatz der Wertneutralität des Steuerrechts kann in vielen Konstellationen relevant werden. Insbesondere die schuldhafte Herbeiführung unfreiwilliger Aufwendungen im Rahmen des Werbungskosten- oder Betriebsausgabenabzuges ist ein Klassiker im Examen.

Lesen Sie hierzu Hemmer/Wüst/Hölzle, Basics Steuerrecht, Rn. 553, 114, Hemmer/Wüst/Hölzle, Einkommensteuerrecht, Rn. 66, Hemmer/Wüst, Abgabenordnung, Rn. 55 und in diesem Skript, Fall 4 Teil A II Ziff. 4 lit. b).

c) Gewinnermittlung

aa) Gewinnermittlungsmethoden

Gemäß § 2 II Nr. 1 EStG i.V.m. § 2 I S. 1 Nr. 2 EStG handelt es sich bei den Einkünften aus Gewerbebetrieb um Gewinneinkünfte.

Der Gewinn kann grundsätzlich durch zwei verschiedene Methoden errechnet werden:

Den Betriebsvermögensvergleich, der sich in den einfachen Betriebsvermögensvergleich nach § 4 I EStG und den qualifizierten Betriebsvermögensvergleich nach §§ 4 I, 5 I EStG untergliedert und die vereinfachte Einnahme-Überschuss-Rechnung nach § 4 III EStG.

Der einfache Betriebsvermögensvergleich nach § 4 I EStG kommt für Carlo nicht in Betracht. Dieser findet nur Anwendung für Land- und Forstwirte, die nach § 141 AO verpflichtet sind, Bücher zu führen und für selbständig Tätige, die freiwillig Bücher führen oder regelmäßig Abschlüsse machen.

Carlo ist jedoch Gewerbetreibender. Es ist daher zu fragen, ob er seinen Gewinn durch einen qualifizierten Betriebsvermögensvergleich nach §§ 4 I, 5 I EStG oder im Wege der Einnahme-Überschussrechnung nach § 4 III EStG zu ermitteln berechtigt ist.

Entscheidend hierfür ist, ob Carlo als Gewerbetreibender i.S.d. § 15 EStG aufgrund gesetzlicher Vorschriften verpflichtet ist, Bücher zu führen, vgl. § 5 I EStG.

Nur wenn dies nicht der Fall ist, wäre eine Gewinnermittlung nach § 4 III EStG zulässig, vgl. § 4 III S. 1 EStG.

Wer buchführungspflichtig ist, ist in §§ 140, 141 AO geregelt. Hier sind die derivative Buchführungspflicht nach § 140 AO, die sich aus anderen Gesetzen ableitet, und die originäre steuerrechtliche Buchführungspflicht nach § 141 AO zu unterscheiden.

bb) Derivative Buchführungspflicht, § 140 AO

Gemäß § 140 AO ist für die Besteuerung buchführungspflichtig, wer nach anderen Gesetzen verpflichtet ist, Bücher zu führen.

Für Carlo kommt hier eine Buchführungspflicht nach § 238 HGB in Betracht. Dies wäre dann der Fall, wenn Carlo Kaufmann i.S.d. HGB ist.

Da Carlo mit seinem Betrieb nicht in das Handelsregister eingetragen ist, kann sich seine Kaufmannseigenschaft nur aus § 1 HGB ergeben. Hiernach ist jeder Gewerbebetreibender Kaufmann, es sei denn, dass der Betrieb einen in kaufmännischer Weise eingerichteten Geschäftsbetrieb nicht erfordert, § 1 I i.V.m. § 1 II HGB.

Es fragt sich also, ab wann ein Gewerbebetrieb einen in kaufmännischer Weise eingerichteten Gewerbebetrieb erfordert. Dies ist nicht nach einheitlichen Kriterien bestimmbar, sondern vielmehr branchen- und einzelfallabhängig. Maßgebliche Kriterien sind hierbei die Komplexität der Geschäftsstruktur und die Anzahl der Geschäftsvorfälle. Grundsätzlich kann man wohl sagen, dass eine kaufmännische Einrichtung des Geschäftsbetriebes erst ab einer Umsatzgröße von 100.000 € notwendig ist.

Aus den Angaben und Aufzeichnungen des Carlo ist zu entnehmen, dass mit dem Kfz-Betrieb die Umsatzgrenze von mindestens 100.000 € nicht erreicht wird. Die Werkstatt erfordert daher keinen in kaufmännischer Weise eingerichteten Geschäftsbetrieb. Carlo ist daher mangels Eintragung kein Kaufmann i.S.d. HGB, §§ 1, 2 HGB.

Demnach ist Carlo aber auch nicht verpflichtet, gemäß § 238 HGB Bücher zu führen. Eine derivative Buchführungspflicht nach § 140 AO scheidet aus.

cc) Originäre Buchführungspflicht, § 141 AO

Eine originäre steuerrechtliche Buchführungspflicht könnte sich für Carlo aus § 141 I Nr. 4 AO ergeben. Hiernach ist ein Gewerbetreibender buchführungspflichtig, wenn der Gewerbebetrieb im Wirtschaftsjahr mehr als 50.000 € Umsatz erwirtschaftet.

Unerheblich ist vorliegend, ob Carlo diese Umsatzgrenze überschreitet.

Gemäß § 141 II S. 1 AO setzt die Buchführungspflicht nach I nämlich erst mit dem auf die Bekanntgabe der Buchführungspflicht durch das Finanzamt folgenden Wirtschaftsjahr ein. Ein Hinweis des Finanzamtes ist dem Carlo gegenüber bisher nicht erfolgt. Demgemäß besteht auch keine originäre Buchführungspflicht nach § 141 AO.

dd) Gewinnermittlung nach § 4 III EStG

Da Carlo nicht buchführungspflichtig ist, ist er berechtigt, seinen Gewinn durch Einnahme-Überschuss-Rechnung nach § 4 III EStG zu ermitteln.

Dies entspricht auch seiner bisherigen Vorgehensweise, da aus dem Sachverhalt ersichtlich ist, dass Carlo bisher allein seine Rechnungen und Belege gesammelt hat.

Carlo hat daher auch rein tatsächlich und freiwillig keine Bücher geführt.

2. Gewinn

Gemäß § 4 III EStG wird der Gewinn durch den Überschuss der Betriebseinnahmen über die Betriebsausgaben errechnet.

Es sind daher zunächst die Einnahmen des Carlo zu ermitteln.

a) Einnahmen

Der Begriff der Betriebseinnahmen ist für die Gewinneinkünfte im EStG nicht legaldefiniert.

Unter Zugrundelegung des Veranlassungsprinzips und des Gleichbehandlungsgrundsatzes sind Betriebseinnahmen jedoch analog § 8 EStG und e contrario § 4 IV EStG alle Zuflüsse in Geld oder Geldeswert, die durch den Betrieb veranlasst sind.

Die genannten Vorgänge sind auf ihre steuerliche Auswirkung zu überprüfen.

aa) Die Überlassung der Halle

Durch die unentgeltliche Überlassung der Betriebshalle könnte Carlo Betriebseinnahmen in Höhe der gesparten, ortsüblichen Miete von 425 € monatlich erzielen.

Hierzu müsste durch die Überlassung von Michi ein Zufluss in Geld oder Geldeswert vorliegen. Geldwerte, die dem Betriebsvermögen zugeordnet werden könnten, liegen nicht vor. Die Tatsache, dass die Halle unentgeltlich genutzt wird, ist kein dem Betriebsvermögen zuzuordnender Vorteil. Die Überlassung der Halle beruht auf rein privater Veranlassung.

Von monatlichen Zuflüssen, die als Einnahmen zu versteuern wären, kann nicht ausgegangen werden.

Auch stellen sich keine Probleme im Hinblick auf die sog. Dritt-AfA. Carlo tätigt keinerlei Aufwendungen auf die Halle, die es abzusetzen gälte.

Die Überlassung der Halle hat daher keinerlei steuerrechtliche Relevanz.

bb) Zu I. 1.: Der Verkauf und der Einbau der gestohlenen Teile und Karossen

Ausweislich seiner eigenen Aufzeichnungen hat Carlo bei den von ihm ausgeführten Reparaturen für eingebautes Material 5.650 € in Rechnung gestellt und erhalten.

Die Einzelteile hatte Carlo aus den für den Betrieb erworbenen Kfz ausgebaut. Bei den Ersatzteilen handelt es sich daher ebenso wie bei den Karossen selbst, um betriebliches Umlaufvermögen. Die Veräußerung von solchen Wirtschaftsgütern ist betrieblich veranlasst und führt daher zu Betriebseinnahmen.

Gleiches gilt für die als „neuwertig“ verkauften Ersatzteile. Die Einnahmen hieraus in Höhe 3.820 € stellen ebenfalls Betriebseinnahmen dar.

Auch der Verkauf der nicht mehr brauchbaren Altkarossen führt zu betrieblich veranlassten Zuflüssen in Geld, mithin zu Betriebseinnahmen.

Dass bei der jeweiligen Verwirklichung der Einnahmen möglicherweise gegen Gesetze verstoßen wurde, ist aufgrund der Wertneutralität des Steuerrechts, vgl. § 40 AO, unerheblich.

Für Betriebseinnahmen gilt im Rahmen der Einnahme-Überschuss-Rechnung nach § 4 III EStG das Zu- und Abflussprinzip des § 11 EStG. Zahlungen sind in dem Zeitpunkt zu erfassen, in dem sie zufließen. Die genannten Einnahmen gelten daher insgesamt als in 2016 erzielt.

Carlo hat aus den genannten Vorgängen daher Betriebseinnahmen in Höhe von insgesamt (5.650 € + 3.820 € + 600 € =) 10.070 € erzielt.

cc) Zu I. 2.: Der Arbeitslohn

Carlo hat 2016 nach eigenen Aufzeichnungen 22.500 € Arbeitslohn erzielt. Hierbei handelt es sich wegen der betrieblichen Veranlassung nach § 8 EStG analog und § 4 IV EStG e contrario um Betriebseinnahmen.

dd) Zu I. 3.: Der To-Tchibo-Computer

Bei dem Fund des Computers könnte es sich um Betriebseinnahmen handeln.

Dies wäre dann der Fall, wenn der Zufluss des Wertes des Computers betrieblich veranlasst ist.

Dies könnte deshalb anzunehmen sein, weil der Kauf des Pkw betrieblich veranlasst war, der Pkw damit zu Umlaufvermögen wurde. Damit könnten aber auch alle sich in dem Pkw befindlichen Sachen Umlaufvermögen geworden sein. Stellte man auf einen reinen Äquivalenzzusammenhang ab, so wäre auch der Computerfund betrieblich veranlasst und stellte sich als Betriebseinnahme dar.

Anderseits ist zu beachten, dass im Rahmen der Überschusseinkünfte, bei denen § 8 EStG direkte Anwendung findet, ein innerer Zusammenhang wirtschaftlicher oder tatsächlicher Art gefordert wird (SCHMIDT/DRENSECK, § 8 Rn. 3). Der Zufluss muss durch eine Einkunftsart konkret veranlasst sein.

Bei der analogen Anwendung des § 8 EStG im Rahmen der Gewinneinkünfte kann diese sachliche Zuordnung von Vermögenszuflüssen aber vor dem Hintergrund des Gleichbehandlungsgrundsatzes nicht extensiver ausgelegt werden.

An einer konkreten Veranlassung und einem wirtschaftlichen oder tatsächlichen Zusammenhang mit der Einkunftsart fehlt es hier aber gerade. Dass der Computer gefunden wurde, hängt nicht mehr mit der gewerblichen Tätigkeit im Sinne der Verwirklichung einer Einkunftsart, sondern viel mehr damit zusammen, dass es sich um gestohlene Autos handelt. Der Diebstahl der Kfz ist jedoch nicht durch die gewerbliche Tätigkeit veranlasst.

Es ist daher festzuhalten, dass der Fund nicht betrieblich veranlasst ist, Betriebseinnahmen hierdurch daher nicht erzielt werden.

hemmer-Methode: Eine andere Ansicht ist hier natürlich ebenso gut vertretbar. Dann wäre zu prüfen, ob der Wert des Computers oder der realisierte Verkaufspreis als Betriebseinnahme anzusehen wären.

ee) Zwischenergebnis

Carlo hat aus den genannten Vorfällen Betriebseinnahmen in folgender Höhe erzielt:

Tz.I: Die Überlassung der Halle	**0 €**
Tz.I 1: Verkauf und Einbau der Ersatzteile	**10.070 €**
Tz.I 2: Arbeitslohn	**22.500 €**
Tz.I.3: Computer	**0 €**
Gesamt:	**32.570 €**

b) Betriebsausgaben

Der Gewinn berechnet sich gemäß § 4 III EStG durch den Überschuss der Betriebseinnahmen über die Betriebsausgaben. Es sind daher die Betriebsausgaben festzustellen:

aa) Zu I.: Der Kauf der Autos

Carlo hat für die Anschaffung der gestohlenen, nicht mehr verkehrstauglichen Autos 6.250 € aufgewendet.

Diese Aufwendungen sind, da betrieblich veranlasst, Betriebsausgaben i.S.d. § 4 IV EStG.

Es fragt sich aber, ob die Ausgaben zu einem sofortigen Abzug zugelassen sind, oder ob nicht die Vorschriften über die AfA, § 7 EStG, Anwendung finden. Der AfA unterliegen Aufwendungen für die Anschaffung von abnutzbaren Wirtschaftsgütern des Anlagevermögens. Bei den Kfz handelt es sich um abnutzbare Wirtschaftsgüter. Zu prüfen ist aber, ob die Autos durch die Anschaffung zu Wirtschaftsgütern des Anlage- oder des Umlaufvermögens werden.

Anlagevermögen ist Vermögen, das dem Betrieb des Geschäftes dient und auf längere Sicht im Betriebsvermögen zu verbleiben bestimmt ist, während Umlaufvermögen dazu bestimmt ist, i.R.d. ordentlichen Geschäftsbetriebes umgesetzt oder verarbeitet zu werden.

Die Kfz werden nicht angeschafft, um sie im Betrieb als solche zu verwenden, sondern vielmehr in Einzelteilen umgesetzt.

Es handelt sich daher um Umlauf- und nicht um Anlagevermögen.

Die Vorschriften über die AfA finden auf Umlaufvermögen keine Anwendung.

Die Aufwendungen können daher für das Jahr 2016 in voller Höhe als Betriebsausgaben abgesetzt werden.

hemmer-Methode: Dass die AfA-Vorschriften auf Umlaufvermögen keine Anwendung finden, ist schon im Sinn und Zweck der AfA begründet: Wie in Hemmer/Wüst/Hölzle, Basics Steuerrecht, Rn. 151 und Hemmer/Wüst/Hölzle, Einkommensteuerrecht, Rn. 105 ff. dargestellt, besteht der Zweck der AfA nach richtiger Ansicht in der Verteilung des Anschaffungsaufwandes auf die betriebsgewöhnliche Nutzungsdauer (Aufwandsverteilungsthese), wobei der Wertverzehr nur bestimmt, in welcher Höhe dies im jeweiligen Veranlagungszeitraum zu geschehen hat (weshalb die Wertverzehrthese als Begründungsmodell wohl ausscheiden muss).

Ist das Wirtschaftsgut aber gar nicht dem Betrieb des Unternehmens zu dienen bestimmt, sondern wird es im Betrieb lediglich umgeschlagen oder vertrieben, so kann eine Verteilung des Aufwandes auf die betriebsgewöhnliche Nutzungsdauer nicht stattfinden.

Für den Kauf der Kfz hat Carlo 2016 abzugsfähige Betriebsausgaben in Höhe von 6.250 € aufgewendet.

bb) Zu I. 4.: Die Zahlungen an Michis Bruder und eigener Arbeitsaufwand

(1) Die Zahlungen an Michis Bruder

Die Zahlungen an den Bruder der Michi könnten Betriebsausgaben i.S.d. § 4 IV EStG sein. Hierzu müssten sie durch den Betrieb veranlasst sein.

Der Bruder half Carlo bei der Beschaffung und dem Abtransport der gestohlenen Kfz. Diese Tätigkeit stand in direktem Zusammenhang mit dem Gewerbebetrieb des Carlo. Eine betriebliche Veranlassung ist daher gegeben.

Der Anerkennung als Betriebsausgaben steht auch nicht entgegen, dass bei der Tätigkeit eventuell gegen Gesetze verstoßen wurde. Gemäß § 40 AO ist es für die Besteuerung unerheblich, wenn bei der Verwirklichung eines Steuertatbestandes gegen ein Gesetz oder die guten Sitten verstoßen wird (Wertneutralität des Steuerrechts). Dies muss aber zu Gunsten ebenso wie zu Lasten des Steuerpflichtigen gelten. Carlo kann die Zahlungen an den Bruder der Michi daher als Betriebsausgaben abziehen.

(2) Die eigenen Arbeitsstunden

Fraglich ist, ob auch der Wert der eigenen Arbeitsstunden als Betriebsausgaben anzusehen ist.

Betriebsausgaben sind gemäß § 4 IV EStG solche Aufwendungen, die durch den Betrieb veranlasst sind. Eine betriebliche Veranlassung liegt ohne Zweifel vor. Problematisch ist jedoch das Kriterium der Aufwendung.

Von einer Aufwendung kann nur dann gesprochen werden, wenn bei dem Steuerpflichtigen ein Abfluss in Geld angenommen werden kann. Durch die Erbringung von Arbeitsleistung ist ein solcher Abfluss aber nicht gegeben.

Zu prüfen bleibt dann noch, ob nicht durch die Erbringung von Arbeit eine Einlage i.S.d. § 4 I S. 5 EStG darstellt. Diese wäre dann gewinnmindernd zu berücksichtigen. Gemäß § 4 I S. 5 EStG können Bareinzahlungen und sonstige Wirtschaftsgüter eingelegt werden.

Die Vorschriften über Einlagen und Entnahmen gelten mit Ausnahme von Geldeinlagen und -entnahmen grundsätzlich auch für den § 4 III Rechner. Sonstige Wirtschaftsgüter können daher auch im Rahmen der § 4-III-Rechnung eingelegt werden.

hemmer-Methode: Für Geld können im Rahmen der § 4-III-Rechnung die Einlage- und Entnahmevorschriften nicht gelten, da Geld in dem Moment, in dem es zufließt, gewinnerhöhend und in dem Moment, in dem es abfließt, gewinnmindernd erfasst wird. Was danach mit dem Geld geschieht, ist für den § 4-III-Rechner unerheblich, da es keine Bilanz gibt, in dem das Geld geführt würde.

Die Arbeitskraft müsste sich daher als sonstiges Wirtschaftsgut darstellen. Unter sonstige Wirtschaftsgüter i.S.d. § 4 I S. 5 EStG fallen alle materiellen und immateriellen, aktiven und passiven, abnutzbare und nicht abnutzbare Wirtschaftsgüter, die allgemein bilanzierungsfähig sind.

Letzteres Kriterium, nämlich die allgemeine Bilanzierungsfähigkeit fehlt bei der eigenen Arbeitskraft aber gerade, solange und soweit sie sich nicht in den Wert eines Wirtschaftsgutes eingeht. Aus diesem Grunde wird von der herrschenden Meinung[64] angenommen, dass die eigene Arbeitskraft grundsätzlich nicht einlagefähig ist.

Der Wert der eigenen Arbeitsleistung kann von Carlo daher nicht gewinnmindernd als Betriebsausgabe angesetzt werden.

cc) Zu I. 5.: Die Anschaffung der Werkzeuge

Die Kosten für die Anschaffung der Werkzeuge könnten Betriebsausgaben i.S.d. § 4 IV EStG sein. Die Aufwendungen sind durch den Betrieb veranlasst und mindern daher grundsätzlich den Gewinn.

Es ist allerdings zu prüfen, ob ein Abzug der 4.669 € im VZ 2016 in voller Höhe zuzulassen ist, oder ob nicht § 4 III S. 3 EStG i.V.m. § 7 EStG Anwendung findet.

Dann könnte für 2016 im Wege des Betriebsausgabenabzuges nur die AfA geltend gemacht werden.

Bei den Werkzeugen handelt es sich um Wirtschaftsgüter, die dazu bestimmt sind, im Betrieb zu verbleiben und diesem zu dienen. Die Werkzeuge stellen mithin bewegliche Wirtschaftsgüter des Anlagevermögens dar. Die Anschaffungskosten könnten grundsätzlich nur im Wege der AfA, also verteilt auf die betriebsgewöhnliche Nutzungsdauer geltend gemacht werden.

Etwas anderes könnte sich allerdings aus § 6 II EStG ergeben, wenn es sich bei den Werkzeugen um geringwertige Wirtschaftsgüter handelt. Auch § 6 II EStG ist eine AfA-Vorschrift. Sie gestattet jedoch den sofortigen Abzug der Anschaffungs- oder Herstellungskosten im Jahr der Anschaffung, wenn diese die Netto-Grenze von 410 € nicht übersteigen.

hemmer-Methode: Der Verweis auf § 9b I in § 6 II EStG ist etwas irreführend. Die 410 €-Grenze ist auch dann eine Netto-Grenze, wenn der Steuerpflichtige nicht zum Vorsteuerabzug berechtigt ist.
Ist im Sachverhalt der Brutto-Kaufpreis genannt, so handelt es sich daher bei 19% USt bis zu einem Kaufpreis von 487,90 € um ein geringwertiges Wirtschaftsgut.
Lesen Sie hierzu Hemmer/Wüst/Hölzle, Basics Steuerrecht, Rn. 173 und Hemmer/ Wüst/Hölzle, Einkommensteuerrecht, Rn. 114 f.

Keines der angeschafften Werkzeuge hat den Kaufpreis in Höhe von 410 €, also die Netto-Grenze des § 6 II EStG überschritten.

Aus dem Sachverhalt geht auch nicht hervor, dass ein Werkzeug nicht ohne das andere zu gebrauchen wäre. Jedes der Geräte ist daher einer selbständigen Nutzung fähig, vgl. § 6 II S. 1 EStG.

Handelt es sich um geringwertige Wirtschaftsgüter, kann sie der Steuerpflichtige in voller Höhe als Betriebskosten absetzen.

---
[64] Vgl. SCHMIDT/HEINICKE, § 4 Rn. 309.

Carlo hat die Anschaffungskosten vorliegend also richtigerweise auf einmal angesetzt.

Die 4.669 € können grundsätzlich 2016 in voller Höhe zum Betriebsausgabenabzug zugelassen werden.

Fraglich ist aber, ob auch die Aufwendungen für die zuletzt angeschafften und erst im Januar 2017 bezahlten Werkzeuge noch in 2016 zu Betriebsausgaben i.S.d. § 4 IV EStG führen.

Grundsätzlich gilt im Rahmen der Gewinnermittlung nach § 4 III EStG das Zu- und Abflussprinzip des § 11 EStG. Einnahmen sind hiernach im Zeitpunkt ihres Zuflusses, Ausgaben im Zeitpunkt ihres Abflusses zu berücksichtigen.

Eine Ausnahme zum Zu- und Abflussprinzip stellen indes die Vorschriften über die AfA dar, zu denen auch § 6 II EStG gehört.

Aus der Formulierung „im Wirtschaftsjahr der Anschaffung" ergibt sich, dass es für die Geltendmachung der Anschaffungs- oder Herstellungskosten nicht auf den Zeitpunkt der Zahlung, sondern auf den der Erlangung der wirtschaftlichen Verfügungsmacht des angeschafften Wirtschaftsgutes ankommt.

Die Werkzeuge sind 2016 von Carlo gekauft und ihm übereignet worden. Er ist hierdurch bürgerlich-rechtlicher und wirtschaftlicher Eigentümer, vgl. § 39 AO, geworden. Die Anschaffungskosten können noch in 2016 geltend gemacht werden.

Dass der Kaufpreis zum Teil erst 2017 gezahlt wurde, ist daher unerheblich.

hemmer-Methode: An dieser Stelle war in der Klausur eine falsche Fährte gelegt. Viele Bearbeiter, die sehen, dass am 9. Januar, also innerhalb des 10-Tages-Zeitraumes, der von der Finanzverwaltung als „kurze Zeit nach Beendigung des Wirtschaftsjahres" für die Ultimo-Überschreitung des § 11 II S. 2 EStG zugrunde gelegt wird, ein verbindlicher Überweisungsauftrag erteilt wurde, stürzen sich auf dieses Problem. Abgesehen davon, dass § 11 EStG wegen des Vorrangs der AfA hier gar nicht anwendbar ist, läge auch ein Fall der Ultimo-Überschreitung nicht vor.

Carlo kann die gesamten 4.669 € in 2016 als Betriebsausgaben gemäß §§ 4 III S. 3, 6 II EStG im Wege der AfA-Vorschrift für geringwertige Wirtschaftsgüter absetzen.

dd) Zu I. 6.: Das Diagnosegerät

Auch bei den Anschaffungskosten für das Diagnosegerät handelt es sich um Betriebsausgaben i.S.d. § 4 IV EStG.

Die Anschaffung des Gerätes war durch den Betrieb veranlasst.

Es fragt sich erneut, ob die Kosten im Veranlagungszeitraum 2016 in voller Höhe abgesetzt werden können, oder auch hier die gemäß § 4 III S. 3 EStG die Vorschriften über die AfA zu berücksichtigen sind.

Bei dem Diagnosegerät handelt es sich um ein abnutzbares Wirtschaftsgut des Anlagevermögens. Die Anschaffungskosten wären daher grundsätzlich gemäß §§ 4 III S. 3, 7 EStG auf die betriebsgewöhnliche Nutzungsdauer zu verteilen.

§ 7 I S. 1 EStG bestimmt, dass die Anschaffungs- oder Herstellungskosten bei abnutzbaren Wirtschaftsgütern des Anlagevermögens, deren betriebsgewöhnliche Nutzungsdauer sich erfahrungsgemäß auf mehr als ein Jahr erstreckt, auf die Nutzungsdauer zu verteilen sind.

Das Diagnosegerät ist voraussichtlich nur noch 11 Monate nutzungsfähig. Die betriebsgewöhnliche Nutzungsdauer erstreckt sich daher auf weniger als ein Jahr. Die Vorschriften über die AfA finden keine Anwendung.

Die Anschaffungskosten können 2016 in voller Höhe als Betriebsausgaben abgesetzt werden.

ee) Zu I. 7.: Der Gebührenvorschuss und eine etwaige Geldstrafe

(1) Der Vorschuss

Bei der Zahlung des Gebührenvorschusses könnte es sich um Betriebsausgaben i.S.d. § 4 IV EStG handeln. Dies ist dann der Fall, wenn die Zahlungen durch den Betrieb veranlasst sind.

Eine betriebliche Veranlassung ist dann gegeben, wenn die Aufwendungen aus Sicht des Unternehmers in einem tatsächlichen oder wirtschaftlichen Zusammenhang mit dem Betrieb stehen.[65]

Gemäß § 12 Nr. 4 EStG sind in einem Strafverfahren festgesetzte Geldstrafen nicht steuerlich abzugsfähig. Diese Ausnahmevorschrift ist jedoch eng auszulegen und betrifft nicht die mit der Rechtsverteidigung verbundenen Kosten.

Die Zahlung kann daher grundsätzlich als Betriebsausgabe abgesetzt werden.

Es fragt sich jedoch, wie es sich auswirkt, dass es sich bei der Zahlung 2016 nur um einen Gebührenvorschuss handelt und der Rechtsanwalt 2016 nicht mehr tätig geworden ist.

Im Rahmen der § 4-III-Rechnung gilt grundsätzlich das Zu- und Abflussprinzip des § 11 EStG. Es kommt daher allein darauf an, wann die Summe bei Carlo abgeflossen ist. Dies war im November 2016. Dies gilt auch für die Zahlung von Vorschüssen. Ein anderes Ergebnis ist nur dann geboten, wenn sich die Zahlung von Vorschüssen als rechtsmissbräuchlich i.S.d. § 42 AO darstellt. Hierfür ist im Sachverhalt indes nichts ersichtlich.

Die Zahlung des Vorschusses kann daher als Betriebsausgabe in 2016 abgesetzt werden.

(2) Etwaige Geldstrafe

Auch die Zahlung einer Geldstrafe wäre durch den Betrieb veranlasst.

Es müsste daher grundsätzlich von einer Abzugsfähigkeit nach § 4 IV EStG ausgegangen werden können.

Ein anderes Ergebnis könnte sich aber aus dem Abzugsverbot des § 12 Nr. 4 EStG ergeben. Hiernach dürfen die in einem Strafverfahren festgesetzten Geldstrafen bei den einzelnen Einkünften nicht abgezogen werden. So läge der Fall hier. Carlo verstößt bei der Verwirklichung eines Steuertatbestandes gegen ein Gesetz. Deswegen festgesetzte Geldstrafen können nicht als Betriebsausgaben oder Werbungskosten geltend gemacht werden.

hemmer-Methode: Anders ist dies nur dann zu beurteilen, wenn durch die Geldstrafe gerade der erzielte Gewinn abgeschöpft werden soll, etwa wenn ein Beamter Bestechungsgelder angenommen hat und diese im Wege der Geldstrafe kompensiert werden sollen, um jeden Vorteil zu nehmen. Dann kann sich dies auf die Besteuerung auswirken.

[65] SCHMIDT-HEINICKE, § 4, Rn. 28.

Auch gilt das Abzugsverbot nur für eigene Geldstrafen. Übernimmt der Arbeitgeber also z.B. für den Arbeitnehmer eine Geldbuße, so ist diese abzugsfähig.

Im Falle einer Verurteilung wäre die Strafe daher nicht im Wege des Betriebsausgabenabzuges geltend zu machen.

ff) Steuerberatungskosten

Die Steuerberatungskosten in Höhe von 600 € kann Carlo als Betriebsausgaben, § 4 IV EStG steuermindernd geltend machen.

Daran ändert die Abschaffung des § 10 I Nr. 6 EStG nichts, denn Betriebsausgaben und Werbungskosten sind vorrangig vor Sonderausgaben zu berücksichtigen.

Dies gilt aber nur insoweit, als sie auch tatsächlich durch den Betrieb veranlasst sind. Das ist aber in Höhe der 600 €, die auf die Zusammenstellung der Betriebseinnahmen und Betriebsausgaben entfallen, der Fall.

gg) Zwischenergebnis:

Carlo hat 2016 die folgenden abzugsfähigen Betriebsausgaben:

Tz. I 1.: Der Kfz-Kauf	**6.250 €**
Tz. I 4.: Der Lohn an Michis Bruder	**1.630 €**
Tz. I 5.: Die Werkzeuge	**4.669 €**
Tz. I 6.: Das Diagnosegerät	**745 €**
Tz. I 7.: Der Vorschuss	**1.276 €**
Tz. III: Die Steuerberatungskosten	**600 €**
Gesamt:	**15.170 €**

hh) Ergebnis zu I.:

Carlo hat 2016 einen zu Recht nach § 4 III EStG ermittelten Gewinn aus Gewerbebetrieb in Höhe von (32.570 € - 15.170 € =) 17.400 € erzielt.

III. Zu II.: Die Unterhaltszahlungen an Daisy

Zu prüfen ist, ob und wie Carlo die an Daisy geleisteten Zahlungen steuerlich geltend machen kann.

Carlo und Daisy sind seit Juli 2011 rechtskräftig durch Urteil geschieden.

Seither zahlt Carlo an Daisy Unterhalt. Carlo und Daisy haben einvernehmlich die Abzugsfähigkeit der Unterhaltszahlungen vereinbart. Bis zu einem Höchstbetrag von 13.805 € im Kalenderjahr kann Carlo die Zahlungen daher gemäß § 10 Ia Nr. 1 EStG als Sonderausgaben abziehen. Daisy hat die Zahlungen in voller Höhe nach § 22 Nr. 1a EStG zu versteuern.

Auch bei Sonderausgaben gilt das Zu- und Abflussprinzip des § 11 EStG. Die Zahlungen sind daher gemäß § 11 II EStG in dem Jahr abzusetzen, in dem sie erfolgt sind.

Von Januar bis einschließlich Oktober 2016 sind bei Carlo Unterhaltszahlungen in Höhe von (10 x 750 € =) 7.500 € abgeflossen.

Im November und Dezember lag ein Abfluss in Höhe von je 250 € vor. Carlo hat daher 2016 Unterhaltszahlungen in Höhe von insgesamt (7.500 € + 2 x 250 € =) 8.000 € erbracht.

Gleichzeitig hat er aber auch infolge des rechtskräftigen Urteils, durch das der Unterhalt rückwirkend herabgesetzt wurde, für 2016 eine Rückzahlung in Höhe von 5.000 € erhalten. In Höhe dieser 5.000 € ist der Unterhalt 2016 nicht endgültig abgeflossen. Liegt aber kein endgültiger Abfluss vor, so kann auch kein Sonderausgabenabzug stattfinden, da Sonderausgaben immanent ist, dass eine wirtschaftliche Belastung in Form eines Abflusses vorliegt.

Die Zahlungen des Carlo und die Rückerstattungen der Daisy sind für 2016 zu saldieren. 2016 sind daher zunächst abzugsfähige Sonderausgaben in Höhe von (8.000 € - 5.000 € =) 3.000 € entstanden.

Es fragt sich nun, wie die Unterhaltserstattungen der Daisy an Carlo für 2015 steuerrechtlich zu behandeln sind. Für 2015 hat Daisy 6.000 € zurückgezahlt.

In Betracht kommt eine Änderung des Steuerbescheides 2015 gemäß § 173 I AO wegen nachträglich bekannt werdender Tatsachen.

§ 173 I AO setzt indes voraus, dass die Tatsachen, die nachträglich bekannt werden, zum Zeitpunkt des Abschlusses der Willensbildung des Finanzbeamten schon vorlagen. Nachträglich eintretende Tatsachen werden von § 173 I AO nicht erfasst.

hemmer-Methode: Beachten Sie diese Differenzierung zwischen nachträglichem Bekanntwerden von Tatsachen und dem nachträglichem Eintreten von Tatsachen.
Lesen Sie zu § 173 AO, die eine der examensrelevantesten Änderungsvorschriften darstellt Hemmer/Wüst/Hölzle, Basics Steuerrecht, Rn. 648 ff. und Hemmer/Wüst, Abgabenordnung, Rn. 319 ff.

Zu denken wäre aber an eine Korrektur des Einkommensteuerbescheides für 2015 gemäß § 175 I S. 1 Nr. 2 AO wegen des Eintretens eines rückwirkenden Ereignisses.

Es ist zu prüfen, ob die Erstattung von Sonderausgaben ein rückwirkendes Ereignis im Sinne dieser Norm darstellt. Dies ist umstritten.

hemmer-Methode: Die Vorschriften des § 173 I AO und des § 175 I S. 1 Nr. 2 AO schließen sich gegenseitig aus. Während für die erstere das Ereignis schon im Zeitpunkt der Besteuerung vorgelegen haben muss, entspricht § 175 AO dem Institut des Wegfalls der Geschäftsgrundlage:

Ein ursprünglich richtig beurteilter Steuersachverhalt ändert sich durch eine später eintretende Entwicklung, die Rechterheblichkeit für den bereits erlassenen Steuerbescheid aufweist.[66]
Lesen Sie zu § 175 AO Hemmer/Wüst/Hölzle, Basics Steuerrecht, Rn. 658 f. und Hemmer/Wüst, Abgabenordnung, Rn. 368 ff.

Voraussetzung für die Annahme eines rückwirkenden Ereignisses ist die Veränderung von Umständen, die Rückwirkung aufweisen und für den bereits erlassenen Steuerbescheid von rechtlicher Relevanz sind. Der Begriff des Ereignisses wird hierbei sehr weit ausgelegt. Er erfasst jeden tatsächlichen oder rechtlichen Umstand.

Die wohl noch herrschende Meinung[67] in der Literatur geht davon aus, dass die Erstattung von Sonderausgaben kein rückwirkendes Ereignis i.S.d. § 175 I S. 1 Nr. 2 AO darstellt.

Die Einkommensteuer ist eine Jahres- oder Abschnittssteuer. Die steuerrechtlich relevanten Sachverhalte sind grundsätzlich im Veranlagungsjahr zu beurteilen. Ändert sich ein steuerrecht lich relevanter Sachverhalt, so ist dies in dem Jahr zu beurteilen, in dem die Änderung eintritt.

Der spätere Zufluss infolge von Erstattungen kann den Abfluss der Sonderausgaben im Jahr der Zahlung nicht rückgängig machen. Die Maßgeblichkeit der Einkommensteuer als Jahressteuer auch bei der Berücksichtigung von Sonderausgaben ist Folge der Anwendung des Zu- und Abflussprinzips.

Die Erstattung der Sonderausgaben kann daher nur in dem Jahr Berücksichtigung finden, in dem sie erfolgt.

In diesem Veranlagungszeitraum ist eine Saldierung mit Sonderausgaben gleicher Art vorzunehmen.[68]

Die Erstattung von Sonderausgaben in Form von Unterhaltszahlungen für 2015 in 2016 ist daher 2016 mit Sonderausgaben gleicher Art, also mit Unterhaltszahlungen zu saldieren. Carlo hatte in 2016 Sonderausgaben gemäß § 10 I Nr. 1 S. 1 EStG in Höhe von 3.000 €. Für 2015 hat Daisy 2014 6.000 € erstattet. Eine Saldierung kann jedoch nur bis zu einem Betrag von 0 € erfolgen. Negative Sonderausgaben, die wie Einkünfte zu behandeln wären, sind nicht denkbar. Carlo könnte daher 2015 keine Sonderausgaben geltend machen. Die nicht ausgleichsfähigen 3.000 € werden jedoch auch nicht steuererhöhend berücksichtigt.

Anders als hier sieht dies der BFH:[69]

Er spricht sich für eine Änderung des Steuerbescheides aus dem Jahr der Zahlung gemäß § 175 I S. 1 Nr. 2 AO aus, wenn eine vollumfängliche Saldierung nicht möglich ist. Begründet wird dies mit anderenfalls nicht zu rechtfertigenden Steuervorteilen, die entstünden, wenn die Zahlungen im Jahr des Abflusses als Sonderausgaben behandelt würden, im Jahr des Zuflusses aber nicht voll saldiert werden könnten.

Diese Ansicht des BFH ist abzulehnen. Die Berücksichtigung von Zu- und Abflüssen im Rahmen des § 10 EStG beurteilt sich nach dem Zu- und Abflussprinzip.

Der Grundsatz von der Abschnittsbesteuerung darf nicht aus vermeintlichen Billigkeitsgründen durchbrochen werden.

---

66 So KLEIN-RÜSKEN, § 175, Anm. 4.
67 TIEDTKE, Einkommen- und Bilanzsteuerrecht, S.520; KLEIN-RÜSKEN, § 175, Anm. 4.
68 TIEDTKE, a.a.O.
69 BFH, Beschluss vom 05.05.2004, Az.: XI B 27/04.

Anders als bei § 33 EStG, wo Erstattungen eine Änderung nach § 175 I S. 1 Nr. 2 AO rechtfertigen, ist bei § 10 EStG das Merkmal der Belastung des Steuerpflichtigen gerade nicht Tatbestandsmerkmal. Die Frage, ob der Abfluss letztendlich tatsächlich eine Belastung des Steuerpflichtigen herbeiführt, hat bei der Beurteilung von Sonderausgaben außer Betracht zu bleiben.

hemmer-Methode: Bei außergewöhnlichen Belastungen nach § 33 EStG findet das so genannte Belastungsprinzip[70] Anwendung. Fällt die wirtschaftliche Belastung durch ein nachträgliches Ereignis weg, so kann der Einkommensteuerbescheid nach § 175 I Nr. 2 AO wegen eines rückwirkenden Ereignisses geändert werden.

Eine Änderung des Steuerbescheides 2015 muss daher ausscheiden. Die Erstattungen sind bis zu einem Betrag von 0 € mit den 2016 geleisteten Sonderausgaben aus § 10 I S. 1 Nr. 1 EStG zu saldieren. Carlo kann daher in 2016 wegen der Unterhaltszahlungen keine Sonderausgaben geltend machen. Andererseits führt der nicht saldierungsfähige Betrag auch nicht zu Einnahmen.

hemmer-Methode: Selbstverständlich können Sie an dieser Stelle auch eine andere Ansicht vertreten und dem BFH folgen. Referendaren sei zwar grundsätzlich geraten, sich nach Möglichkeit nicht gegen die höchstrichterliche Rechtsprechung zu stellen. Andererseits ist die hier vertretene Ansicht die wohl überzeugendere.

IV. Zu III.: Die Steuerberatungskosten

Die Kosten für die Steuerberatung sind, soweit sie auf den privaten Bereich entfallen, seit der Streichung des § 10 I Nr. 6 EStG ab dem VZ 2006 keine Sonderausgaben mehr.

Die verbleibenden 225 € können also nicht abgezogen werden.

V. Zu IV.: Sachliche Steuerpflicht der Michi Maus aus der KG-Beteiligung

Michi Maus könnte aus ihrer Beteiligung an der KG Einkünfte aus Gewerbebetrieb in Form der gewerblichen Mitunternehmerschaft gemäß §§ 2 I S. 1 Nr. 2, 15 I S. 1 Nr. 2 EStG erzielen.

Hierzu müsste Michi als Mitunternehmerin des Gewerbebetriebes anzusehen sein.

Mitunternehmer an einer Gesellschaft ist, wer Mitunternehmerinitiative und Mitunternehmerrisiko trägt.

Mit der KG liegt eine Personengesellschaft vor. Die Stellung eines Kommanditisten in Ausgestaltung der Regelstatute des HGB reicht grundsätzlich auch aus, eine Mitunternehmerstellung zu begründen. Aus dem Sachverhalt sind keine gegenteiligen Anhaltspunkte ersichtlich.

hemmer-Methode: Zu der in diesem Fall unproblematischen Bestimmung einer Mitunternehmerschaft lesen Sie Hemmer/Wüst/Hölzle, Basics Steuerrecht, Rn. 205 ff. und Hemmer/Wüst/Hölzle, Einkommensteuerrecht, Rn. 159 ff.

---

[70] Vgl. HEMMER/WÜST/HÖLZLE, Einkommensteuerrecht, Rn. 516 ff.; HEMMER/WÜST/HÖLZLE, Basics Steuerrecht, Rn. 519.

Die Michi ist daher als Mitunternehmerin an der KG anzusehen. Sie erzielt mit ihren Gewinnanteilen Einkünfte aus Gewerbebetrieb gemäß § 15 I S. 1 Nr. 2 EStG.

Michi selbst hat ihren Gewinnanteil für 2016 auf 60.000 € geschätzt.

Sind an Einkünften, wie es bei Personengesellschaften typischerweise der Fall ist, mehrere beteiligt, so werden die Besteuerungsgrundlagen gemäß §§ 179 I, II, 180 I Nr. 2 lit. a) AO einheitlich und gesondert festgestellt. Der Feststellungsbescheid ist dann Grundlagenbescheid für die Einkommensteuer der Gesellschafter, § 182 AO.

Für die gesonderte Feststellung der Besteuerungsgrundlagen gemäß § 180 AO ist nach § 18 I Nr. 2 AO das Finanzamt örtlich zuständig, in dessen Bezirk die Geschäftsleitung der Gesellschaft ihren Sitz hat. Der Begriff der Geschäftsleitung ist in § 10 AO definiert.

Hierunter ist der Mittelpunkt der geschäftlichen Oberleitung zu verstehen. Die KG hat ihren Sitz in Köln. Örtlich zuständig für die einheitliche und gesonderte Gewinnfeststellung ist demnach das Finanzamt Köln.

Gemäß § 155 II AO kann das für die Einkommensteuer der Michi gemäß § 19 I S. 1 AO zuständige Finanzamt Hamburg den Steuerbescheid auch schon vor Erlass des (bindenden, § 182 AO) Grundlagenbescheides erlassen. Gemäß § 162 III AO dürfen hierbei Schätzwerte zugrunde gelegt werden.

Die Schätzung der Michi kann daher dem Einkommensteuerbescheid für Michi 2016 zugrunde gelegt werden.

hemmer-Methode: Zu den Zuständigkeitsvorschriften in der AO lesen Sie Hemmer/Wüst, Abgabenordnung, Rn. 32 ff.

B) Zu Teil B: Erfolgsaussichten des Einspruchs

Der Einspruch des Donald gegen den Steuerbescheid 2015 hat Erfolg, wenn er zulässig und begründet ist.

I. Zulässigkeit

1. Statthaftigkeit, § 347 AO

Gemäß § 347 I Nr. 1 AO ist der Einspruch statthaft gegen alle Verwaltungsakte in Abgabenangelegenheiten. Was Abgabenangelegenheiten in diesem Sinne sind, bestimmt § 347 II AO. In erster Linie handelt es sich hierbei um Verwaltungsakte (die Definition in § 118 S. 1 AO entspricht der im VwVfG), die im Zusammenhang mit der Verwaltung von Abgaben ergehen. Der Steuerbescheid gehört unzweifelhaft dazu.

Dieser wird aber erst mit Bekanntgabe überhaupt wirksam, § 124 I S. 1 AO. Aber auch ohne Bekanntgabe (betrifft nur die äußere Wirksamkeit) steht hier ein Verwaltungsakt im Raum, gegen den der Einspruch statthaft sein muss. Die wirksame Bekanntgabe ist an dieser Stelle also nicht entscheidungserheblich.

2. Form, § 357 AO

Der Einspruch müsste gemäß § 357 I S. 1 AO schriftlich oder zur Niederschrift eingereicht werden. Hierbei muss aus dem Schriftstück hervorgehen, wer den Einspruch eingelegt hat.

3. Frist, § 355 AO

Der Einspruch müsste binnen der Einspruchsfrist des § 355 I AO eingelegt werden.

Die Einspruchsfrist beträgt einen Monat seit Bekanntgabe des Verwaltungsaktes.

Gemäß § 122 I AO ist ein Verwaltungsakt demjenigen bekanntzugeben, für den er bestimmt ist. Dabei ist zwischen Inhaltsadressat, Bekanntgabeadressat und Empfänger zu unterscheiden.

Inhaltsadressat ist der Steuerschuldner i.S.d. § 43 S. 1 AO. Wird dieser fehlerhaft genannt, ist der Verwaltungsakt nichtig, weil er an einem offensichtlichen und schweren Fehler leidet, § 125 I AO. Carlo wurde aber richtigerweise als derjenige benannt, der die Steuer schuldet.

Der Bekanntgabeadressat ist derjenige, dem der Bescheid bekanntzugeben ist. Das ist in der Regel der Inhaltsadressat. Anders ist es nur, wenn ein Fall gesetzlicher Vertretung vorliegt, also etwa aufgrund Minderjährigkeit.

Die fehlerhafte Angabe des Bekanntgabeadressats führt wiederum zur Nichtigkeit des Verwaltungsakts, § 125 I AO.

Der Empfänger ist derjenige, der den Verwaltungsakt tatsächlich erhalten soll. Dies kann etwa ein Steuerberater sein. Die Bekanntgabe gegenüber dem Empfänger „kann gemäß § 122 I S. 3 AO auch gegenüber einem Bevollmächtigten, wie etwa einem Steuerberater, geschehen.

Durch das „kann“ ist dem Finanzamt ein Ermessen eingeräumt, das gemäß § 5 AO seinem Zweck entsprechend und innerhalb der gesetzlichen Grenzen auszuüben ist.

Teilt der Steuerpflichtige dem Finanzamt aber schriftlich mit, dass der Steuerbescheid an den steuerlichen Berater bekannt gegeben werden soll, so ist das Ermessen der Behörde auf Null reduziert.

Eine wirksame Bekanntgabe an den Steuerpflichtigen selbst ist dann nicht mehr möglich.

hemmer-Methode: Vgl. Sie zu dieser Ermessensreduzierung auch Hemmer/Wüst/Hölzle, Basics Steuerrecht, Rn. 537.

Mangels wirksamer Bekanntgabe hätte daher die Einspruchsfrist noch gar nicht zu laufen begonnen und der Einspruch wäre am 16.09.2016 noch nicht verfristet gewesen.

Jedoch wird nach absolut herrschender Meinung und ständiger Rechtsprechung der Bekanntgabefehler analog § 8 VwZG bei der Weiterleitung an die richtige Person geheilt.

Die Kanzlei Weiß & Wußtnix erhielt den Steuerbescheid am 11.08.2016.

Hiermit war der Bekanntgabefehler geheilt und die Einspruchsfrist nach § 355 I AO begann zu laufen. Sie endete gemäß §§ 108 I AO, 188 II Alt. 1 BGB am 11.09.2013. Ein am 16.09.2016 eingelegter Einspruch wäre nach wie vor verfristet.

Es bleibt aber zu prüfen, ob nicht ein Antrag auf Wiedereinsetzung gemäß § 110 I S. 1 AO in Betracht kommt.

Hiernach ist die Wiedereinsetzung in den vorigen Stand zu gewähren, wenn jemand ohne Verschulden gehindert war, eine gesetzliche Frist einzuhalten. Bei der Einspruchsfrist des § 355 AO handelt es sich um solch eine gesetzliche Frist. Den Donald trifft an der Verspätung der Einspruchseinlegung auch kein Verschulden. Vielmehr geht diese auf die Arbeitsüberlastung der Kanzlei Weiß & Wußtnix zurück.

§ 110 I S. 2 AO bestimmt jedoch, dass sich der Vertretene das Verschulden seines Vertreters zurechnen lassen muss.

Trifft die Kanzlei Weiß & Wußtnix daher ein Verschulden an dem Fristversäumnis, so ist eine Wiedereinsetzung nicht zu gewähren.

Der zuständige Bearbeiter in der Kanzlei hatte den Bescheid nur oberflächlich gelesen und deshalb nicht bemerkt, dass das Finanzamt nicht der Einkommensteuererklärung entsprechend veranlagt hatte. Dies stellt zweifelsfrei ein Verschulden des Bearbeiters dar. Die Wiedereinsetzung müsste daher eigentlich ausscheiden.

Etwas anderes könnte sich jedoch aus § 126 III S. 1 AO ergeben. Hiernach gilt ein Fristversäumnis als nicht verschuldet, wenn das Versäumnis kausal auf eine fehlende Begründung des Verwaltungsaktes zurückzuführen ist. Gemäß § 121 I AO ist ein schriftlicher Verwaltungsakt zu begründen, sofern dies zu seinem Verständnis erforderlich ist.

hemmer-Methode: Beachten Sie an dieser Stelle den Unterschied zum allgemeinen Verwaltungsrecht: Dort sind Verwaltungsakte immer zu begründen. Im Steuerrecht nur, wenn dies auch erforderlich ist. Eine Begründung ist daher z.B. dann nicht erforderlich, wenn sich das Finanzamt bei dem Erlass des Steuerbescheides an die Steuererklärung des Steuerpflichtigen hält.

Eine solche Begründung fehlte hier. Deshalb ging der zuständige Sachbearbeiter auch davon aus, dass das Finanzamt der Erklärung entsprechend veranlagt hatte. In solchen Fällen ist die Begründung des Verwaltungsaktes gemäß § 121 I AO nämlich nicht erforderlich. Hätte der Verwaltungsakt eine Begründung enthalten, so wäre dies für den Bearbeiter Anzeichen genug dafür gewesen, den Bescheid genauer zu untersuchen.

Dann wäre die von der Erklärung abweichende Veranlagung aufgefallen und ein Einspruch innerhalb der Einspruchsfrist möglich gewesen.

Gemäß § 126 III S. 1 AO muss das Fristversäumnis daher als nicht verschuldet angesehen werden. Die Wiedereinsetzung in den vorigen Stand ist gemäß § 110 I AO auf Antrag zu gewähren. Der Einspruch kann fristgerecht erfolgen.

4. Einspruchsbefugnis (= Beschwer), § 350 AO

Der Einspruchsführer muss geltend machen, dass der Steuerverwaltungsakt rechtswidrig ist und ihn dadurch in seinem Recht auf gesetzmäßige Besteuerung, § 85 AO, verletzt. Dies ist vorliegend der Fall, da Donald rügt, dass der Werbungskostenabzug zu Unrecht nicht zugelassen wurde.

5. Zwischenergebnis

Nach der Stellung eines Antrages auf Wiedereinsetzung in den vorigen Stand gemäß § 110 I AO und der nachfolgenden Einlegung des Einspruchs ist dieser zulässig.

II. Begründetheit

Der Einspruch ist begründet, wenn der Steuerverwaltungsakt rechtswidrig und der Einspruchsführer hierdurch in seinem Recht auf gesetzmäßige Besteuerung verletzt ist.

Die Taxikosten für die Fahrt zur Arbeit könnten Werbungskosten i.S.d. § 9 EStG sein. Der Begriff der Werbungskosten ist entgegen seiner finalen Formulierung vor dem Hintergrund des Gleichbehandlungsgrundsatzes in Anlehnung an § 4 IV EStG ebenfalls kausal auszulegen.

Werbungskosten sind daher alle Kosten, die durch das Arbeitsverhältnis veranlasst sind.

Problematisch erscheint jedoch die Höhe der Abzugsberechtigung, da nach § 9 I S. 3 Nr. 4 EStG Pauschbeträge von 0,30 € pro einfachen Kilometer bestehen. Auch Taxikosten sind von dem Wortlaut des § 9 I S. 3 Nr. 4 EStG umfasst. Es gilt jedoch § 9 II S. 2 EStG zu beachten. Fraglich ist, ob ein Taxi ein öffentliches Beförderungsmittel darstellt. Paradigmatisch für ein solches ist die Pflicht zur Beförderung. Eine solche besteht auch bei einem Taxi, so dass ein unbeschränkter Abzug möglich ist.

Der Einspruch des Donald ist daher auch begründet.

III. Ergebnis

Ein am 16.09.2016 eingelegter Einspruch wäre zulässig und begründet und hätte daher Aussicht auf Erfolg.

Fall 8

Sachverhalt:

Die Eheleute Alfred und Bärbel Arnold, die sich keines steuerlichen Beraters bedienen, sind im Jahre 2016 erklärungsgemäß nur zur Einkommensteuer veranlagt worden. Dabei wurden nur Einkünfte des Ehemanns aus nichtselbständiger Arbeit angesetzt.

Der Ehemann Alfred Arnold hat mit notarieller Urkunde vom 02.11.2016 von einer „Grundstücksverwertungs- und Bau-GmbH (USt-ID: ...)" einen Laden als Teileigentum gekauft. Über den Kaufpreis enthält die Urkunde u.a. folgende Angaben:

Nettokaufpreis des Teileigentums:	***300.000 €***
Nettokaufpreis des Grund und Bodens:	***45.000 €***
zuzüglich 19% Umsatzsteuer:	***65.550 €***
Gesamtkaufpreis:	***410.550 €***

Erwerbsnebenkosten hatte der Verkäufer zu tragen. Besitz, Nutzungen und Lasten sind im Zeitpunkt der Fertigstellung am 01.12.2016 auf Alfred Arnold übergegangen. Er hat ab diesem Zeitpunkt den Laden an Udo Unger für fünf Jahre bis 30.11.2021 zum monatlichen Mietpreis von 500 € zuzüglich 19% Umsatzsteuer vermietet. Unger führt darin umsatzsteuerpflichtige Lieferungen aus und hat die Miete jeweils am Ende des Monats zu zahlen. Zur Milderung von Liquiditätsproblemen des Unger bei dessen Geschäftseröffnung hat Arnold die Mietzahlungen für Dezember 2016 bis März 2017 gestundet. Nach Eingang dieser Mieten im April 2017 hat Arnold dem Unger eine Quittung über 2.000 € zuzüglich 380 € Umsatzsteuer ausgestellt.

Bärbel Arnold hat im Juni 2016 50.000 € als Erbin ihrer Mutter erhalten. Diesen Betrag hat sie ihrem Ehemann ab 01.07.2016 als Darlehen zum Erwerb des Ladens zur Verfügung gestellt. Als Sicherheit hat dieser zugunsten von Bärbel Arnold eine Grundschuld an seinem Teileigentum bestellt. Den Darlehensvertrag haben Alfred und Bärbel Arnold nach dem Muster eines von Banken verwendeten Vertrags geschlossen. Darin wurde ein marktüblicher Jahreszins von 5% vereinbart. Die Zinszahlungen sind halbjährlich zu entrichten und müssen innerhalb der ersten drei Werktage des Folgehalbjahrs eingehen. Ohne das Darlehen seiner Ehefrau hätte Alfred Arnold zur Finanzierung des Ladens einen Bankkredit in gleicher Höhe und zu etwa gleichen Konditionen aufgenommen.

Alfred Arnold hat die erste Zinszahlung in Höhe von 1.250 € am 02.01.2017 auf ein Konto seiner Ehefrau überwiesen, über das diese allein verfügen kann. Weitere Ausgaben für den Laden sind Arnold erst ab Februar 2017 entstanden.

Von dem vorstehenden Sachverhalt erfährt das Finanzamt erst mehrere Monate nach Bestandskraft des Einkommensteuerbescheids 2016 aus einer Anlage zu der für das Folgejahr abgegebenen Einkommensteuererklärung.

Auf Anfrage des Finanzamts, warum sie diesen Sachverhalt nicht bereits für den Veranlagungszeitraum 2016 erklärt hätten, antworteten die Steuerpflichtigen glaubhaft, dass sie dies nicht für erforderlich gehalten hätten, weil die laufenden Einnahmen und Ausgaben erst im Jahr 2017 geflossen und bei der Einkünfteermittlung dieses Jahres angesetzt worden seien. Von der Geltendmachung der von ihm gewählten linearen AfA habe Alfred Arnold wegen der Geringfügigkeit des auf 2016 entfallenden Betrages absichtlich abgesehen.

Darüber hinaus bittet Arnold um Auszahlung der im notariellen Kaufvertrag ausgewiesenen Umsatzsteuer und verweist dazu auf seine Umsatzsteuererklärung für 2016, zu der er zusätzlich erklärt, dass er die Vermietungsumsätze nicht als Kleinunternehmer nach § 19 I UStG ausführe, sondern als normaler Unternehmer versteuere und auf einen Antrag zur Istversteuerung nach § 20 UStG ausdrücklich verzichte.

Bearbeitervermerk:

***1.** In einem Gutachten ist darzustellen, welche materiell-rechtlichen Folgen sich aus dem Sachverhalt für die Einkommensteuer 2016 der Eheleute Arnold ergeben.*

***2.** In einem Gutachten ist darzustellen,*

***a)** ob und inwieweit das Finanzamt die unter 1. gefundenen Folgen in einem neuen Einkommensteuerbescheid für 2016 verwerten darf oder muss,*

***b)** wie der Vorsteuerauszahlungsantrag des Alfred Arnold vom Finanzamt zu verbescheiden ist.*

Lösung

Anmerkung: Das Umsatzsteuerrecht ist nicht Prüfungsstoff im bayerischen Zweiten Staatsexamen. Es wurde früher in der Wahlfachgruppe 13 im bayerischen Ersten Staatsexamen geprüft; hauptsächlich zur Vorbereitung darauf war dieser Fall konzipiert. Wir haben ihn nach Abschaffung der Wahlfachklausur beibehalten, da unser Skript auch von Studenten zur Vorbereitung auf die Universitätsprüfung und von Referendaren mit Berufsfeld 7 (Steuerrecht) zur Vorbereitung auf die mündliche Prüfung genutzt wird.

A) Teil I: Materiellrechtliche Folgen

I. Umsatzsteuer des Alfred Arnold (A)

hemmer-Methode: Es ist empfehlenswert, bei der Prüfung entgegen der Reihenfolge der Aufgabenstellung zunächst die umsatzsteuerliche Lage zu prüfen. Dies ist zweckmäßig, um Inzidentprüfungen innerhalb des § 9b EStG zu vermeiden. Ist die bezahlte USt abziehbar und abzugsfähig, so gehört sie gemäß § 9b I S. 1 EStG nicht zu den Anschaffungs- oder Herstellungskosten. Durch den gewählten Aufbau kann diese Prüfung vor die Klammer gezogen werden.

1. Umsätze im Kalenderjahr 2016

A könnte im Kalenderjahr 2016 steuerbare und steuerpflichtige Umsätze getätigt haben.

a) Steuerbare Umsätze, § 1 I Nr. 1 UStG

A könnte durch die Vermietung ab 01.12.2016 als Unternehmer Lieferungen oder sonstige Leistungen im Inland gegen Entgelt ausgeführt haben, § 1 I Nr. 1 UStG.

Unternehmer i.S.d. UStG ist gemäß § 2 I S. 1 UStG, wer eine gewerbliche oder berufliche Tätigkeit selbständig ausübt. Gemäß § 2 I S. 3 UStG ist dabei gewerblich oder beruflich jede Tätigkeit, die nachhaltig zur Erzielung von Einnahmen ausgeübt wird.

A vermietet den Laden zur Erzielung von Mietzinsen, mithin mit Einnahmeerzielungsabsicht. Die Tätigkeit der Vermietung ist auf Dauer zur Erzielung von Einnahmen angelegt, damit auch nachhaltig. A übt eine Tätigkeit i.S.d. § 2 I S. 1 UStG aus.

hemmer-Methode: Anders als bei den Gewinneinkünften im EStG ist nach dem UStG eine Gewinnerzielungsabsicht nicht erforderlich. Nach dem UStG reicht die beabsichtigte Erzielung von Einnahmen aus.
Für das Kriterium der Nachhaltigkeit kommt es nur auf den Willen des Unternehmers zu einer dauerhaften Betätigung an. Deshalb kann auch schon mit der ersten Vorbereitungshandlung von einer beruflichen Tätigkeit i.S.d. UStG gesprochen werden. Die Vorsteuerbeträge können daher auch dann abgezogen werden, wenn noch keine Ausgangsumsätze vorliegen.
Problematisch sind hierbei regelmäßig die Fälle, in denen die Tätigkeit nicht über das Stadium der Vorbereitungshandlungen hinaus reicht.
Entgegen der früheren Rechtsprechung des BFH, der für die Anerkennung regelmäßig einen Leistungsaustausch verlangte, kommt es nach Art. 9 MwStSystRL auf das Ergebnis der Tätigkeit nicht an.

Eine selbständige Tätigkeit ist dann anzunehmen, wenn sie auf eigene Rechnung und auf eigene Verantwortung ausgeübt wird. Dies ist bei der Vermietung durch A der Fall.

A ist daher Unternehmer i.S.d. § 2 I UStG.

A müsste im Rahmen seiner unternehmerischen Tätigkeit eine Leistung erbracht haben. In Betracht kommen sonstige Leistungen i.S.d. § 3 IX UStG.

Hiernach sind sonstige Leistungen solche Leistungen, die keine Lieferungen sind. Eine Lieferung ist gemäß § 3 I UStG eine Leistung, durch die ein Dritter befähigt wird, über einen Gegenstand im eigenen Namen zu verfügen. Zwar wird im Rahmen einer Vermietung der Besitz der Mietsache überlassen. Der Leistungsempfänger muss jedoch, um eine Lieferung annehmen zu können, zumindest faktisch wie ein Eigentümer den Gegenstand nutzen und über ihn verfügen können. Dies ist bei einer Vermietung nicht der Fall, da der Mieter nach Ablauf der Mietzeit die Sache zurückgeben muss, § 546 BGB.

Der Begriff der Leistung wird im UStG nicht legaldefiniert. Unter dem Begriff der Leistung wird jedoch entsprechend § 241 BGB jedes Tun, Dulden oder Unterlassen verstanden. Die Überlassung zur Nutzung ist ein Tun in diesem Sinne, mithin eine sonstige Leistung gemäß § 3 IX UStG.

A müsste die sonstige Leistung im Inland erbracht haben. Der Ort einer sonstigen Leistung bestimmt sich gemäß § 3a I UStG grundsätzlich nach dem Ort, von dem der Unternehmer sein Unternehmen betreibt. Dies ist grds. der Ort, an dem die unternehmerischen Entscheidungen getroffen werden, mithin der inländische Wohnsitz des A, § 8 AO.

Dies gilt jedoch nur, soweit gemäß § 3a II bis V UStG kein abweichender Ort geregelt ist.

hemmer-Methode: Deshalb ist § 3a UStG „rückwärts" zu prüfen. Erst wenn keine Spezialregelung greift, kann auf § 3a I UStG abgestellt werden.

Zwar könnte Udo Unger (U) ebenfalls Unternehmer sein, sodass sich gemäß § 3a II UStG der Leistungsort an dessen Betriebsort verlagern könnte.

Es ist jedoch keine Alternative des § 3a UStG einschlägig. Vielmehr ist für die Vermietung des Teileigentums § 3a III Nr. 1 S. 2 i.V.m. § 4 Nr. 12 lit. a) UStG relevant. Grundstück gemäß § 4 Nr. 12 lit. a) UStG ist das Grundstück im bürgerlich-rechtlichen Sinne. Da das WEG Teileigentum weitgehend dem Alleineigentum an einem Grundstück gleichgestellt ist, ist Gegenstand des Mietvertrages nicht ein Recht, sondern ein Grundstück. Ort dieser Vermietung ist der Ort an dem das Grundstück belegen ist, mithin das Inland.

Entgelt ist gemäß § 10 I S. 2 UStG alles, was der Leistungsempfänger aufwendet, um die Leistung zu erhalten, abzüglich der Umsatzsteuer. U zahlt einen Mietzins als Entgelt gemäß §§ 1 I Nr. 1, 10 I S. 2 UStG. Die gewährte Stundung ändert an dieser Entgeltlichkeit nichts.

A tätigt daher mit der Vermietung steuerbare Umsätze gemäß § 1 I Nr. 1 UStG.

b) Steuerpflichtigkeit der Umsätze

Steuerpflichtig sind alle Umsätze, die nicht von der Umsatzsteuer ausdrücklich befreit sind.

Grundstücksvermietungen sind grundsätzlich gemäß § 4 Nr. 12 Buchstabe a) UStG steuerfrei gestellt. Eine kurzfristige Vermietung im Sinne des § 4 Nr. 12 S. 2 UStG liegt bei einer beabsichtigten Vermietung über fünf Jahre nicht vor.

A könnte jedoch auf die Steuerbefreiung verzichtet, d.h. zur Steuerpflicht optiert haben, § 9 I UStG.

Dies ist bei Vermietungsumsätzen gemäß § 4 Nr. 12 lit. a) UStG grundsätzlich möglich. U als Leistungsempfänger müsste jedoch selbst Unternehmer sein.

Dies ist auch grundsätzlich der Fall, da U in den gemieteten Räumen einen Laden betreiben will, damit eine selbständige und gewerbliche Tätigkeit gemäß § 2 I S. 1 UStG ausübt.

Problematisch ist jedoch, ob die Unternehmereigenschaft des U schon zum 01.12.2016 mit Beginn der Vermietung oder erst dann begründet ist, wenn U selbst Lieferungen und Leistungen tätigt.

Es könnte insoweit an der Nachhaltigkeit der Tätigkeit des U fehlen. Allerdings reicht es aus, wenn sich die Absicht des Steuerpflichtigen auf eine nachhaltige Tätigkeit bezieht. Die Unternehmereigenschaft beginnt hier mit der ersten Vorbereitungshandlung, die in Richtung einer dauerhaft angelegten Tätigkeit unternommen wird.

Fraglich ist jedoch, ob A den Verzicht auf die Steuerbefreiung tatsächlich erklärt hat und ob dieser nicht gemäß § 9 II UStG ausgeschlossen ist.

Die Option ist als Willenserklärung nicht an eine bestimmte Form gebunden. Sie kann ausdrücklich oder konkludent erklärt werden. Ausreichend ist ein Verhalten, das auf den Willen schließen lässt, von der Steuerbefreiung keinen Gebrauch zu machen (§§ 133, 157 BGB). Entsprechend kann die Mietzinsvereinbarung mit Umsatzsteuer als auch die Erteilung einer Quittung mit Umsatzsteuerausweis als Option ausgelegt werden. Hierdurch dokumentiert A, dass er die Vermietung als steuerpflichtigen Umsatz behandeln will.

Gemäß § 9 II UStG ist eine Option unzulässig, wenn der Leistungsempfänger die Leistung seinerseits für Umsätze verwendet, die ihrerseits den Vorsteuerabzug ausschließen. Dies ist gemäß § 15 II S. 1 UStG dann der Fall, wenn U steuerbare, aber steuerfreie Umsätze (Nr. 1) oder nichtsteuerbare Umsätze, die steuerfrei wären, wenn sie im Inland ausgeführt würden (Nr. 2) oder wenn die Varianten der Nummern 3 bis 5 eingreifen würden.

U führt jedoch nur umsatzsteuerpflichtige Umsätze aus. Der Vorsteuerabzug ist bei ihm nicht ausgeschlossen, § 9 II UStG steht der Option zur Steuerpflicht nicht entgegen.

Allerdings könnte A dann nicht wirksam zur Steuerpflicht optieren, wenn er als Kleinunternehmer gemäß § 19 I S. 4 UStG von der Optierung nach § 9 UStG ausgeschlossen wäre.

A tätigt im Kalenderjahr 2016 einen Gesamtumsatz von 595 €.

Dieser ist nicht gemäß § 19 III UStG zu kürzen, da die Vermietungsumsätze wegen Verzichts auf die Steuerbefreiung nicht steuerfrei sind, wenn die Kleinunternehmerregelung nicht zur Anwendung kommt. Dieser Gesamtumsatz ist, da die unternehmerische Tätigkeit erst im Dezember 2016 aufgenommen wurde in einen Jahresumsatz gemäß § 19 III S. 3 UStG umzurechnen.

Dies ergibt einen fiktiven Jahresumsatz für 2016 von 12 x 595 € = 7.140 €. Damit erreicht A nicht die Umsatzgrenze von 17.500 € für das laufende Kalenderjahr.

Entsprechend der Zweckbestimmung des § 19 I UStG ist im Jahr der Aufnahme der unternehmerischen Tätigkeit die Umsatzgrenze von 17.500 € anzuwenden. Er ist Kleinunternehmer.

Allerdings ist gemäß § 19 II S. 1 UStG eine Option zur Regelbesteuerung möglich. Diese Option hat A in der Jahreserklärung 2017 erklärt und bezieht sich auch auf die Umsätze, die auf das Kalenderjahr 2016 als Besteuerungszeitraum entfallen. Die Option ist noch für 2016 möglich, da mangels Jahresanmeldung noch keine unanfechtbare Steuerfestsetzung erfolgt ist, §§ 18 III UStG, 168 S. 1 AO.

Mithin findet die Kleinunternehmerregelung infolge Option gemäß § 19 II UStG keine Anwendung, die Option zu Steuerpflicht gemäß § 9 I UStG ist nicht ausgeschlossen.

c) Entstehung der Umsatzsteuer

Fraglich ist, ob mangels Zufluss des Mietzinses im Kalenderjahr 2016 überhaupt Umsatzsteuer entstanden ist. Dies wäre nur dann der Fall, wenn die Steuer nicht nach **vereinnahmten** Entgelten gemäß § 20 I UStG zu berechnen wäre, § 13 I Nr. 1 lit. a) S. 1 UStG. Grundsätzlich ist die Umsatzsteuer nach **vereinbarten** Entgelten zu berechnen, § 16 I S. 1 UStG.

Auf Antrag kann jedoch das Finanzamt bei Einhaltung bestimmter, in § 20 S. 1 UStG enthaltener Umsatzgrenzen die Berechnung nach vereinnahmten Entgelten gestatten. Auf einen solchen Antrag hat A jedoch sogar ausdrücklich verzichtet.

Die Umsatzsteuer entsteht daher gemäß § 13 I Nr. 1 a) S. 1 UStG in dem Voranmeldungszeitraum, in dem die Leistung ausgeführt worden ist. Dies ist bei Vermietungsleistungen der Voranmeldungszeitraum der Beendigung im Kalenderjahr 2017.

Es könnten jedoch im Dezember 2016 schon eine Teilleistung gemäß § 13 I Nr. 1 a) S. 2 UStG ausgeführt worden sein. Dies ist zu bejahen, da für jeden Monat der Vermietung ein gesondertes Entgelt vereinbart wurde, § 13 I Nr. 1 a) S. 3 UStG.

Voranmeldungszeitraum ist gemäß § 18 II S. 1 UStG grundsätzlich das Kalendervierteljahr. Für 2016 bleibt es dabei, da die voraussichtliche Steuer nicht mehr als 7.500 € beträgt, § 18 IIa i.V.m. § 18 II S. 2 UStG. Es ist daher mit Ablauf des vierten Kalendervierteljahres 2016 Umsatzsteuer entstanden.

d) Bemessungsgrundlage und Steuersatz

Bemessungsgrundlage der Umsatzsteuer für eine sonstige Leistung ist das Entgelt, § 10 I S. 1 UStG. Dies ist gemäß § 10 I S. 2 UStG grundsätzlich der Mietzins, den U zu entrichten hat. Da die Vermietung eine einheitliche Leistung darstellt, ist dies der Mietzins, der für die gesamte Zeit der Überlassung vereinbart ist. Es wurden jedoch Teilleistungen vereinbart. Entgelt ist daher alles, was U monatlich aufwendet. Dies sind insgesamt 595 € abzüglich der Umsatzsteuer. Der Nettoumsatz beträgt somit 500 €, die Umsatzsteuer 95 €.

2. Vorsteuer

Von der Umsatzsteuer von 95 € könnte die im notariellen Kaufvertrag ausgewiesene Umsatzsteuer gemäß §§ 16 II S. 1, 15 UStG als Vorsteuer abzuziehen sein.

In Betracht kommt eine Abziehbarkeit gemäß § 15 I Nr. 1 UStG.

Die Grundstücksverwertungs- und Bau-GmbH (B-GmbH) übt durch den Bau und die Verwertung von bebauten Grundstücken eine gewerbliche Tätigkeit selbständig aus, sie ist Unternehmer gemäß § 2 I UStG.

Diese B-GmbH hat den Miteigentumsanteil am Grund- und Boden und das Teileigentum am Laden an A geliefert gemäß § 3 I UStG.

Es handelt sich, da für Teileigentum die Vorschriften über Grundstücke gelten, wirtschaftlich um ein Veräußerungsgeschäft eines Grundstücks, das auf Übertragung der Verfügungsmacht gerichtet ist.

Fraglich ist nur, ob A zu diesem Zeitpunkt bereits Unternehmer war. Der Erwerb zur Vermietung stellt jedoch die erste Vorbereitungshandlung des A im Rahmen seines (Vermietungs-) Unternehmens dar. Eine Lieferung an sein Unternehmen liegt vor.

Problematisch ist jedoch, ob die notarielle Urkunde eine Rechnung i.S.d. § 15 I S. 1 Nr. 1 UStG ist. Dabei ist es zunächst unerheblich, ob eine Urkunde als Rechnung bezeichnet ist. Gemäß § 14 I S. 1 UStG ist Rechnung vielmehr jede Urkunde, mit der ein Unternehmer über eine Lieferung oder sonstige Leistung abrechnet. Dies ist auch bei einem Kaufvertrag der Fall. Eine zum Vorsteuerabzug berechtigende Rechnung ist jedenfalls dann gegeben, wenn die Urkunde die in § 14 IV UStG aufgeführten Merkmale enthält.

Der notarielle Kaufvertrag enthält mit der Bezeichnung der B-GmbH als Verkäuferin und A als Käufer den leistenden Unternehmer und den Leistungsempfänger, § 14 IV Nr. 1 UStG. Weiter ist die Steuernummer der B-GmbH (Nr. 2) ebenso angegeben wie das Ausstellungsdatum (Nr. 3). Das Teileigentum wurde als Lieferungsgegenstand (Nr. 5), der Lieferungszeitpunkt mit dem Übergang von Besitz, Nutzungen und Lasten zum 01.12.2016 (Nr. 6) bezeichnet. Das Entgelt (Nr. 7) ist mit dem Ausweis der Nettokaufpreise von Teileigentum und Grund- und Boden ebenso in der Urkunde enthalten, wie der darauf entfallende Steuerbetrag und der Steuersatz (Nr. 8). Eine Identifizierung ist aufgrund der Urkundennummer in der Urkundenrolle des Notars gegeben (Nr. 4). Mithin liegt mit dem notariellen Kaufvertrag auch eine Rechnung i.S.d. § 14 IV UStG vor, die ausgewiesene Steuer ist gemäß § 15 I Nr. 1 UStG abziehbar.

hemmer-Methode: Beachten Sie die erhöhten Anforderungen an eine Rechnung seit dem VZ 2008 in § 14 f. UStG n.F.

Grundstücksveräußerungen sind jedoch grundsätzlich gemäß § 4 Nr. 9 lit. a) UStG i.V.m. § 1 Nr. 1 GrEStG von der Umsatzsteuer befreit. Für das Teileigentum gilt nichts anderes, da es gemäß §§ 2 I S. 1 GrEStG, 4 I WEG Grundstück in diesem Sinne ist.

Fraglich ist, ob ein Vorsteuerabzug deshalb ausgeschlossen ist, weil die B-GmbH wegen der Steuerfreiheit keine Umsatzsteuer ausweisen durfte.

Allerdings ist auch bei gemäß § 4 Nr. 9 lit. a) UStG steuerfreien Umsätzen eine Option gemäß § 9 UStG möglich.

Zum anderen kann vom Leistungsempfänger auch eine Steuer abgezogen werden, wenn sie falsch ausgewiesen wird und vom Leistenden gemäß § 14c II UStG geschuldet wird, es sei denn dies ist für den Leistungsempfänger ohne weitere Nachprüfung erkennbar. Darauf kommt es jedoch nicht an, da die Steuer infolge der Option korrekt und in der richtigen Höhe ausgewiesen wurde.

A verwendet das Teileigentum mit Grund und Boden zur Ausführung von steuerpflichtigen Vermietungsumsätzen. Infolge seiner Option zur Steuerpflicht greift der Ausschluss des Vorsteuerabzugs gemäß § 15 II S. 1 Nr. 1 UStG nicht ein.

Die im Kaufvertrag ausgewiesene Steuer i.H.v. 65.550,- € ist als Vorsteuer abziehbar und abzugsfähig.

Die Vorsteuer ist in dem Voranmeldungszeitraum abzuziehen, in dem die Voraussetzungen des § 15 I S. 1 Nr. 1 UStG erstmalig zusammen vorliegen.

Der Kaufvertrag wurde am 02.11.2016 geschlossen, fraglich ist jedoch, wann die Lieferung erfolgte. Dies könnte, da mit Übertragung der Verfügungsmacht grundsätzlich an das dingliche Rechtsgeschäft angeknüpft wird, erst mit der Eintragung des A im Grundbuch gemäß § 873 I BGB der Fall sein. Übergang der Verfügungsmacht gemäß § 3 I UStG ist jedoch nicht rechtlich, sondern rein wirtschaftlich zu verstehen. Der Erwerber muss faktisch in der Lage sein, wie ein Berechtigter über eine Sache verfügen zu können, denn dann ist eine Sache auch ihm als wirtschaftlicher Eigentümer zuzurechnen, § 39 II Nr. 1 AO. Dem Umsatzsteuergesetz liegt diese, in § 39 II Nr. 1 AO zum Ausdruck kommende wirtschaftliche Betrachtungsweise zugrunde. Mithin wurde die Lieferung schon mit Übergang von Besitz, Nutzungen und Lasten bewirkt, d.h. am 01.12.2016.

Die Vorsteuer ist im Voranmeldungszeitraum 2016 IV (viertes Quartal 2016), mithin im Besteuerungszeitraum 2016 abzuziehen.

Dies ergibt gemäß § 16 I UStG einen Erstattungsbetrag von

Umsatzsteuer	**95 €**
Vorsteuer	**./. 65.550 €**
Erstattungsbetrag (sog. Rotbetrag)	**65.455 €**

Die Gewährung des Darlehens durch B stellt ebenfalls einen steuerbaren, aber gemäß § 4 Nr. 8 Buchstabe a) UStG steuerfreien Umsatz dar. Mangels Ausweis von Umsatzsteuer in einer Rechnung, was daher richtigerweise nicht geschehen ist, kann A aus diesem Eingangsumsatz keine Vorsteuer abziehen.

II. Einkommensteuer der Eheleute Arnold

Die Eheleute Arnold sind gem. §§ 26, 26b EStG zusammen zur Einkommensteuer zu veranlagen. Da auch i.R. der Zusammenveranlagung die Einkünfte jedes Ehegatten zunächst getrennt ermittelt werden, ist zu prüfen, ob und wie sich der dem Finanzamt bekannt gewordene Sachverhalt auf die Einkünfte der Arnolds auswirkt.

1. Einkünfte des A

a) Einkunftsart

A könnte durch die Vermietung des Ladens an U Einkünfte aus Vermietung und Verpachtung gemäß §§ 2 I Nr. 1 Nr. 6, 21 EStG haben.

A hat als Eigentümer des Ladens im eigenen Namen und auf eigene Rechnung mit U einen Mietvertrag geschlossen. In Form der Mietzinsen liegen Einnahmen aus Vermietung und Verpachtung vor.

Eine Zurechnung zu anderen Einkommensarten, insbesondere § 15 EStG ist nicht geboten, da die Vermietung sich im Bereich der privaten Vermögensverwaltung hält.

b) Umfang der Einkünfte

Fraglich ist, ob A neben dem Nettomietzins auch die Umsatzsteuer als Einnahme anzusetzen hat.

Einnahmen sind gemäß § 8 I EStG alle Güter, die dem Steuerpflichtigen in Geld oder Geldeswert im Rahmen einer Einkunftsart zufließen. Dabei ist ausreichend, wenn in entsprechender Anwendung des § 4 IV EStG die Zuflüsse durch die Einkunftsart veranlasst sind. A fließt die Umsatzsteuer infolge der Nutzungsüberlassung des Ladens zu. In diesem Zeitpunkt ist das Vermögen des A tatsächlich vermehrt. Es handelt sich daher um eine Einnahme bei den Einkünften aus Vermietung und Verpachtung.

Daran ändert nichts, dass A als Unternehmer sie wieder ans Finanzamt abführen muss. Dies macht die Umsatzsteuer nicht zu einem durchlaufenden Posten, denn der Unternehmer selbst und nicht der Abnehmer als wirtschaftlich Belasteter ist Schuldner dieser Steuer. A hat mithin monatliche Einnahmen i.H.v. 500 € zuzüglich 95 € Umsatzsteuer, insgesamt also 595 €.

hemmer-Methode: Beachten Sie den Unterschied zum Vermögensvergleich. Bei § 4 I EStG wird die Umsatzsteuer grundsätzlich erfolgsneutral behandelt. Dies liegt aber nicht daran, dass dort ein anderer Einnahmebegriff gilt. Vielmehr gilt bei § 4 I EStG das Prinzip der periodengerechten Gewinnermittlung. Dies bedeutet, dass Forderungen und Verbindlichkeiten sofort im Zeitpunkt der Entstehung eingebucht werden. Erbringt nun ein Unternehmer eine Leistung, so entsteht im selben Zeitpunkt Umsatzsteuer und damit eine Verbindlichkeit gegenüber dem Finanzamt, die als solche auszuweisen ist. In Höhe der Umsatzsteuer ist daher keine Betriebsvermögensmehrung vorhanden. Dies muss im Ergebnis auch für die Einnahmen- Überschuss Rechnung gelten: die Zahlung an das Finanzamt ist Betriebsausgabe.

c) Berücksichtigung der Einkünfte im Jahr 2016

Im Jahr 2016 könnte A indes mangels Zufluss keine Einnahmen erzielt haben.

Grundlage der Besteuerung ist im Bereich der Einkünfte aus Vermietung und Verpachtung der Überschuss der Einnahmen über die Werbungskosten, § 2 II Nr. 2 EStG. Dieser ist durch Gegenüberstellung der Einnahmen über die Werbungskosten unter Geltung des Zu- und Abflussprinzips gemäß § 11 EStG zu ermitteln.

Durch die Stundung erlangte A über den Bruttomietzins für Dezember 2016 in 2016 noch keine Verfügungsmacht, es ist noch kein Zufluss gemäß § 11 I S. 1 EStG gegeben. Ein Zufluss könnte unter Durchbrechung des Zuflussprinzips im Jahr der wirtschaftlichen Zugehörigkeit 2016 nur dann anzusetzen sein, wenn die Miete eine regelmäßig wiederkehrende Einnahme wäre und diese kurze Zeit nach Beendigung des Wirtschaftsjahrs bezogen worden wäre. Zwar liegt auch schon mit der ersten Miete eine regelmäßig wiederkehrende Einnahme vor.

Als kurzer Zeitraum gilt jedoch nur ein solcher von zehn Tagen. Dieser ist im April 2017 abgelaufen. Mithin erfolgte 2016 kein Zufluss. Es sind keine Einnahmen anzusetzen.

d) Werbungskosten

aa) Absetzung für Abnutzung

A könnte jedoch Werbungskosten in Form von Abschreibung für Abnutzung (AfA) gemäß §§ 9 I S. 3 Nr. 7, 7 EStG haben.

Das Teileigentum wird über einen Zeitraum von mehr als einem Jahr dazu genutzt, Einkünfte aus Vermietung und Verpachtung zu erzielen.

Dessen Anschaffungskosten sind daher nur im Wege der AfA zu berücksichtigen.

Gemäß § 7 Va EStG finden auf Teileigentum die Grundsätze der Gebäude-AfA Anwendung, daher § 7 IV oder V EStG.

Für Gebäude, die nach dem 31.12.2006 angeschafft oder errichtet wurden, kann nur die lineare AfA geltend gemacht werden (vgl. § 7 V EStG).

A hatte ohnehin die lineare AfA nach § 7 IV EStG beantragt. Sie ist ihm zu gewähren.

In Betracht käme zunächst die AfA für Wirtschaftsgebäude gem. § 7 IV S. 1 Nr. 1 EStG.

Dann müsste das Teileigentum zu einem Betriebsvermögen gehören. Zwar wird es durch U betrieblich genutzt, maßgeblich ist jedoch die Zugehörigkeit beim Eigentümer. Die Vermietung findet jedoch nur im Bereich der Vermögensverwaltung statt, die Grenze zu § 15 II EStG ist durch die Vermietung nur eines Objektes noch nicht überschritten. Das Teileigentum ist daher Privatvermögen. Da das Gebäude nach dem 31.12.1924 hergestellt wurde, kann A AfA i.H.v. 2% gemäß § 7 IV S. 1 Nr. 2 a) EStG in Anspruch nehmen.

Bemessungsgrundlage für die AfA sind die Anschaffungs- und Herstellungskosten des Teileigentums. Dazu gehören nicht die Anschaffungskosten des Grund und Bodens. Gebäude und Grund und Boden sind einkommensteuerlich abweichend vom Zivilrecht als eigenständige Wirtschaftsgüter zu behandeln. Der Grund und Boden unterliegt nicht der Abschreibung, weil er nicht abnutzbar ist. Daher sind die Anschaffungs- und Herstellungskosten des Teileigentums ohne dazugehörigem Grund- und Boden zu ermitteln. Diese betragen zunächst 300.000 €.

Fraglich ist, ob die anteilige Vorsteuer auch hinzuzurechnen ist. Dies wäre gemäß § 9b I S. 1 EStG nur dann der Fall, wenn er nicht als Vorsteuer abgezogen werden kann. Da A das Teileigentum steuerpflichtig vermietet, kann er auch einen Vorsteuerabzug gemäß § 15 UStG geltend machen, die bezahlte Vorsteuer gehört nicht zu den Anschaffungs- und Herstellungskosten.

Die AfA beträgt damit:

300.000 € x 2%= 6.000 €

Im Gegensatz zu § 7 V EStG kann A die lineare AfA nur für die Zeit der Einkünfteerzielung in Anspruch nehmen, mithin nur für Dezember 2016 (§ 7 I S. 4 EStG).

Dies ergibt einen AfA-Betrag von:

6.000 € x 1/12 = 500 €

bb) Gezahlte Vorsteuer

Die bezahlte Vorsteuer ist eine Vermögensminderung, die durch die Einkünfteerzielung veranlasst ist.

A musste den Betrag von 65.550 € aufwenden, um das Teileigentum samt Grund und Boden zu erlangen. Da insoweit keine Anschaffungskosten vorliegen, sind diese Kosten Werbungskosten gemäß § 9 I S. 1 EStG und im Jahr der Zahlung gemäß § 11 II S. 1 EStG, mithin 2016 als Werbungskosten bei den Einkünften aus Vermietung und Verpachtung zu berücksichtigen.

cc) Zinszahlungen

A hat an seine Ehefrau Bärbel Arnold (B) für das 2. Halbjahr 2016 Zinsen i.H.v. 1.250 € bezahlt. Es könnten auch insofern Werbungskosten gemäß § 9 I S. 3 Nr. 1 EStG vorliegen.

(1) Ultimoüberschreitung

Dem steht nicht entgegen, dass der Abfluss erst am 02.01.2017 erfolgte, damit gemäß § 11 II S. 1 EStG in 2016 nicht zu berücksichtigen ist. Denn bei den Zinszahlungen handelt es sich um regelmäßig wiederkehrende Ausgaben.

Die Zahlung erfolgte innerhalb eines 10-Tages-Zeitraums nach Beendigung des Wirtschaftsjahrs der wirtschaftlichen Zugehörigkeit 2016. Da der Fälligkeitszeitraum ebenfalls innerhalb des kurzen Zeitraums liegt, ist gemäß § 11 II S. 2 EStG der Abfluss schon in 2016 zu erfassen.

(2) Verträge zwischen nahen Angehörigen

Allerdings ist zu beachten, dass der Darlehensvertrag zwischen A und B als Ehegatten abgeschlossen wurde. Dies macht den Vertrag nicht schon per se steuerlich unbeachtlich, vielmehr aber ist mangels bestehenden Interessengegensatzes zwischen den Vertragsparteien anhand einer Gesamtschau zu prüfen, ob er nach Inhalt und tatsächlicher Durchführung auch steuerlich anerkannt werden kann.

Denn bei nahen Angehörigen besteht die Gefahr, dass Unterhaltsleistungen entgegen § 12 Nr. 1 EStG in die Form von Betriebsausgaben oder Werbungskosten gekleidet werden, oder dass zivilrechtlich mögliche Gestaltungen allein zur Steuerminderung gewählt werden, § 42 AO.

Angehörigenverträge sind daher nur dann anzuerkennen, wenn sichergestellt ist, dass die vertraglichen Beziehungen im Rahmen der Einkünfteerzielung liegen und nicht private Unterhaltsleistungen regeln.

Die Zinsen müssen daher zunächst wie jede Werbungskosten durch die Einkünfteerzielung veranlasst sein, § 9 I S. 1 EStG (in gleich lautender Auslegung wie § 4 IV EStG). Dies ist zu bejahen, da die Finanzierung des Ladens ohne Fremdmittel nicht möglich gewesen wäre. Zusätzlich sind nach der Rechtsprechung noch folgende Voraussetzungen zu prüfen.

Das Darlehen muss **eindeutig** und **klar** hinsichtlich der Hauptleistungspflichten und vor Beginn des Leistungsaustausches vereinbart sein. Da die Anolds den Vertrag nach dem Muster eines Bankenvertrags abgeschlossen haben, ist davon auszugehen, dass Laufzeit, Rückzahlung und Gegenleistung genau bezeichnet wurden.

Der Vertrag muss **zivilrechtlich wirksam** sein. Da ein Darlehensvertrag gemäß § 488 BGB formlos geschlossen werden kann, hinsichtlich der Geschäftsfähigkeit von A und B keinerlei Bedenken bestehen, ist der Vertrag wirksam.

Zusätzlich muss der Darlehensvertrag **tatsächlich** wie **unter fremden** Dritten **durchgeführt** werden. Dies bedeutet, dass die Darlehensvaluta ausgezahlt, Zinszahlungen entrichtet und Tilgungsleistungen erbracht werden.

Problematisch in diesem Bereich könnte allenfalls sein, dass deshalb die tatsächliche Durchführung verneint wird, weil der Darlehensgeber nicht die Verfügungsmacht über Zinsen und Tilgungszahlungen erlangt.

Da die Zahlungen auf ein Konto der B erfolgen, über das nur sie verfügen kann, liegt auch diese Voraussetzung vor.

hemmer-Methode: Streitig war dies dann, wenn die Zahlungen auf ein so genanntes Oder-Konto bezahlt wurden. Dies war nach der bisherigen Rechtsprechung des BFH schädlich, wurde jedoch durch Beschluss des BVerfG für offensichtlich verfassungswidrig erklärt. Es reicht daher aus, wenn der Ehegatte zumindest auch die Verfügungsmacht über die Zahlungen erlangt.

Als letzte Voraussetzung muss der Darlehensvertrag auch einem **Fremdvergleich** standhalten. Dies bedeutet, dass er inhaltlich dem entsprechen muss, was zwischen fremden Dritten vereinbart worden wäre.

Allerdings entspricht der vereinbarte Zinssatz von 5% dem marktüblichen auch von Banken vereinbarten Zinssatz. Darüber hinaus hätte eine Bank Sicherheiten für den Kredit verlangt. Eine Bestellung einer Grundschuld wie sie zwischen A und B erfolgte wäre aber auch einer Bank ausreichend gewesen.

Mithin hält der Darlehensvertrag auch einem Drittvergleich stand. Er ist vollumfänglich steuerlich anzuerkennen. A hat daher im Jahr 2016 in Höhe von 1.250 € Werbungskosten gemäß § 9 I S. 3 Nr. 1 EStG.

e) Zwischenergebnis

Dies ergibt für A einen Überschuss der Werbungskosten über die Einnahmen aus § 21 I Nr. 1 EStG von:

Einnahmen	**0 €**
Werbungskosten:	
AfA	**500 €**
Vorsteuer	**65.550 €**
Zinsen	**1.250 €**
Gesamt	**- 67.300 €**

2. Einkünfte der B

B erzielt aus der Überlassung der 50.000 € an A zur Nutzung in Form der Zinsen ein Entgelt. Sie erzielt mithin, da der Darlehensvertrag steuerlich anzuerkennen ist, Einnahmen aus Kapitalvermögen gemäß § 20 I Nr. 7 EStG.

Es handelt sich bei den Zinszahlungen um regelmäßig wiederkehrende Einnahmen, die B gemäß § 11 I S. 2 EStG als noch in 2016 zugeflossen gelten. Es gilt insofern dasselbe wie für A.

hemmer-Methode: Für Einkünfte nach § 20 I Nr. 7 EStG muss nur unter bestimmten Voraussetzungen die Kapitalertragssteuer (Abgeltungssteuer) als Quellensteuer abgeführt werden. Lesen Sie hierzu § 43 I S. 1 Nr. 7 EStG! Bei von Privatleuten gewährten verzinslichen Darlehen ist dies nicht der Fall.

Von diesen Einkünften ist ein Sparer-Pauschbetrag gemäß § 20 IX EStG abzuziehen. Dieser beträgt grundsätzlich 801,- €, für den Fall der Zusammenveranlagung 1.602 €.

Dieser erhöhte Freibetrag steht nach dem insofern eindeutigen Wortlaut des § 20 IX 3 EStG den Ehegatten gemeinsam, jedoch gemäß § 20 IX 4 EStG nur bis zur Höhe der Einkünfte zu. Mithin kann ein Sparer- Pauschbetrag i.H.v. 1.250 € abgezogen werden. Es ergeben sich für B Einkünfte aus Kapitalvermögen gemäß § 20 I Nr. 7 EStG von 0 €.

B) Teil II: Änderung des Einkommensteuerbescheides 2016

Der Einkommensteuerbescheid für 2016 ist zwar falsch, aber bestandskräftig. Eine Berichtigung im Rahmen eines Rechtsbehelfsverfahrens aufgrund Einspruchs der Arnolds scheidet daher wegen Verfristung gemäß § 355 I AO von vornherein aus. Der Bescheid erging nicht unter dem Vorbehalt der Nachprüfung gemäß § 164 I AO und auch nicht vorläufig gemäß § 165 I AO, es bleibt daher zu prüfen, ob nach den §§ 172 ff. AO eine Durchbrechung der formellen und materiellen Bestandskraft möglich ist.

§ 172 I S. 1 Nr. 2 a) AO scheidet dabei aus, da die Arnolds nicht während laufender Einspruchsfrist einen Antrag auf Änderung gestellt bzw. einer solchen zugestimmt haben.

In Betracht kommt jedoch eine Änderung wegen neu bekannt gewordener Tatsachen gemäß § 173 I AO. Da in 2016 Einkünfte aus einer komplett neuen Einkunftsart erklärt wurden, ist zu für die Anwendbarkeit der Nr. 1 oder der Nr. 2 des § 173 AO zu prüfen, ob die Einkünfte zu einer höheren oder zu einer niedrigeren Steuer führen. Da die Einkünfte negativ sind und daher zu einer niedrigeren Steuer führen, ist § 173 I Nr. 2 AO einschlägig.

Dann müssten neue Tatsachen bekannt geworden sein.

Tatsachen sind Umstände der Vergangenheit oder Gegenwart, die dem Beweise zugänglich sind, mithin Umstände aus der Seinswelt. Nicht darunter fällt jegliche Art von Schlussfolgerungen.

Die Umstände, dass A Zahlungen für den Erwerb des Teileigentums und als Gegenleistung für die Kapitalüberlassung leisten musste sind dem Beweise zugänglich, mithin Tatsachen.

Diese Tatsachen wurden dem Finanzamt nach Erlass des Steuerbescheids 2016 bekannt, sind daher neu.

Eine Änderung kommt nur in Betracht, wenn die Eheleute kein grobes Verschulden trifft, § 173 I S. 1 Nr. 2 S. 1 AO.

Dabei kann jedoch die Unkenntnis steuerrechtlicher Vorschriften nicht allein als eine solche schwerwiegende Sorgfaltspflichtverletzung angesehen werden, denn von steuerlichen Laien kann nicht erwartet werden, dass sie sich in der komplexen Materie des Steuerrechts auskennen. Wäre dies der Fall, würde durch die Hintertür eine Pflicht normiert, sich in steuerlichen Belangen eines steuerlichen Beraters zu bedienen. Davon hat die AO im Steuerfestsetzungsverfahren gerade abgesehen.

Etwas anderes kann nur dann gelten, wenn ausdrückliche Hinweise des Finanzamts nicht beachtet wurden. Dafür bestehen jedoch keine Anhaltspunkte. Hinsichtlich Vorsteuer und Zinsen trifft die Arnolds mithin kein grobes Verschulden, eine Berichtigung ist insofern möglich.

§ 173 I AO beinhaltet eine Pflicht zur Korrektur des Einkommensteuerbescheids 2016, ein Ermessen wird dem Finanzamt nicht eingeräumt.

Mithin muss das Finanzamt gemäß § 173 I S. 1 Nr. 2 AO den Einkommensteuerbescheid 2016 um die steuerliche Auswirkung der Werbungskosten betreffend.

Vorsteuer	**65.550 €**
Schuldzinsen	**1.250 €**
Gesamt	**66.800 €**
zu Gunsten der Arnolds ändern.	

C) Teil III: Der Vorsteuerauszahlungsantrag

Der Vorsteuererstattungsantrag des A ist dann positiv zu verbescheiden, wenn er einen Anspruch auf Erstattung der von ihm gezahlten Vorsteuer hat.

Die im notariellen Kaufvertrag ausgewiesene Umsatzsteuer ist gemäß § 15 I UStG abziehbar und gemäß § 15 II UStG abzugsfähig.

Fraglich ist jedoch, ob A isoliert die Erstattung der Vorsteuer erreichen kann. Gemäß § 16 II S. 1 UStG ist die Vorsteuer von der im Besteuerungszeitraum entstandenen Umsatzsteuer abzuziehen. Ist die Vorsteuer höher, ergibt sich daher ein negativer Umsatzsteuerbetrag, der als solcher zu erstatten ist. Der Antrag des A ist daher dahin gehend auszulegen, dass er eine solche Umsatzsteuererstattung begehrt.

Allerdings müsste A das dafür erforderliche Besteuerungsverfahren einhalten.

Eine Erstattung könnte A dadurch erreichen, dass er für den Voranmeldungszeitraum 2016 IV gemäß § 18 I UStG eine Umsatzsteuervoranmeldung abgibt, auf der er die auf diesen Zeitraum entfallende Steuer gemäß § 16 I und II UStG selbst berechnet. Diese Voranmeldung gilt gemäß § 168 AO als Steuerfestsetzung unter dem Vorbehalt der Nachprüfung. Da A seine Tätigkeit neu aufgenommen hat, besteht für ihn sogar die monatliche Voranmeldungspflicht nach § 18 II S. 4 UStG. Der Erstattungsanspruch kann geltend gemacht werden.

hemmer/wüst Verlagsgesellschaft mbH
Mergentheimer Str. 44 / 97082 Würzburg
Tel.: 09 31 /7 97 82 38 / Fax: 09 31/7 97 82 40
Internet: www.hemmer-shop.de

REIHE INTELLIGENTES LERNEN

ISBN 978-3-86193

Auflage/Jahr/Euro

Grundwissen für Anfangssemester

GW10	(-460-8)	BGB-AT Theorieband zu den wicht. Fällen	8.A/16 · 9,90
GW11	(-481-3)	SchuldR-AT Theorieband zu den wicht. Fällen	7.A/16 · 9,90
GW12	(-457-8)	SchuldR-BT I Theorieband zu den wicht. Fällen	7.A/16 · 9,90
GW13	(-399-1)	SchuldR-BT II Theoriebd. zu den wicht. Fällen	6.A/15 · 9,90
GW14	(-357-1)	Sachenrecht I Theorieband zu den wicht. Fällen	6.A/15 · 9,90
GW15	(-455-4)	Sachenrecht II Theorieband zu den wicht. Fällen	6.A/16 · 9,90
GW20	(-525-4)	Strafrecht AT Theorieband zu den wicht. Fällen	7.A/16 · 9,90
GW21	(-301-4)	Strafrecht BT Theorieband zu den wicht. Fällen	5.A/14 · 9,90
GW30	(-545-2)	StaatsR Theorieband zu den wicht. Fällen	7.A/17 · 9,90
GW31	(-523-0)	VerwaltungsR Theorieband zu den wicht. Fällen	7.A/16 · 9,90

Die wichtigsten Fälle

DF0	(-198-0)	**Sonderband:** Der Streit- und Meinungsstand im neuen Schuldrecht	5.A/13 · 14,80
DF1	(-493-6)	76 Fälle - BGB AT	9.A/16 · 12,80
DF2	(-386-1)	55 Fälle - Schuldrecht AT	9.A/15 · 12,80
DF3	(-456-1)	51 Fälle - Schuldrecht BT - Kauf/WerkV	9.A/16 · 12,80
DF4	(-518-6)	42 Fälle - GoA/Bereicherungsrecht	9.A/16 · 12,80
DF5	(-345-8)	45 Fälle - Deliktsrecht	7.A/14 · 12,80
DF6	(-517-9)	44 Fälle - Verwaltungsrecht	9.A/16 · 12,80
DF25	(-400-4)	30 Fälle - Verwaltungsrecht BT Bayern	4.A/15 · 12,80
DF7	(-453-0)	32 Fälle - Staatsrecht	10.A/16 · 12,80
DF8	(-510-0)	34 Fälle - Strafrecht AT	10.A/16 · 12,80
DF9	(-551-3)	44 Fälle Strafrecht BT I - Vermögensd.	10.A/17 · 12,80
DF10	(-377-9)	44 Fälle Strafrecht BT II - Nicht-Vermögensd.	8.A/15 · 12,80
DF11	(-461-5)	50 Fälle - Sachenrecht I	8.A/16 · 12,80
DF12	(-494-3)	43 Fälle - Sachenrecht II - ImmobiliarSR	9.A/16 · 12,80
DF13	(-567-4)	40 Fälle - ZPO I - Erkenntnisverfahren	8.A/17 · 12,80
DF14	(-485-1)	25 Fälle - ZPO II - ZwangsvollstreckungsV	7.A/16 · 12,80
DF15	(-423-3)	35 Fälle - Handelsrecht	7.A/15 · 12,80
DF16	(-506-3)	36 Fälle - Erbrecht	7.A/16 · 12,80
DF17	(-489-9)	26 Fälle - Familienrecht	8.A/16 · 12,80
DF18	(-416-5)	32 Fälle - Gesellschaftsrecht	6.A/15 · 12,80
DF19	(-515-5)	39 Fälle - Arbeitsrecht	7.A/16 · 12,80
DF20	(-533-9)	35 Fälle - Strafprozessrecht	6.A/16 · 12,80
DF21	(-428-8)	23 Fälle - Europarecht	5.A/15 · 12,80
DF22	(-422-6)	10 Fälle - Musterkl. Examen ZivilR	7.A/15 · 14,80
DF23	(-475-2)	10 Fälle - Musterkl. Examen StrafR	6.A/16 · 14,80
DF24	(-391-5)	8 Fälle - Musterkl. Examen SteuerR	8.A/15 · 14,80

Skripten Basics (110)

BI/1	(-448-6)	Zivilrecht I - BGB AT u.vertragl. SchuldV	10.A/16 · 16,90
BI/2	(-454-7)	Zivilrecht II - Sachenrecht/gesetzl. SV	8.A/16 · 16,90
BI/3	(-442-4)	Zivilrecht III - FamilienR/ErbR	8.A/15 · 16,90
BI/4	(-364-9)	Zivilrecht IV - ZivilprozessR	8.A/15 · 16,90
BI/5	(-486-8)	Zivilrecht V - Handels-/GesellschR	8.A/16 · 16,90
BI/6	(-522-3)	Zivilrecht VI - ArbeitsR	6.A/16 · 16,90
BII	(-542-1)	Strafrecht	7.A/17 · 16,90
BIII/1	(-268-0)	Öffentliches Recht I -VerfassR/StaatsHR	6.A/14 · 16,90
BIII/2	(-388-5)	Öffentliches Recht II - VerwaltungsR	7.A/15 · 16,90
BIV	(-403-5)	Steuerrecht - EstG & AO	9.A/15 · 16,90
BV	(-512-4)	Europarecht	9.A/16 · 16,90

ISBN 978-3-86193

Auflage/Jahr/Eu

Skripten Zivilrecht (120)

1	(-415-8)	BGB-AT I, Ensteh.d.Primäranspruchs	14.A/15 · 19,9
2	(-479-0)	BGB-AT II, Scheitern des Primäranspr.	14.A/16 · 19,9
3	(-343-4)	BGB-AT III, Erlösch.d. Primäranspruchs	13.A/14 · 19,9
4	(-278-9)	Schadensersatzrecht I	8.A/14 · 19,9
5	(-492-9)	Schadensersatzrecht II	7.A/16 · 19,9
6	(-532-2)	Schadensersatzrecht III (§§ 249 ff.)	12.A/17 · 19,9
7	(-342-7)	Verbraucherschutzrecht	4.A/14 · 19,9
51	(-443-1)	Schuldrecht AT	10.A/15 · 19,9
52	(-359-5)	Schuldrecht BT I	9.A/15 · 19,9
53	(-563-6)	Schuldrecht BT II	10.A/17 · 19,9
8	(-519-3)	Bereicherungsrecht	15.A/16 · 19,9
9	(-321-2)	Deliktsrecht I	12.A/14 · 19,9
10	(-203-1)	Deliktsrecht II	9.A/13 · 19,9
11	(-447-9)	Sachenrecht I	13.A/15 · 19,9
12	(-465-3)	Sachenrecht II	11.A/16 · 19,9
12A	(-378-6)	Sachenrecht III	12.A/15 · 19,9
13	(-564-3)	Kreditsicherungsrecht	12.A/17 · 19,9
14	(-483-7)	Familienrecht	13.A/16 · 19,9
15	(-459-2)	Erbrecht	13.A/16 · 19,9
16	(-313-7)	Zivilprozessrecht I	12.A/14 · 19,9
17	(-317-5)	Zivilprozessrecht II	11.A/14 · 19,9
18	(-433-2)	Arbeitsrecht	15.A/15 · 19,9
19A	(-462-2)	Handelsrecht	11.A/16 · 19,9
19B	(-360-1)	Gesellschaftsrecht	13.A/15 · 19,9
31	(-450-9)	Herausgabeansprüche	7.A/16 · 19,9
32	(-254-3)	Rückgriffsansprüche	7.A/13 · 19,9

Skripten Strafrecht (120)

20	(-511-7)	Strafrecht AT I	13.A/16 · 19,9
21	(-385-4)	Strafrecht AT II	12.A/15 · 19,9
22	(-355-7)	Strafrecht BT I	12.A/14 · 19,9
23	(-392-2)	Strafrecht BT II	12.A/15 · 19,9
30	(-374-8)	Strafprozessordnung	11.A/15 · 19,9

Skripten Öffentliches Recht (120/130)

24	(-478-3)	Verwaltungsrecht I	13.A/16 · 19,9
25	(-380-9)	Verwaltungsrecht II	12.A/15 · 19,9
26	(-347-2)	Verwaltungsrecht III	12.A/14 · 19,9
27	(-524-7)	Staatsrecht I	12.A/16 · 19,9
28	(-287-1)	Staatsrecht II	9.A/14 · 19,9
29	(-463-9)	Europarecht	12.A/16 · 19,9
40	(-335-9)	Staatshaftungsrecht	4.A/14 · 19,9
33	(-369-4)	Baurecht/Bayern	11.A/15 · 19,9
33	(-505-6)	Baurecht/Nordrhein-Westfalen	9.A/16 · 19,9
33	(-435-6)	Baurecht/Baden-Württembg.	4.A/15 · 19,9
33	(-331-1)	Baurecht/Hessen	2.A/14 · 19,9
33	(-847-0)	Baurecht/Saarland	1.A/08 · 19,9
34	(-327-4)	Polizeirecht Bayern	10.A/14 · 19,9
34	(-097-6)	Polizei- u. Ordnungsrecht/NRW	5.A/12 · 19,9
34	(-432-5)	Polizeirecht/Baden-Württembg.	4.A/15 · 19,9
34	(-417-2)	Polizei- u. Ordnungsrecht/Hessen	2.A/15 · 19,9
34	(-028-0)	Polizei- u. Ordnungsrecht/Rheinl.-Pfalz	1.A/11 · 19,9
34	(-877-7)	Polizei- u. Sicherheitsrecht/Saarland	1.A/09 · 19,9
35	(-371-7)	Kommunalrecht/Bayern	10.A/15 · 19,9
35	(-076-1)	Kommunalrecht/NRW	8.A/11 · 19,9
35	(-541-4)	Kommunalrecht/Baden-Württembg.	5.A/17 · 19,9

REIHE INTELLIGENTES LERNEN

hemmer/wüst Verlagsgesellschaft mbH
Mergentheimer Str. 44 / 97082 Würzburg
Tel.: 09 31 /7 97 82 38 / Fax: 09 31/7 97 82 40
Internet: www.hemmer-shop.de

ISBN 978-3-86193 — Auflage/Jahr/Euro

Lexikon/Definitionen

1 (-288-8) ____ Definitionen Strafrecht - schnell gemerkt 4.A/14 · 19,90
2 (-065-5) ____ Legal terms für Juristen - Fachwörterbuch Englisch - Deutsch 1.A/11 · 19,90

Skripten Schwerpunkt (120)

1 (-429-5) ____ Kriminologie 7.A/15 · 21,90
2 (-245-1) ____ Völkerrecht 8.A/13 · 21,90
4 (-349-6) ____ Kapitalgesellschaftsrecht 5.A/14 · 21,90
7 (-243-7) ____ Rechtsgeschichte I 3.A/13 · 21,90
8 (-119-5) ____ Rechtsgeschichte II 2.A/12 · 21,90
11 (-085-3) ____ Rechts- und Staatsphilosophie sowie Rechtssoziologie 2.A/11 · 21,90
12 (-183-6) ____ Insolvenzrecht 3.A/12 · 21,90

Skripten Steuerrecht (120)

2 (-528-5) ____ Abgabenordnung 9.A/16 · 21,90
3 (-267-3) ____ Einkommensteuerrecht 8.A/14 · 21,90

Skripten für BWL´er, WiWi & Steuerberater

1 (-430-1) ____ PrivatR f. BWL'er, WiWi & Steuerberat 8.A/15 · 19,90
2 (-102-7) ____ Ö-Recht f. BWL'er, WiWi & Steuerberat 4.A/12 · 19,90
3 (-480-9) ____ Musterkl. für's Vordiplom PrivatR 2.A/04 · 19,90
4 (-197-6) ____ Musterkl. für's Vordiplom Ö-R 1.A/00 · 19,90
F1 (-472-1) ____ Die 74 wicht. Fälle (BGB AT, SchuldR AT/BT) 5.A/16 · 19,90
F2 (-247-5) ____ Die 44 wicht. Fälle (GoA, BerR, GesR, ...) 2.A/13 · 19,90

Skripten Fachbegriffe & Erläuterungen

1 (-146-1) ____ Mikroökonomie & Makroökonomie 1.A/12 · 19,90
2 (-147-8) ____ Buchführung/Jahresabschl./Rechnungsw. 1.A/12 · 19,90
6 (-151-5) ____ HandelsR/GesellschaftsR/WirtschaftsR 1.A/12 · 19,90
7 (-152-2) ____ Öffentl. Recht/EuropaR/VölkerR 1.A/12 · 19,90

Basics Karteikarten

K1 (-329-8) ____ Basics - Zivilrecht 6.A/14 · 16,90
K2 (-441-7) ____ Basics - Strafrecht 4.A/15 · 16,90
K3 (-320-5) ____ Basics - Öffentliches Recht 4.A/14 · 16,90

Karteikarten Zivilrecht

K1 (-408-0) ____ BGB-AT I 9.A/15 · 16,90
K2 (-496-7) ____ BGB-AT II 8.A/16 · 16,90
K3 (-539-1) ____ Schuldrecht AT I 10.A/17 · 16,90
K4 (-507-0) ____ Schuldrecht AT II 8.A/16 · 16,90
K5 (-476-9) ____ Schuldrecht BT I (Kauf-u.WerkVR) 8.A/16 · 16,90
K6 (-480-6) ____ Schuldrecht BT II 7.A/16 · 16,90
K7 (-464-6) ____ Arbeitsrecht 5.A/16 · 16,90
K8 (-413-4) ____ Bereicherungsrecht 7.A/15 · 16,90
K9 (-531-5) ____ Deliktsrecht 7.A/16 · 16,90
K11 (-484-4) ____ Sachenrecht I 9.A/16 · 16,90
K12 (-482-0) ____ Sachenrecht II 8.A/16 · 16,90
K13 (-495-0) ____ Kreditsicherungsrecht 4.A/16 · 16,90
K14 (-336-6) ____ Familienrecht 4.A/14 · 16,90
K15 (-188-1) ____ Erbrecht 4.A/13 · 16,90
K16 (-566-7) ____ ZPO I 7.A/17 · 16,90
K17 (-491-2) ____ ZPO II 6.A/16 · 16,90
K18 (-358-8) ____ Handelsrecht 5.A/14 · 16,90
K19 (-383-0) ____ Gesellschaftsrecht 6.A/15 · 16,90

ISBN 978-3-86193 — Auflage/Jahr/Euro

Die Shorties (Minikarteikarten) inkl. Box

SH1 (-498-1) ____ **Box 1:** BGB AT, Schuldrecht AT 9.A/16 · 24,90
SH2/I (-326-7) ____ **Box 2/1:** vertragliches Schuldrecht 5.A/14 · 24,90
SH2/II (-514-8) ____ **Box 2/2:** gesetzliches Schuldrecht 6.A/16 · 24,90
SH3 (-405-9) ____ **Box 3:** Sachenrecht, ErbR, FamR 7.A/15 · 24,90
SH4 (-547-6) ____ **Box 4:** ZPO I/II, GesellschaftsR, HGB 7.A/17 · 24,90
SH5 (-446-2) ____ **Box 5:** Strafrecht 9.A/15 · 24,90
SH6 (-537-7) ____ **Box 6:** Grundrecht, StaatsOrgR, BauR, u.a. 8.A/17 · 24,90
SH7 (-534-6) ____ **Box 7:** EuropaR, StaatshaftungsR 1.A/16 · 24,90
SH8 (-513-1) ____ **Box 8:** ArbeitsR, StPO 1.A/16 · 24,90

Karteikarten Strafrecht

KK20 (-540-7) ____ Strafrecht AT I 9.A/17 · 16,90
KK21 (-376-2) ____ Strafrecht-AT II 8.A/15 · 16,90
KK22 (-488-2) ____ Strafrecht-BT I 9.A/16 · 16,90
KK23 (-410-3) ____ Strafrecht-BT II 8.A/15 · 16,90
KK24 (-409-7) ____ StPO 6.A/15 · 16,90

Karteikarten Öffentliches Recht

KK25 (-538-4) ____ Verwaltungsrecht I 9.A/17 · 16,90
KK26 (-348-9) ____ Verwaltungsrecht II 6.A/14 · 16,90
KK27 (-352-6) ____ Verwaltungsrecht III 6.A/14 · 16,90
KK28 (-389-2) ____ Staats- u. Verfassungsrecht 9.A/15 · 16,90
KK29 (-470-7) ____ Europarecht 4.A/16 · 16,90

Überblickskarteikarten

ÜK I (-477-6) ____ BGB im Überblick I 12.A/16 · 30,00
ÜK II (-536-0) ____ BGB im Überblick II (Nebengebiete) 8.A/17 · 30,00
ÜK III (-469-1) ____ StrafR im Überblick 9.A/16 · 30,00
ÜK IV (-467-7) ____ Öffentl.-R im Überblick 10.A/16 · 30,00
ÜK V (-487-5) ____ Öffentl.-R im Überblick II Bayern 8.A/16 · 19,90
ÜK VI (-468-4) ____ Öffentl.-R im Überblick II NRW 3.A/16 · 19,90
ÜK VII (-242-0) ____ Europarecht 5.A/13 · 19,90

Assessor-Basics/Theoriebände (410)

A IV (-401-1) ____ Die zivilrechtl. Anwaltsklausur/Teil 1 11.A/15 · 19,90
A VII (-543-8) ____ Das Zivilurteil 12.A/17 · 19,90
A VIII (-544-5) ____ Die Strafrechtskl. im Assessorexamen 8.A/17 · 19,90
A IX (-412-7) ____ Die Assessorklausur Öffentl. Recht 6.A/15 · 19,90

Assessor-Basics/Klausurentraining

A I (-471-4) ____ Zivilurteile 17.A/16 · 19,90
A II (-535-3) ____ Arbeitsrecht 15.A/17 · 19,90
A III (-411-0) ____ Strafrecht 12.A/15 · 19,90
A V (-396-0) ____ Zivilrechtl. Anwaltsklausuren/Teil 2 11.A/15 · 19,90
A VI (-390-8) ____ Öff.rechtl. u. strafrechtl.Anwaltskl. 6.A/15 · 19,90

Assessorkarteikarten

AK I (-353-3) ____ Zivilprozessrecht im Überblick 6.A/14 · 19,90
AK II (-516-2) ____ Strafprozessrecht im Überblick 8.A/16 · 19,90
AK III (-384-7) ____ Öffentliches Recht im Überblick 5.A/15 · 19,90
AK IV (-195-9) ____ Familien- und Erbrecht im Überblick 2.A/13 · 19,90

hemmer/wüst Verlagsgesellschaft mbH
Mergentheimer Str. 44 / 97082 Würzburg
Tel.: 09 31 /7 97 82 38 / Fax: 09 31/7 97 82 40
Internet: www.hemmer-shop.de

Sonderartikel

		Euro
	Lernkarteikartenbox (28.01)	
LB ______	Die praktische Lernbox für die Karteikarten	1,99
S 810 ______	Din A4, 80 Blatt 10er Pack	17,50
S1 ______	**Der Referendar (70.01)** 24 Monate zwischen Genie und Wahnsinn (Format A6)	9,80
S2 ______	**Der Rechtsanwalt (70.02)** Meine größten Rein-) Fälle (Format A6)	9,80
S3 ______	**Der Jurist (70.03)** Ein Lehrbuch für Leader (Format A6)	9,80
S5 ______	**Coach dich! (70.05)** Psychologischer Ratgeber	19,80
S6 ______	**Lebendiges Reden (70.06)** Psychologischer Ratgeber inkl. Audio-CD	21,80
S7 ______	**NLP für Einsteiger (71.01)** Psychologischer Ratgeber	12,80
S8 ______	**Prüfungen als Herausforderung (70.08)** Psychologischer Ratgeber	14,80
______	**Wiederholungsmappe (75.01)** Intelligentes Lernen inkl. Handbuch und Kurzskript	9,90
______	**Ordner hemmer.group (88.20)** Ringbuchmappe für Einlagen, DIN A4	2,50
(-200-0) ______	**Die wahren Paradiese - 15 traumhafte Gärten** Gebunden (Hardcover) mit Schutzumschlag, 208 Seiten (275 x 255 mm)	39,80
(-500-1) ______	**Vom „Baumeland" zum Traumgarten** **Ein ländlicher Garten mit mediterranem Charme** Gebunden (Hardcover) mit Schutzumschlag, 180 Seiten (275 x 255 mm) - 1. Auflage Mai 2016 Ein Buch über den eigenen Garten Die intensive Beschäftigung mit dem Thema Garten seit mehr als zwanzig Jahren, all die Tätigkeiten im Jahreslauf, das Erleben der Natur und die Erfahrungen, die ich gemacht habe, fließen in dieses Werk über unseren Garten ein. Es werden sowohl die Entstehung der Gartenanlage als auch die vier Jahreszeiten mit den dazugehörenden Aufgaben im Garten beschrieben.	34,80

Life&Law

		Euro
______	Einzelheft der Life&LAW	6,80
AboLL ______	Abonnement der Life&LAW Life&Law 3 Monate kostenfrei, danach erhalten Sie die Life&Law zum Preis von	5,80
LLJ ______	Life&LAW Jahrgangsband 1999 - 2015	
______	bitte Jahrgang eintragen	je 50,00
LLJ14 ______	Life&LAW Jahrgangsband 2016	80,00
LLE ______	Einband für Life&LAW Jahrgang	je 6,00

Die AnwaltsBasics

978-3-9813969-0-4 ______	**Die AnwaltsBasics Erbrecht** 1. Auflage, November 2010, 429 S.	39,90
978-3-9813969-5-9 ______	**Die AnwaltsBasics Mediation** erweiterte 2. Auflage, November 2013, 237 S.	23,90

Endsumme:

Lieferung erfolgt in aktueller Auflage

Kundennummer D

Prüfen Sie in Ruhe zuhause!
Alle Produkte dürfen innerhalb von 14 Tagen an den Verlag (Originalzustand) zurückgeschickt werden. Es wird ein uneingeschränktes gesetzliches Rückgaberecht gewährt. Hinweis: Der Besteller trägt bei einem Bestellwert bis 40 Euro die Kosten der Rücksendung. Über 40 Euro Bestellwert trägt er ebenfalls die Kosten, wenn zum Zeitpunkt der Rückgabe noch keine (An-) Zahlung geleistet wurde.

Die Lieferung erfolgt (ausschließlich innerhalb Deutschlands) versandkostenfrei an Ihre angegebene Adresse.
Ich weiß, dass meine Bestellung nur bearbeitet wird, wenn ich zum Einzug ermächtige. Bestellungen auf Rechnung können nicht berücksichtigt werden.
Bei fehlerhaften oder unleserlichen Angaben, sowie einer Rücklastschrift aufgrund Nichtdeckung meines Kontos wird der branchenübliche Schaden in Rechnung gestellt. Der Kunde ist berechtigt, diesem Pauschalbetrag den Nachweis entgegenzuhalten, dass nur ein geringerer Schaden entstanden ist. Die Lieferung erfolgt unter Eigentumsvorbehalt.

Name: ______________________ Vorname: ______________________

Adresse: ____

Telefon: ______________________ e-mail-adresse: ______________________

Buchen Sie die Endsumme von meinem Konto ab:

Konto-Nr.: ______________________ Bankleitzahl: ______________________

Bank: ______________________ BIC: ______________________

IBAN: | | | | | | | | | | | | | | | | | | | | | | |

Ort, Datum: ______________________ Unterschrift: ______________________